AUTOUR DES LIVRES

MATERNELLE TPS-PS

18 exploitations de livres de jeunesse
menant à des projets pluridisciplinaires

Christina DORNER
Directrice d'école maternelle

Léa SCHNEIDER
Éditrice

Bénédicte SIEFFERT
Illustrations et conception graphique

Emmanuelle DI MARTINO
Illustrations des comptines et chansons

*Cet ouvrage suit l'orthographe recommandée par les rectifications de 1990 et les programmes scolaires
(voir le site : www.orthographe-recommandee.info et son miniguide d'information).*

VOTRE ACCÈS NUMÉRIQUE

Activez votre **code unique** en vous rendant dans l'onglet
MES COMPLÉMENTS NUMÉRIQUES
de votre compte sur **www.acces-editions.com**.
L'activation de votre code vous permettra
de **télécharger les compléments numériques**
et d'**accéder aux mises à jour.**

MJ838df9246d56fee1

Une fois ce code activé, rendez-vous dans l'onglet
MES LIVRES NUMÉRIQUES de votre compte pour bénéficier
d'**une réduction sur la version numérique** de votre ouvrage.

Attention, la première personne à saisir ce code deviendra
l'utilisateur principal de l'ouvrage. Son compte client y sera rattaché.
Cet utilisateur principal ne pourra donner accès au contenu en ligne qu'à un nombre limité de personnes.

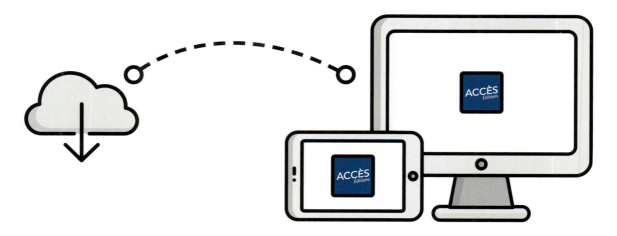

À bientôt sur **www.acces-editions.com**

Vous aimez nos ouvrages ? Faites-le-nous savoir en rédigeant
un commentaire sur notre site et suivez-nous sur
facebook.com/ACCES.editions et instagram.com/acceseditions

03 88 79 97 67   acces-editions.com

SOMMAIRE

INTRODUCTION

4 Pourquoi cet ouvrage ?
5 Pourquoi exploiter les livres de jeunesse à l'école maternelle ?
6 Thème ou projet ?
8 Les caractéristiques des livres de jeunesse
10 Les obstacles à la compréhension
12 Comment choisir un livre de jeunesse ?
13 La démarche de l'ouvrage
17 Les différents types de réseaux
18 Propositions d'activités autour des livres du réseau
20 Comment utiliser cet ouvrage ?
22 Répartition des apprentissages
24 Trucs & astuces
26 Sur quels livres de jeunesse s'appuie cet ouvrage ?

29 L'objet livre
LE PROJET Se familiariser avec l'objet livre et mettre en place l'espace bibliothèque de la classe

39 L'école
L'ALBUM SOURCE Bienvenue à l'école !
LE PROJET Réaliser un panneau de présence et des étiquettes pour les crochets

51 Les doudous
L'ALBUM SOURCE Doudours est triste
LE PROJET Réaliser un cadre de son doudou

63 La pomme
L'ALBUM SOURCE La course à la pomme
LE PROJET Fabriquer un livre autour de la réalisation de la compote de pommes

75 La colère
L'ALBUM SOURCE La colère de Bébé babouin
LE PROJET Mettre en place une boite à colère

87 Les couleurs
L'ALBUM SOURCE Un arc-en-ciel sur la banquise
LE PROJET Créer des tableaux des couleurs

99 Noël
L'ALBUM SOURCE C'est bientôt Noël, est-ce que tout est prêt ?
LE PROJET Fabriquer une botte de Noël avec un message pour les parents

111 La galette
L'ALBUM SOURCE La galette
LE PROJET Préparer la fête des rois

123 L'hiver
L'ALBUM SOURCE La moufle
LE PROJET Fabriquer un nichoir

135 Le schéma corporel
L'ALBUM SOURCE L'abominable homme des bois
LE PROJET Fabriquer un jeu de dé individuel et y jouer

147 Les vêtements
L'ALBUM SOURCE Habille-toi, on y va !
LE PROJET Écrire un livre collectif sur le modèle d'un album

159 Carnaval
L'ALBUM SOURCE Toc toc toc ! Es-tu prêt ?
LE PROJET Fabriquer des chapeaux pour Carnaval

171 Les imagiers
LES IMAGIERS SOURCES Mon imagier des animaux
Mon imagier des fruits et légumes
LE PROJET Créer un imagier collectif des objets de la classe

183 Les animaux de la ferme
L'ALBUM SOURCE Papa ? Maman ? C'est vous ?
LE PROJET Fabriquer des masques pour raconter et théâtraliser une histoire

195 Les trois petits cochons
L'ALBUM SOURCE Les trois petits cochons
LE PROJET Réaliser un tapis à raconter du conte

207 Le radis
L'ALBUM SOURCE L'énorme radis
LE PROJET Semer des radis pour réaliser une salade

219 Le pain
L'ALBUM SOURCE La petite poule rousse
LE PROJET Réaliser du pain

231 Boucle d'or et les trois ours
L'ALBUM SOURCE Boucle d'or et les trois ours
LE PROJET Créer un diaporama du conte

243 Index

Pourquoi cet ouvrage ?

Lors de sa première entrée à l'école, l'enfant a un usage spontané et hésitant de la langue, très étroitement lié à la culture de son milieu familial. L'un des objectifs premiers de l'école maternelle est l'acquisition pour tous les élèves d'un langage oral riche, organisé et compréhensible par l'autre. Utilisé dans les interactions sociales, en production et en réception, ce langage oral doit permettre à tous les enfants de communiquer, de comprendre, d'apprendre, de réfléchir et de découvrir ensemble le monde qui les entoure. Dès le plus jeune âge, le contact avec les livres développe ce langage oral et favorise la compréhension de l'écrit. Les enseignants de l'école maternelle l'ont si bien compris qu'ils lisent et racontent des histoires à leurs élèves de manière continue depuis des décennies. La littérature de jeunesse est étonnamment riche et variée pour l'enseignant comme pour l'élève : elle est source de plaisirs et d'émotions, support de réflexions et d'interrogations, espace de communications et de découvertes.

Depuis longtemps, Christina s'interroge sur la perception que ses élèves se font des activités proposées en appui de ses lectures d'albums : ont-elles un sens réel pour eux ? Ressentent-ils un véritable intérêt à les réaliser ? Arrive-t-elle à les faire tous adhérer à un projet de classe ? Que comprennent-ils réellement des histoires qu'elle leur lit ou leur raconte ?

À force d'essais, de tâtonnements, de persévérance, d'innovations, elle a trouvé une constante dans ses nombreuses expérimentations : introduire un projet pluridisciplinaire fédérateur par le biais d'un album bien choisi contribue efficacement aux développements cognitif, affectif et social de tous les élèves, décuple leur motivation et donne du sens à leurs apprentissages.

Christina a partagé ces convictions avec Léa, éditrice aux Éditions ACCÈS. De leurs discussions est née la collection AUTOUR DES LIVRES. Les guides pédagogiques de cette collection proposent des projets pluridisciplinaires aboutis se situant dans un tout progressif sur l'ensemble de l'année scolaire. Au cours de leur cheminement, une évidence s'est imposée à elles : pour répondre au mieux aux attentes des enseignants et aux besoins des élèves, il fallait créer pour chaque projet pluridisciplinaire un livre de jeunesse spécifique bien adapté aux enfants de 2-3 ans. Un nouveau défi : passer d'auteures pédagogiques à auteures de jeunesse. Après avoir écrit les textes, il fallait les illustrer. Premier à avoir été contacté, Christian VOLTZ a dit oui de suite pour *Les trois petits cochons*. Et, à leur grande surprise, leurs illustrateurs préférés ont quasiment tous répondu favorablement. Bénédicte SIEFFERT, la conceptrice graphique d'AUTOUR DES LIVRES, a ainsi pu faire ses premiers pas dans l'édition jeunesse en signant pas moins de six livres de jeunesse à côté d'illustrateurs reconnus comme Cécile HUDRISIER ou Édouard MANCEAU. Bienvenue aux premiers titres d'ACCÈS Jeunesse !

Dans AUTOUR DES LIVRES TPS-PS, vous trouverez une démarche détaillée et du matériel pour vivre avec vos élèves d'intenses projets pluridisciplinaires à travers des activités concrètes quotidiennes. À vous d'instaurer dans votre classe un climat d'effervescence autour des livres sources en particulier et de la littérature de jeunesse en général. Nous vous souhaitons de prendre tout le temps nécessaire, de mobiliser toute votre énergie et de faire preuve de beaucoup de patience pour aider tous vos élèves à bâtir une relation de plaisir durable avec les livres.

Jean-Bernard SCHNEIDER, Christina DORNER,
Léa SCHNEIDER et Bénédicte SIEFFERT
Juin 2021

Pourquoi exploiter les livres de jeunesse à l'école maternelle ?

Pour développer la culture de l'écrit
Cette culture se développe essentiellement en confrontant les enfants au langage écrit par le biais des histoires entendues et des écrits rencontrés. Par l'étude de différents textes, les élèves prennent conscience des structures narratives et de la permanence de l'écrit.

Pour favoriser l'apprentissage de la lecture
À travers les livres, les élèves développent des compétences leur permettant d'accéder à la compréhension de l'écrit, ce qui va faciliter l'apprentissage de la lecture par la suite. Les enjeux du travail de compréhension à l'école maternelle sont d'entrainer les élèves à raconter un texte avec leurs propres mots, à comprendre l'implicite, à mémoriser les textes lus, à développer le vocabulaire. En arrivant au CP, les élèves auront ainsi déjà développé des habiletés leur permettant de comprendre des textes et ils pourront alors mieux se concentrer sur le déchiffrage.

Pour développer la culture littéraire
Par le biais de l'exploitation d'albums, de contes, d'histoires et de différents types d'écrit, les élèves enrichissent leur culture littéraire tout au long de leur scolarité. Ils acquièrent ainsi des connaissances autour de certains personnages archétypaux (le loup, le renard, la fée, l'ogre...). Ils vont également étudier les principaux contes patrimoniaux, ce qui leur permettra de comprendre plus tard les contes détournés par les auteurs contemporains. Cette culture littéraire constituera une aide précieuse à la production d'écrits réalisés collectivement et oralement à l'école maternelle, puis individuellement et par écrit à l'école élémentaire.

Pour développer le vocabulaire
Par le biais de la littérature de jeunesse et de son exploitation pédagogique en classe, les élèves enrichissent leur vocabulaire en découvrant et en utilisant de nombreux mots nouveaux.

Pour développer le langage oral
Par l'intermédiaire des différentes activités langagières menées autour des livres, les élèves participent aux activités orales et réfléchissent ensemble lors d'échanges langagiers, ce qui leur permet de développer et d'enrichir leur langage oral.

Pour accroitre les connaissances sur le monde
Par la rencontre des différents contextes, lieux, environnements, thématiques, les élèves acquièrent des compétences référentielles et des connaissances du monde. *À travers son vécu et les situations rencontrées dans les histoires, l'élève se crée des mondes*[1].

Pour développer l'imagination
Les différentes histoires rencontrées étoffent l'imagination des enfants. Grâce aux livres, ils vont s'inventer de nouvelles histoires et développer ainsi leur créativité.

Pour développer le désir de lire
Les différentes lectures proposées et les différents albums exploités font naitre chez les élèves un désir d'apprendre à lire pour « faire comme les grands ». Il n'est d'ailleurs pas rare de les observer prendre un livre connu et imiter l'enseignant.

La littérature de jeunesse et la compréhension dans les programmes

À la lecture des programmes actuels de l'école maternelle[2], on s'aperçoit que la compréhension est mise en avant dans l'ensemble des domaines d'apprentissage. En effet, le terme COMPRENDRE revient à 39 reprises. On constate également la réapparition des mots LITTÉRATURE DE JEUNESSE et ALBUM par rapport aux programmes de 2008. La compréhension apparait aussi au sein d'un attendu de fin de cycle concernant le langage oral : *comprendre des textes écrits sans autre aide que le langage entendu*.
Une nouvelle liste de référence[3] d'ouvrages pour l'école maternelle a été publiée en 2020, ce qui réaffirme la place importante de la littérature de jeunesse à l'école maternelle.

Dans les recommandations pédagogiques de *L'école maternelle, école du langage*[4], un paragraphe est consacré au développement de la compréhension. Il y est dit clairement qu'une place centrale doit être donnée au livre dans la classe : *Parmi les écrits présents en classe, le livre tient une place prépondérante*.
Le rôle de l'enseignant dans le travail de la compréhension y est clairement détaillé : *L'enseignant conduit un travail spécifique sur la compréhension qui s'élabore dans les échanges autour du texte entendu [...] il installe un climat d'écoute [...] il engage les élèves à prendre la parole [...], il favorise les questionnements, [...] il suscite les débats*.

Les projets dans les programmes

Le terme PROJET apparait onze fois dans le programme de l'école maternelle de 2015, aussi bien dans les modalités spécifiques d'apprentissage de l'école maternelle que dans les différents domaines d'apprentissage. C'est dire l'importance accordée aux projets à l'école maternelle.

---

1 Javerzat, M. C. (2014). La co-construction de mondes dans la lecture conjointe d'albums de fiction en petite et toute petite sections. *Repères. Recherches en didactique du français langue maternelle*, (50), 15-34.
2 Ministère de l'Éducation nationale (2015). Programme de l'école maternelle. BO spécial n°2 du 26 mars 2015.
3 Ministère de l'Éducation nationale et de la Jeunesse (2020). La littérature à l'école Sélection d'ouvrages pour entrer dans une première culture littéraire – École maternelle.
4 Ministère de l'Éducation nationale (2019). Recommandations pédagogiques – L'école maternelle, école du langage. BO n°22 du 29 mai 2019.

Thème ou projet ?

Avant de détailler la démarche de l'ouvrage AUTOUR DES LIVRES TPS-PS, il parait essentiel de faire le point sur les définitions et les différences entre ces deux termes.

Le thème

La pédagogie autour d'un thème a pour objectif de rassembler différentes activités des différents domaines autour d'un thème donné. Ces activités n'ont alors pas de lien entre elles, elles ne dépendent pas les unes des autres.

Le thème est toujours amené par l'enseignant. Les élèves n'interviennent pas dans le choix des activités.

Exemple d'activités sur le thème de la pomme

Le projet

Dans la pédagogie de projet, le but est de fédérer la classe autour d'une même réalisation pour donner du sens aux activités que les élèves vont être amenés à réaliser. Les activités proposées vont toutes dans le même sens, elles sont liées et dépendent généralement les unes des autres.

Les élèves sont acteurs du projet. En fonction de leur niveau, ils peuvent proposer des solutions à la problématique posée, établir un calendrier, lister des critères d'évaluation…

En théorie, il est préférable que le projet soit amené par les élèves, mais c'est souvent difficile à l'école maternelle, surtout dans les petites sections. Il est sûr que les projets menés avec des petits peuvent paraitre un peu « artificiels », car amenés par l'enseignant, mais cela ne les rend pas moins fédérateurs.

Exemple de projet autour de la pomme

Tous les projets ne font pas forcément appel à tous les domaines d'apprentissage.

FABRIQUER UN LIVRE AUTOUR DE LA RÉALISATION DE LA COMPOTE DE POMMES

APPRENDRE ENSEMBLE ET VIVRE ENSEMBLE
- imaginer le projet
- adhérer au projet de classe
- réaliser une recette collectivement

AGIR, S'EXPRIMER, COMPRENDRE À TRAVERS LES ACTIVITÉS ARTISTIQUES
- réaliser des empreintes de pommes
- remplir une surface par collage
- remplir une surface avec de la peinture
- nommer les couleurs des pommes

MOBILISER LE LANGAGE DANS TOUTES SES DIMENSIONS
- mémoriser le vocabulaire de la pomme
- découvrir un type d'écrit : la recette
- suivre une recette
- raconter la recette à partir de photos
- nommer et retrouver les ingrédients de la recette

EXPLORER LE MONDE
- découvrir la pomme avec ses sens
- utiliser un couteau pour couper des pommes
- observer la transformation de la matière

Les caractéristiques des livres de jeunesse

Les livres de jeunesse à destination des élèves de maternelle comportent des interactions texte/image très importantes.

Les différents livres de jeunesse

Les livres de jeunesse non narratifs

Il existe différents genres de livres de jeunesse qui ne racontent pas d'histoire :

- **l'imagier** : il comporte une succession de mots illustrés ayant été catégorisés.
- **le livre à compter** : il représente des nombres et permet de compter, de découvrir les chiffres ou les quantités.
- **le livre documentaire** : il permet d'apporter des connaissances sur un sujet donné. Il a comme finalité d'instruire.
- **l'inventaire** : l'auteur fait des listes autour d'un même thème, ou sur un même modèle.
- **l'abécédaire** : il présente les lettres de l'alphabet souvent décorées et parfois accompagnées de mots comportant ces lettres.
- **le livre jeu** : il sollicite l'activité du lecteur et l'amène à jouer, à suivre des chemins, à ouvrir des fenêtres, à réaliser des gestes...
- **le livre devinettes** : il est constitué de devinettes, de petites questions qui invitent le lecteur à devenir acteur et à participer à la lecture.
- **le livre de recettes** : il regroupe des recettes accessibles aux enfants.
- **le livre à chanter ou le livre comptine** : il comporte des chansons, des comptines ou des jeux de doigts illustrés qui permettent de chanter.

Certains livres sont à la frontière entre plusieurs genres. Quelques livres à compter, livres jeux, abécédaires ou livres comptines ont tout de même une trame narrative.

Les livres de jeunesse narratifs

À l'école maternelle, les élèves rencontrent différents genres de livres de jeunesse qui racontent une histoire :

- **l'album sans texte** : le sens est uniquement donné par les illustrations.
- **le récit de la vie quotidienne** : il raconte différents évènements de la vie quotidienne qui arrivent à un personnage.
- **le récit initiatique** : il montre l'évolution d'un personnage, son parcours vers une connaissance du monde ou de lui-même.
- **le récit d'aventure** : il confronte un héros à diverses péripéties.
- **le récit de science-fiction** : il se déroule dans le futur avec souvent des déplacements spatiotemporels.
- **le récit fantastique** : il comporte des faits étranges, avec des éléments surréalistes.
- **le conte** : c'est un récit court de tradition orale qui raconte des faits souvent imaginaires.
- **le conte détourné** : il reprend des éléments d'un conte et les parodie, les pastiche, les reformule ou les réadapte.
- **le documentaire décalé ou le faux documentaire** : l'auteur répond à des questions par des réponses imaginaires et farfelues.

D'autres genres peuvent être rencontrés et étudiés à l'école élémentaire et au collège.

LE SAVIEZ-VOUS ?

La définition de l'album de jeunesse n'est pas la même pour tous : certains considèrent l'ensemble des livres illustrés comme des albums, d'autres prennent uniquement en compte les livres ayant une trame narrative.

À l'école maternelle, il est préférable de nommer album uniquement les livres narratifs : cela facilite la construction de la notion de genre et la mise en place des catégories que les élèves rencontrent le plus souvent et qui sont les plus simples à identifier pour eux : albums, imagiers, documentaires, livres de recette, abécédaires, livres à compter.

Les rapports texte/image dans les livres de jeunesse

Le rapport de redondance
Le texte et l'image disent exactement la même chose.

Le rapport de collaboration
Le texte et l'image travaillent conjointement en vue d'un sens commun. Ils sont étroitement liés, se complètent.

Le rapport de disjonction
Le texte et l'image se contredisent. Il y a un décalage flagrant entre ce que dit le texte et ce que disent les illustrations.

Les structures des livres de jeunesse

Dans leur ouvrage *Comment explorer l'album jeunesse ?*, Pierre Remy et Paul-Marie Leroy proposent un schéma explicatif des différentes structures rencontrées dans les livres de jeunesse.

LE RÉCIT
est constitué d'un début, d'une action et d'une fin.

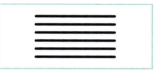

L'ÉNUMÉRATION
liste des éléments (inventaires, imagiers).

LA RÉPÉTITION
consiste en la réitération d'une même action (récit en randonnée).

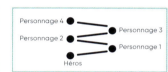

LA RANDONNÉE
répète une même structure narrative en ajoutant à chaque fois un élément nouveau pour faire avancer l'histoire.

L'ACCUMULATION
consiste dans l'ajout successif de nouveaux éléments.

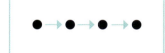

L'ENCHAINEMENT
comporte un élément, qui en entraine un deuxième, puis un troisième...

L'EMBOITEMENT
est constitué d'un récit gigogne, dans lequel un élément en contient un autre, qui en contient un autre...

L'OPPOSITION
met en avant des points de vue contradictoires.

LE JEU DE QUESTIONS/RÉPONSES
est constitué d'une succession de questions et de réponses.

LE DIALOGUE
met en scène des personnages qui parlent entre eux.

LE RÉCIT CHRONOLOGIQUE
relate des évènements dans l'ordre chronologique.

AUTRES

Les obstacles à la compréhension

Lors de la lecture d'un livre, les élèves peuvent rencontrer de nombreux obstacles.

Le rôle de l'enseignant est d'analyser en amont les obstacles des albums choisis pour adapter sa démarche en fonction de ses élèves, en sachant qu'il ne peut intervenir sur tous les facteurs, notamment celui d'ordre social et affectif.

Il ne s'agit en aucun cas d'exclure les livres qui entrainent des difficultés, mais plutôt de choisir ceux dont les difficultés sont surmontables pour les élèves.

C'est en travaillant explicitement sur les obstacles que les élèves pourront réellement progresser au niveau de la compréhension.

- Les difficultés affectives et sociales
- La motivation de l'enfant
- La maturité et le niveau des élèves

- Les différences socioculturelles
- La connaissance des personnages archétypaux
- Les références littéraires

OBSTACLES EXTÉRIEURS AU LIVRE

OBSTACLES LIÉS À LA CULTURE DE L'ENFANT

OBSTACLES LIÉS À L'OBJET LIVRE

OBSTACLES LIÉS À L'HISTOIRE ET AU RÉCIT

- La longueur du texte
- L'unité de l'action
- Les illustrations
- Le rapport texte/image
- Les différences d'échelle
- La mise en page
- La fabrication

- Le vocabulaire
- La permanence des personnages
- Le contexte
- Les ellipses temporelles et spatiales
- L'implicite
- La distinction réel/imaginaire
- Le second degré

Les obstacles extérieurs au livre

Les difficultés affectives et sociales
Elles sont dues à la place accordée au livre à la maison.
L'enfant a-t-il déjà rencontré des livres ? Ses parents lui en ont-ils déjà lus ? Connait-il des histoires ? Quelle est l'importance donnée au livre à la maison ?

La motivation de l'enfant
Elle dépend du choix de l'album.
L'élève peut-il s'identifier au personnage principal ? Va-t-il se reconnaitre dans ce livre ? Va-t-il pouvoir faire des rapprochements avec son vécu ?
La facilité avec laquelle les jeunes enfants vont s'identifier à l'album explique pourquoi ils aiment bien les récits du quotidien tels que T'choupi ou Petit Ours Brun.

La maturité et le niveau des élèves
Il est primordial de choisir un album adapté aux compétences de l'enfant et à son développement : longueur, vocabulaire, implicite, temps d'attention nécessaire…

Les obstacles liés à la culture de l'enfant

Les différences socioculturelles
Le milieu familial a une forte incidence sur les connaissances des élèves, qui n'arrivent pas tous à l'école avec le même bagage culturel.

La connaissance des personnages archétypaux
Les caractéristiques de certains personnages sont nécessaires à la compréhension de certains albums : le loup féroce, le renard rusé, l'ogre mangeur d'enfants, la princesse précieuse…

Les références littéraires
Certains albums font référence à d'autres ouvrages. C'est le cas notamment des contes détournés qui ne peuvent être véritablement compris que si les élèves connaissent déjà les contes dont ils s'inspirent. C'est pourquoi il est plus efficace de présenter d'abord le conte d'origine, puis le conte détourné.

Les obstacles liés à l'objet livre

La longueur du texte
À prendre en ligne de compte pour ne pas perdre les élèves : un maximum de 250 à 300 mots en TPS-PS.

L'unité de l'action
La plupart des élèves de TPS et de PS n'ont pas encore conscience de la permanence des personnages, ce qui peut poser problème dans la compréhension. Il est donc important qu'un même personnage ne soit présent qu'une seule fois sur une même double page ou d'utiliser un cache lors de la lecture.

Les illustrations
Il est important qu'elles soient adaptées à l'âge des enfants. Certaines illustrations trop riches amènent l'enfant à s'arrêter sur des détails et à perdre ainsi le fil de l'histoire.

Le rapport texte / image
Il peut constituer une difficulté dès lors qu'il y a un rapport de collaboration ou de disjonction.

Les différences d'échelle
Dans un même album, il est difficile pour les élèves de comprendre sans explication pourquoi un élément change subitement de taille.

La mise en page
La répartition du texte et des images, la taille des illustrations doivent être cohérents.

La fabrication
La taille et la solidité de l'album peuvent constituer un obstacle à la compréhension. S'il est trop petit, la lisibilité est mise à mal. S'il est trop grand ou trop fragile, la manipulation par l'enfant est difficile et peut freiner son intérêt.

Les obstacles liés à l'histoire et au récit

Le vocabulaire
Si trop de mots sont incompris par les élèves, certains vont arrêter d'écouter dès le départ.

La permanence des personnages
L'identification du personnage en tant qu'acteur permanent de l'histoire ne va pas de soi pour les jeunes enfants : certains appréhendent les albums comme des imagiers et ne font pas le rapport entre les différentes pages. Lorsqu'ils comprennent la permanence du personnage principal, la compréhension se fait plus facilement. En attendant, c'est à l'enseignant d'expliquer les liens entre les pages et de les mettre en évidence.

Le contexte
Il peut poser problème s'il n'est pas connu (espace, époque, lieu…). Certaines connaissances du monde sont parfois nécessaires la compréhension de l'histoire.

Les ellipses temporelles et spatiales
Le passage d'un endroit à un autre ou l'écoulement du temps nécessite généralement un échange langagier.

L'implicite
Tout ce qui n'est pas dit explicitement dans le texte complique la compréhension, comme certains états mentaux des personnages (sentiments, sensations…).

La distinction réel / imaginaire
Le passage de l'un à l'autre peut représenter une difficulté.

Le second degré
Il est compliqué pour les très jeunes élèves de comprendre l'humour. Il y a parfois deux niveaux de lecture, qu'il faut expliciter.

Comment aider les élèves à surpasser ces obstacles ?

Pour que les élèves accèdent à la compréhension de la langue écrite, le rôle de l'enseignant est déterminant.

LES RÔLES DE L'ENSEIGNANT

En réussissant à susciter l'intérêt des élèves

- Proposer une thématique qui fasse appel **au vécu et au quotidien de l'enfant**
- Inscrire la lecture dans **une démarche de projet** ayant du sens pour l'enfant
- Adapter **la durée de l'exploitation** au niveau des élèves
- **Créer des réseaux** entre les livres lus

En choisissant un album adapté

- **À la maturité des élèves** (dont le sujet correspond aux préoccupations de l'enfant et à son stade de développement)
- **Au niveau des élèves** (en tenant compte de leurs compétences)

En analysant les obstacles et en trouvant les solutions pour les surmonter

- Travailler sur **le vocabulaire de l'album** avant, pendant et après la lecture
- Étudier **les personnages :** leurs états mentaux, leur caractère, leur but, les liens qui les unissent
- Expliciter **l'implicite** par le biais de questionnements et d'échanges langagiers

En proposant les ouvrages selon une progression réfléchie

- Choisir **des albums de difficulté croissante**
- Proposer **des activités de difficulté croissante** en lien avec ces albums
- **Étudier régulièrement des contes** pour donner des références culturelles aux élèves

La démarche de l'ouvrage

Pour comprendre un texte, les élèves vont mobiliser différentes habiletés :

- **comprendre, mémoriser, utiliser le vocabulaire de l'album**
  Pour saisir le sens d'un texte et pouvoir réinvestir son vocabulaire par la suite, il est nécessaire que les élèves comprennent le sens des mots et des phrases utilisées.

- **être en mesure d'expliquer l'implicite**
  La compréhension de tous les mots ne suffit pas. De nombreux chercheurs comme Mireille Brigaudiot[1], Martine Champagne-Vergez[2], Sylvie Cèbe, Isabelle Roux-Baron et Rolland Goigoux[3] s'accordent sur le fait que les élèves doivent s'interroger sur les états mentaux des personnages pour accéder à ce qui n'est pas dit explicitement dans le texte. C'est la *théorie de l'esprit*. Véronique Boiron[4] explique que l'enfant prend appui sur ses expériences personnelles pour construire le sens d'un texte et ainsi le comprendre.

- **mémoriser le texte pour pouvoir s'y référer**
  Martine Champagne-Vergez[2], Sylvie Cèbe, Isabelle Roux-Baron et Rolland Goigoux[3] démontrent l'importance de la mise en mémoire de l'histoire racontée dans la compréhension pour être capable de faire des allers-retours entre les différentes phrases, idées, évènements…

- **se construire une représentation mentale du texte lu pour pouvoir raconter l'histoire avec ses propres mots**
  Un enfant a compris une histoire lorsqu'il est en mesure de la reformuler avec ses propres mots. C'est ce que Sylvie Cèbe, Isabelle Roux-Baron et Rolland Goigoux[3] appellent les compétences narratives en production.

- **utiliser des compétences culturelles pour comparer des versions, des personnages, des albums**

- **faire appel à ses connaissances du monde pour comprendre un contexte, des personnages, un évènement…**
  Ces différentes habiletés sont travaillées et approfondies tout au long des différentes étapes de notre démarche.

La démarche proposée dans AUTOUR DES LIVRES TPS-PS comporte quatre à cinq étapes :
- la mise en situation (pas toujours nécessaire),
- la découverte de l'album source,
- l'appropriation de l'album source,
- le projet,
- la mise en réseau.

MISE EN SITUATION

Cette étape permet aux élèves d'entrer plus facilement dans l'album.

• LE RÔLE DE L'ENSEIGNANT CONSISTE À APPORTER DES CONNAISSANCES FAVORISANT LA COMPRÉHENSION.

COMPÉTENCE TRAVAILLÉE
Découvrir l'univers de référence de l'histoire

Découverte du contexte

Le contexte est essentiel à la compréhension d'une histoire.
Il peut parfois poser problème aux élèves et les empêcher d'accéder au sens.
La découverte du contexte peut se faire par la présentation :
- d'un environnement précis comme la ferme, la campagne, le pôle Nord…
- des caractéristiques de certains personnages comme leur taille, l'endroit où ils vivent, des animaux non connus des élèves, leur nourriture…
- de certains objets et de leur fonctionnement comme une serpette, un moulin…
- des caractéristiques d'une saison comme les feuilles qui tombent en automne, la neige en hiver…
- des caractéristiques d'une fête comme Noël, Carnaval…

On part du principe que les élèves connaissent ces caractéristiques, mais c'est rarement le cas. L'enseignant doit prendre conscience qu'en PS ou en TPS, les élèves ont vécu au maximum deux fois les fêtes calendaires et les saisons, sachant qu'ils ne pouvaient en avoir conscience la première fois…

La mise en situation peut se faire de différentes façons en fonction de l'album choisi :
à partir d'objets, d'une comptine, d'images à décrire, d'une sortie…

1 Brigaudiot, M. (2015). *Langage et école maternelle*. Hatier
2 Champagne-Vergez, M. (2018). Construire un espace de dialogue à l'école maternelle, lors d'une activité de langage à partir d'un texte de fiction : entre restitution et interprétation. *Pratiques. Linguistique, littérature, didactique*, (177-178).
3 Cèbe, S., Roux-Baron I. & Goigoux, R. (2018). *Narramus : Le machin*, (9-26).
4 Boiron, V. (2011). Quelles compétences professionnelles pour favoriser la lecture d'albums de littérature de jeunesse en maternelle ? *Didactique de la lecture : de la maternelle à l'université*, 3, 23.

DÉCOUVERTE DE L'ALBUM SOURCE

Cette étape permet aux élèves de découvrir des éléments qui vont faciliter la compréhension de l'album.
À la suite de cette étape, la plupart des élèves auront une première compréhension globale de l'histoire.
• LE RÔLE DE L'ENSEIGNANT CONSISTE À FACILITER L'ENTRÉE DANS LA COMPRÉHENSION DE L'HISTOIRE.
La découverte de l'album se compose de plusieurs phases. Toutes les phases ne sont pas forcément utilisées à chaque fois, elles dépendent de l'album sélectionné et leur ordre peut varier.

Découverte d'outils

Ces outils sont divers et varient en fonction de l'album choisi. Ils sont nécessaires chez les élèves de TPS et de PS, mais peuvent devenir un moyen de différenciation avec les plus grands.

Ils peuvent aussi être utilisés lors d'un moment d'APC afin que les élèves les plus en difficulté disposent d'éléments leur permettant de mieux appréhender la compréhension d'un texte.

- **marottes**,

- **personnages en volume ou plastifiés**,

- **tapis à raconter**,

- **le décor et les éléments de l'album**.

COMPÉTENCE TRAVAILLÉE
Se familiariser avec les personnages de l'album

Découverte des mots de l'album

Les élèves découvrent les mots qui leur seront nécessaires pour comprendre l'album. La mascotte de la classe peut les apporter :

- **vrais objets** présents dans l'album,

- **mots illustrés**,
- **verbes**.

COMPÉTENCE TRAVAILLÉE
Découvrir le vocabulaire nécessaire à la compréhension de l'album

Découverte de la couverture
plutôt chez les MS et les GS

La découverte de la couverture permet aux élèves d'émettre des hypothèses, de découvrir certains personnages, le titre, le lieu dans lequel va se dérouler l'histoire :
- **projection** de la couverture ou affichage de la couverture agrandie,
- **dévoilement progressif** à l'aide de caches ou fenêtres,

- sous forme de **puzzle** à reconstituer,
- **présentation des éléments** présents sur la couverture (personnages ou objets).

COMPÉTENCE TRAVAILLÉE
Émettre des hypothèses sur le contenu de l'album

Lecture et narration de l'histoire

La narration et la lecture de l'histoire font partie à la fois de la découverte et de l'appropriation de l'album.
Pour aider les élèves, l'enseignant est amené à DRAMATISER en variant l'intonation, le débit, en changeant de voix pour les personnages, en marquant des pauses, en insistant sur certains passages.
Cette lecture dramatisée… leur fournit des appuis cognitifs pour entrer dans le récit, reconnaitre les personnages et leur attribuer des traits de caractère, des sentiments, avoir accès aux motivations et aux relations qui régissent les personnages[1].
Il veille à bien expliquer aux élèves ce qu'il fait : il lit ou il raconte.

En fonction de la complexité de l'album et du niveau des élèves, il y a plusieurs possibilités.

Raconter l'histoire dans sa globalité, en la résumant si besoin :
- avec l'objet livre,
- avec les outils découverts précédemment,
- à partir de diapositives (images sélectionnées de l'album).

Lire le texte tel qu'il est écrit :
- avec l'objet livre,
- à partir de diapositives,
- sans support visuel (MS-GS).

---

1 Boiron, V. (2010). Lire des albums de littérature de jeunesse à l'école maternelle : quelques caractéristiques d'une expertise en actes. *Repères. Recherches en didactique du français langue maternelle*, (42), 105-126.

APPROPRIATION DE L'ALBUM SOURCE

Cette étape permet aux élèves d'accéder à un niveau de compréhension plus fine.

- LE RÔLE DE L'ENSEIGNANT CONSISTE À GUIDER LES ÉLÈVES PAR DES REMARQUES, DES QUESTIONS, À METTRE EN AVANT CERTAINES RÉFLEXIONS OU CONSTATATIONS D'ÉLÈVES, À LES AMENER À SE METTRE À LA PLACE DES PERSONNAGES POUR MIEUX COMPRENDRE LES ÉMOTIONS RESSENTIES.

COMPÉTENCE TRAVAILLÉE
Mémoriser l'histoire

Échanges verbaux guidés et étayés par l'enseignant

Ils peuvent nécessiter plusieurs séances. Lors de ces échanges, il est aisé de visualiser rapidement où en est la compréhension des élèves. C'est par le biais de ces échanges que le sens se construit.

Ces échanges portent sur :
- les **états mentaux des personnages** comme les émotions rencontrées par les personnages tout au long de l'histoire, ce qu'ils savent, ce qu'ils imaginent, ce qu'ils pensent,
- l'**évolution entre la situation initiale et finale** de l'histoire,
- les **illustrations de l'album** si elles s'y prêtent,
- les **indices** trouvés dans le texte,
- les **ellipses spatiales et temporelles** comme les changements de lieu, d'époque, de moment dans la journée,
- l'**implicite** : tout ce qui n'est pas explicitement dit dans le texte.

COMPÉTENCE TRAVAILLÉE
Accéder à un second niveau de compréhension, comprendre l'implicite

La narration et la lecture de l'histoire sont réitérées pour que les élèves s'approprient progressivement l'album.
La lecture se fait en une ou plusieurs fois. Chez les petits, il est conseillé de lire l'histoire en une seule fois pour qu'elle reste en mémoire. Si elle se fait en plusieurs fois, il faut bien rappeler le début à chaque fois.

COMPÉTENCE TRAVAILLÉE
Accéder à un premier niveau de compréhension global de l'histoire, se créer une image mentale de l'histoire

Réinvestissement du vocabulaire

Le vocabulaire est travaillé à partir de jeux afin que les élèves se l'approprient :
- **jeu de Kim**,
- **loto**,

- **Memory**,

- **devinettes**,
- associations d'**objets** et d'**images**,

- associations de **différentes représentations d'un même mot**.

COMPÉTENCE TRAVAILLÉE
Acquérir le vocabulaire nécessaire à la compréhension de l'histoire

Mise à disposition de matériel et d'outils

Pour une mise en mémoire de l'histoire, les élèves disposent de différents outils :
- l'**album**,
- la **version sonore** de l'album,
- des **marionnettes**, des **marionnettes à doigts** ou des **marottes** et des **éléments de l'histoire**,
- le **tapis à raconter**,
- les **masques des personnages**,

- les **couronnes des personnages**...

COMPÉTENCE TRAVAILLÉE
Mémoriser l'histoire

Ateliers langagiers
en petits groupes, en demi-classe ou en classe entière

Ils permettent aux élèves de :
- **mémoriser** le vocabulaire de l'histoire,
- **raconter** l'histoire à partir d'images séquentielles,
- **raconter** l'histoire à partir de jeux de rôles,
- **raconter** l'histoire avec l'album comme support,
- **identifier des erreurs** dans la narration de l'enseignant,
- **choisir** le résumé le plus approprié,
- **discuter** autour d'une illustration.

COMPÉTENCE TRAVAILLÉE
Connaitre et raconter l'histoire

PROJET

À l'école maternelle, le travail de compréhension autour d'un album peut souvent constituer l'élément déclencheur d'un projet, soit dans le domaine langagier, soit dans plusieurs domaines, favorisant ainsi la pluridisciplinarité.
Même si les compétences abordées dans cette étape ne sont pas toujours des compétences de compréhension à proprement parler, le projet permet de donner du sens aux activités des élèves et d'établir un lien avec l'album travaillé.

COMPÉTENCE TRAVAILLÉE
Dépend de la nature et de l'objectif des activités

Le projet nécessite une progression. Il est composé de différentes étapes plus ou moins longues.

Adhésion au projet
L'enseignant présente le projet et explique les activités.
Les élèves peuvent apporter des idées s'ils le souhaitent.

Réalisation du projet
Les élèves réalisent concrètement le projet.
Exemples : fabriquer l'objet au centre du projet, réaliser une recette, produire un spectacle...

Évaluation du projet
Les élèves utilisent ce qu'ils ont créé ou évaluent ce qui a été effectué pendant le projet.
Exemples : observer un livre réalisé, déguster un gâteau et exprimer son ressenti, jouer avec un jeu créé collectivement, réaliser un affichage à destination des parents...

MISE EN RÉSEAU

La mise en réseau peut se faire à tout moment de la démarche. Elle est importante pour permettre la réutilisation et la fixation du vocabulaire. Différentes activités peuvent être mises en place.

• LE RÔLE DE L'ENSEIGNANT CONSISTE À CHOISIR LES OUVRAGES APPROPRIÉS ET À RENDRE EXPLICITES LES LIENS QUI EXISTENT ENTRE EUX.

COMPÉTENCE TRAVAILLÉE
Développer et structurer sa culture littéraire

Les différents types de réseaux

Créer des liens entre les différents livres abordés en classe permet de commencer à construire la culture littéraire des élèves. Lors de la lecture des livres du réseau, des moments langagiers sont indispensables pour que tous les élèves prennent conscience des points communs entre les livres proposés.

Voici différents types de réseaux

AUTOUR D'UN MÊME THÈME
La pomme, Noël, Carnaval, la colère...
Dans ces réseaux, des livres documentaires ou des imagiers peuvent être ajoutés.

AUTOUR D'UN MÊME AUTEUR
Ce type de réseau permet de découvrir un auteur et de mettre en évidence les caractéristiques de son œuvre : sujets abordés, humour, rapport texte/image...

AUTOUR D'UNE MÊME STRUCTURE NARRATIVE
Histoires en randonnées, énumérations...
Ce type de réseau permet de comprendre et de se familiariser avec une structure narrative particulière.

AUTOUR D'UN MÊME PERSONNAGE
Le loup, le Père Noël, les princesses...
Ce type de réseau a pour objectif de caractériser un personnage archétypal à travers différentes histoires et d'en extraire ses caractéristiques. Il peut aussi permettre de comparer les attitudes et le caractère d'un même personnage au sein de deux ou plusieurs histoires.

AUTOUR D'UN MÊME ILLUSTRATEUR
Ce type de réseau permet de caractériser un illustrateur, de comparer plusieurs de ses illustrations dans différents ouvrages : techniques plastiques employées, fonds utilisés, types de personnages représentés...

AUTOUR DE DIFFÉRENTES VERSIONS D'UNE MÊME HISTOIRE, NOTAMMENT LES CONTES
Ce type de réseau permet aux élèves de comparer, de trouver des différences, des similitudes entre les différentes versions.

AUTOUR D'UNE MÊME SÉRIE
Petit Ours Brun, Trotro, T'choupi, Loup...
Ce type de réseau permet de caractériser un personnage, de le suivre et de le voir évoluer lors de ses différentes aventures.

AUTOUR D'UN MÊME TYPE D'ÉCRIT
Imagiers, contes, livres de recettes, livres documentaires, livres jeux...
Ce type de réseau permet de caractériser un type d'écrit et d'en extraire les caractéristiques.

AUTOUR DE VERSIONS DÉTOURNÉES
Ce type de réseau permet aux élèves de comparer des éléments de la version originale du conte et de son détournement. Comme il fait appel à la culture littéraire du lecteur, ce type de réseau est réservé aux plus grands.

Propositions d'activités autour des livres du réseau

Recherche d'albums ou de livres pour le réseau

Identifier, rechercher des livres sur un même thème
L'enseignant propose aux élèves de rechercher des livres autour d'un même thème. Cette recherche peut avoir lieu dans la BCD de l'école ou dans l'espace bibliothèque de la classe. Les élèves observent les livres et justifient leurs choix en s'appuyant sur les illustrations.

Reconnaitre un album à partir de son titre
L'enseignant dit le titre d'un album du réseau. Les élèves doivent le retrouver parmi les autres. En fonction du niveau, les élèves peuvent prendre la place de l'enseignant.

Observation des livres du réseau

Observer des imagiers autour d'un thème
L'enseignant propose une série d'imagiers autour d'un même thème. Les élèves les observent et les montrent à leurs camarades. L'enseignant peut terminer la séance en les lisant.

Feuilleter et regarder des albums sur un même thème
Les élèves observent des albums sur un même thème. L'enseignant peut les lire ou les raconter par la suite.

Feuilleter et regarder différentes versions du conte
Les élèves observent des livres proposant différentes versions d'un même conte. L'enseignant peut les lire ou les raconter par la suite.

Émettre des hypothèses sur le contenu d'un livre
L'enseignant montre un album. Les élèves décrivent la couverture et émettent des hypothèses sur le contenu du livre. Ils peuvent faire des liens avec l'album déjà lu.

Décrire des illustrations pour imaginer une histoire
L'enseignant montre les illustrations d'une histoire proche de l'album source ou comportant des images et un texte très simples. Il demande aux élèves d'imaginer l'histoire en s'appuyant sur les illustrations.

Présentation ou lecture des livres du réseau

Écouter une histoire racontée
L'enseignant raconte l'histoire avec ou sans support (marionnette, album, tapis...). Lorsqu'il a terminé, il laisse les élèves s'exprimer et il recueille leurs remarques.

Écouter la lecture d'albums
L'enseignant montre la couverture et commence la lecture de l'album. Lorsqu'il a terminé, il laisse les élèves s'exprimer et il recueille leurs remarques.

Recherches dans les livres du réseau

Rechercher des informations dans un livre documentaire
L'enseignant lit le ou les livres documentaires et demande aux élèves de verbaliser ce qu'ils ont retenu. Il peut leur poser des questions avant la lecture afin que les élèves sachent quelles sont les informations à rechercher ou simplement après la lecture.

Rechercher et comparer des éléments dans des livres autour d'un même thème ou personnage
L'enseignant propose une série d'albums ou de livres documentaires. Les élèves sont amenés à rechercher un personnage ou un élément dans les différents ouvrages: des maisons dans des albums, des déguisements, des loups...

Attribuer des personnages aux albums dont ils sont issus

L'enseignant demande aux élèves d'attribuer des personnages à un album. Cette recherche peut avoir lieu avant ou après leur lecture ou leur présentation.

Attribuer des éléments aux albums dont ils sont issus

L'enseignant montre des éléments pris dans différents livres : une illustration complète, un personnage, un objet, un lieu ou des mots chez les plus grands. Les élèves feuillètent les livres et y recherchent les éléments en question.

Attribuer des éléments à un personnage

L'enseignant montre deux personnages et demande aux élèves de leur attribuer les éléments correspondants : vêtements, doudous, parties du corps, objets…

Comparaison entre les livres du réseau

Mettre en évidence une problématique commune

L'enseignant lit plusieurs albums autour d'une même problématique. Par des échanges langagiers, il amène les élèves à la mettre en évidence.

Mettre en évidence les caractéristiques d'un personnage, d'un lieu ou d'une fête

L'enseignant lit ou raconte des histoires autour d'un même personnage, lieu ou environnement. Au fur et à mesure, il pose des questions aux élèves afin qu'ils réussissent à caractériser l'élément dont il est question.

Comparer deux personnages

Après la lecture de deux albums sur un même thème, l'enseignant demande aux élèves de comparer les deux personnages principaux.

Comparer les états mentaux de deux personnages autour d'une même problématique

L'enseignant lit plusieurs albums autour d'un même sujet. Il amène les élèves à comparer les émotions ressenties par le personnage principal dans les albums.

Comparer les personnages de deux albums sur une même thématique

Après la lecture de deux albums sur un même thème, l'enseignant demande aux élèves de comparer les différents personnages des deux histoires.

Comparer un même personnage dans deux albums différents

Après la lecture de deux albums (ou plus), l'enseignant amène les élèves à trouver des similitudes et des différences physiques et morales au sujet d'un même personnage : le loup, la princesse, l'ogre, le renard…

Comparer deux ou plusieurs versions : trouver des similitudes et des différences

L'enseignant lit plusieurs versions d'une même histoire ou d'un même conte. Il amène les élèves à identifier les points communs et les différences. Pour cela, il peut les aider en s'appuyant sur des illustrations des albums ou en ciblant des éléments : les personnages, le lieu, le début, la fin…

Comparer des illustrations d'un même illustrateur

L'enseignant lit plusieurs albums d'un même illustrateur. Il extrait alors plusieurs images de chaque album et amène les élèves à les comparer, à verbaliser les différences et les points communs.

Comparer des illustrations d'illustrateurs différents

L'enseignant montre des illustrations d'un même personnage ou objet dans différents livres. Il amène les élèves à les comparer, à verbaliser les différences et les points communs.

Comparer la structure de deux histoires

Après la lecture de deux albums dont la structure est clairement identifiable (personnages qui s'habillent/se déshabillent, accumulation, structure en randonnée…), l'enseignant invite les élèves à verbaliser les points communs et les différences.

Comment utiliser cet ouvrage ?

AUTOUR DES LIVRES TPS-PS se compose de 18 thématiques prenant comme point de départ un album source et proposant un projet pluridisciplinaire en lien avec l'album étudié. Les thématiques sont ordonnées selon le moment de l'année auquel il est opportun de les travailler, les premières étant mieux adaptées au début de l'année et les dernières à la fin de l'année.

Chaque thématique est structurée de la même façon.

Une page de sommaire permettant de visualiser rapidement les étapes de la démarche et les objectifs des activités proposées.

Une présentation de la thématique et de l'album source ainsi que la liste du vocabulaire développé grâce à l'album et au projet.

L'organigramme du projet permettant de visualiser la production finale et la répartition des objectifs en fonction des différents domaines d'apprentissage.

Les pictogrammes permettent de situer dans quel domaine d'apprentissage s'inscrit l'activité.

Apprendre ensemble et vivre ensemble
Mobiliser le langage dans toutes ses dimensions

Agir, s'exprimer, comprendre à travers l'activité physique

Agir, s'exprimer, comprendre à travers les activités artistiques

Activités plastiques

Activités musicales

Construire les premiers outils pour structurer sa pensée

Explorer le monde

Découverte du vivant, des objets et de la matière

Repérage dans le temps et l'espace

Le titre de la partie

Le nuage désigne les contenus numériques à télécharger grâce au code unique inscrit en page 2 de l'ouvrage.

L'étape de la démarche

Le picto Il permet de visualiser dans quel domaine d'apprentissage s'inscrit l'activité.

Le matériel Il précise ce qui est à prévoir pour l'activité.

L'organisation et la durée Elles sont indicatives et à adapter au niveau de la classe : en TPS, les activités de langage se font rarement en grand groupe, mais plutôt en petit groupe. La durée indiquée est celle à ne pas dépasser pour maintenir l'attention des élèves.

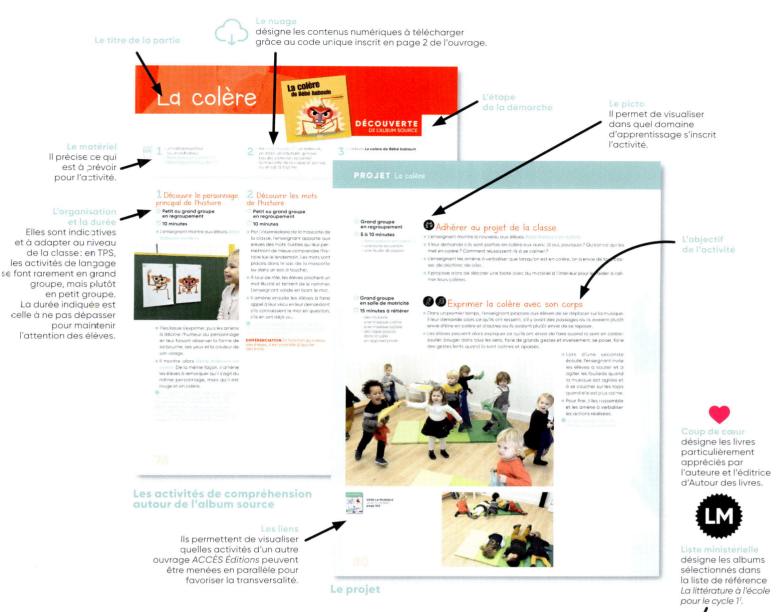

L'objectif de l'activité

Coup de cœur désigne les livres particulièrement appréciés par l'auteure et l'éditrice d'Autour des livres.

Liste ministérielle désigne les albums sélectionnés dans la liste de référence *La littérature à l'école pour le cycle 1*[1].

Les activités de compréhension autour de l'album source

Les liens Ils permettent de visualiser quelles activités d'un autre ouvrage ACCÈS Éditions peuvent être menées en parallèle pour favoriser la transversalité.

Le projet

Des comptines et chansons autour de la thématique sont proposées pour compléter la démarche. Elles peuvent être photocopiées ou imprimées à partir des compléments numériques.

Les activités complémentaires donnent des pistes pour compléter la démarche ou varier les séances. Le flashcode permet d'accéder à la version sonore de l'album.

Le réseau propose d'autres albums utilisables comme album source ainsi que des livres sur la même thématique, à mettre en réseau avec l'album source. Les ouvrages sont ordonnés selon leur difficulté.

1 Ministère de l'Éducation nationale et de la Jeunesse (2020). *La littérature à l'école Sélection d'ouvrages pour entrer dans une première culture littéraire – École maternelle*.

Répartition des apprentissages

Quelle durée autour d'un même album ?

En TPS et en PS, il est important que les projets ne durent pas plus de quatre semaines afin de ne pas lasser les enfants. En fonction de l'album et du projet en lien, les activités proposées peuvent être réparties sur trois à quatre semaines.

Comment organiser la répartition des activités ?

Chaque parcours s'articule en cinq étapes plus ou moins longues :
- mise en situation,
- découverte de l'album source,
- appropriation de l'album source,
- projet,
- réseau.

> Les activités langagières en classe entière autour de la compréhension de l'album source peuvent avoir lieu deux fois par jour car elles sont généralement de courte durée.

> Il est important d'adapter le rythme des activités aux besoins des élèves : s'ils ont un bon niveau, il n'est pas forcément nécessaire de réaliser l'intégralité des activités proposées. À l'inverse, il ne faut pas hésiter à reprendre une activité si le besoin s'en fait sentir.

> Les lectures des albums du réseau peuvent être programmées en fin de matinée ou de journée. Les chansons et les comptines sont apprises tout au long du parcours.

> L'album étant un inducteur du projet, il est possible de réaliser des activités d'appropriation le même jour que des activités liées au projet.

> Des activités sur le réseau peuvent être menées en parallèle du projet.

Particularité d'organisation pour les élèves de TPS

Les séances de langage dans une classe de TPS sont rarement collectives, elles se réalisent en petit groupe. Elles sont souvent réitérées pour que les élèves se les approprient. Des séances en groupe classe pourront se faire vers la fin de l'année en fonction de la maturité et du niveau des élèves de la classe.

Avec les enfants de moins de trois ans, il y a peu de sens à organiser des séances collectives de langage ; qu'elles soient fortuites ou programmées, les activités langagières se développent toujours en interaction individuelle avec l'adulte ou un tout petit groupe d'enfants. Elles doivent être réitérées de nombreuses fois et ancrées dans le quotidien de la classe[1].

Exemple d'organisation pour la thématique autour de l'école

PROJET Réaliser un panneau de présence et des étiquettes pour les crochets

SEMAINE 1	Jour 1	Jour 2	Jour 3	Jour 4
Demi-classe ou grand groupe en regroupement	Visiter l'école	Découvrir le matériel de l'école		
			Observer et décrire des photos	Découvrir les illustrations de l'album

---

1 Ministère de l'Éducation nationale (2015). *Programme, ressources et évaluation pour le cycle 1 – La scolarisation des enfants de moins de 3 ans.*

> **RÉPARTITION DES APPRENTISSAGES**
> Pour chaque thématique,
> une répartition des apprentissages
> est proposée dans les compléments numériques.

SEMAINE 2	Jour 1	Jour 2	Jour 3	Jour 4
Demi-classe ou grand groupe en regroupement	Découvrir les mots de l'album	Associer des illustrations et des photos	Adhérer au projet de la classe	S'approprier le vocabulaire de l'album
	Écouter la lecture de l'album et mimer les actions du livre		Identifier un moment mimé	Écouter la lecture d'albums du réseau
Activité dirigée	Identifier un lieu de l'école et verbaliser une action		Associer deux photos identiques	
Activité avec ATSEM			Réaliser des empreintes avec ses mains et ses doigts	

SEMAINE 3	Jour 1	Jour 2	Jour 3	Jour 4
Demi-classe ou grand groupe en regroupement	Identifier, rechercher des livres sur le thème de l'école		Identifier son étiquette à l'aide de sa photo	
	Écouter la lecture d'albums du réseau et réaliser des activités autour du réseau			
Activité dirigée	Identifier sa photo et associer deux photos identiques			
Activité avec ATSEM	Réaliser des empreintes avec des bouchons		Reconnaitre ses affaires pour identifier et marquer son portemanteau	
Activité individuelle	Associer les illustrations de l'album et les moments d'une journée à l'école			

Il s'agit d'un exemple pour les élèves de PS portant sur trois semaines. Ce parcours peut également être réalisé sur quatre semaines.

Exemple de programmation annuelle

Les parcours proposés sont trop nombreux et trop riches pour être tous traités en une année.
En effectuant deux séances de langage par jour, il est généralement possible de mener deux à trois projets par période.

PROPOSITION DE RÉPARTITION POUR LES PS

PÉRIODE 1	PÉRIODE 2	PÉRIODE 3	PÉRIODE 4	PÉRIODE 5
L'objet livre L'école Les doudous	La pomme La colère Les couleurs Noël	La galette L'hiver Le schéma corporel Les vêtements	Carnaval Les animaux de la ferme Les trois petits cochons	Les imagiers Le radis Le pain Boucle d'or et les trois ours

PROPOSITION DE RÉPARTITION POUR LES TPS

PÉRIODE 1	PÉRIODE 2	PÉRIODE 3	PÉRIODE 4	PÉRIODE 5
L'école Les doudous L'objet livre	La pomme La colère Noël	La galette Les couleurs	Carnaval Le schéma corporel	Les vêtements Les animaux de la ferme

Trucs & astuces
COMMENT FABRIQUER...

...DES MAROTTES RECTO

MATÉRIEL
- une planche de personnages en couleur ou coloriés
- une plastifieuse
- des ciseaux
- du ruban adhésif
- des bâtonnets en bois ou des baguettes chinoises

ÉTAPES
1 Plastifier la planche de personnages.
2 Découper chaque personnage plastifié en suivant son contour.
3 Fixer un bâtonnet en bois à l'arrière de chaque personnage avec du ruban adhésif.

...DES MAROTTES RECTO/VERSO

MATÉRIEL
- une planche de personnages recto en couleur ou coloriés
- une planche de personnage verso
- une plastifieuse
- des ciseaux
- du ruban adhésif
- des bâtonnets en bois ou des baguettes chinoises
- de la colle

ÉTAPES
1 Découper l'avant et l'arrière des personnages.
2 Coller dos à dos les deux parties d'un même personnage afin qu'il soit recto/verso.
3 Une fois la colle sèche, plastifier les personnages.
4 Découper chaque personnage plastifié en suivant son contour.
5 Fixer un bâtonnet en bois à l'arrière de chaque personnage avec du ruban adhésif.

...UN TAPIS À RACONTER

MATÉRIEL
- un morceau de tissu d'au moins 42 x 30 cm
- de la feutrine de différentes couleurs
- des ciseaux
- du coton
- de la colle liquide universelle en tube ou du fil et une aiguille

ÉTAPES
1 Chercher un morceau de tissu ou de feutrine de la couleur du fond de l'album.
2 Découper des éléments de décor dans de la feutrine et les coller.
3 Avec un feutre noir, dessiner chaque personnage deux fois sur un morceau de feutrine.
4 Découper les formes ainsi obtenues.
5 Assembler les deux formes sur la moitié de leur contour avec de la colle ou du fil.
6 Placer alors un peu de coton à l'intérieur du personnage et refermer le personnage. Maintenir quelques minutes le temps que la colle agisse.
7 Procéder de la même façon pour les différents personnages.

...DES COURONNES

MATÉRIEL
- les personnages imprimés
- des bandes de papier de 6 x 65 cm
- une plastifieuse
- du velcro

ÉTAPES
1 Plastifier et découper les personnages.
2 Coller une bande de velcro aux deux extrémités de chaque bande de papier pour former des bandeaux ajustables.
3 Coller un petit morceau de velcro au centre de chaque bandeau et l'autre au dos de chaque personnage.

...UNE BOÎTE À MOTS

MATÉRIEL
- des prospectus
- de la colle liquide, des pinceaux à colle
- une boîte à chaussures

ÉTAPES
1 Donner aux élèves des lettres et des mots découpés dans des prospectus.
2 Leur demander de les coller sur une boîte à chaussures.
3 Les mots illustrés seront placés à l'intérieur au fur et à mesure de l'année. Il est possible de réaliser une boite par album étudié et de la décorer avec des éléments de l'histoire.

...UN PETIT CASTELET

MATÉRIEL
- un grand carton
- un cutteur

ÉTAPES
1. Ouvrir complètement le carton.
2. Decouper la face arrière du carton à l'aide du cutteur. La conserver.
3. Découper les faces du fond à l'aide du cutteur.
4. Tracer le haut du castelet avec un crayon et le découper au cutteur.
5. Tracer deux encoches verticales à 5 cm du bord sur la face arrière du carton.
6. Fixer la face arrière sur le castelet afin de créer le fond du castelet.

...DES MASQUES

MATÉRIEL
- des assiettes en carton
- de la peinture
- des éléments à coller (oreilles, museau, cornes)
- des rouleaux, des pinceaux
- des bâtonnets en bois ou des baguettes chinoises
- de la colle

ÉTAPES
1. Découper les yeux à l'aide d'un cutteur.
2. Peindre l'assiette avec de la peinture.
3. Coller les éléments manquants du visage (oreilles, museaux, cornes).
4. Coller à l'arrière du masque une baguette chinoise ou un bâtonnet en bois.

...DES MOTS ILLUSTRÉS

MATÉRIEL
- un ordinateur
- une imprimante
- une feuille A4
- des ciseaux ou un massicot

ÉTAPES
1. Travailler en format paysage sur un document de traitement de texte.
2. Séparer la page en deux colonnes.
3. Insérer une photo des mots à illustrer par colonne.
4. Écrire en dessous de chaque photo le mot en capitales d'imprimerie avec la police Accès éditions et un article indéfini.
5. Imprimer et découper la feuille en deux.
6. Placer les mots réalisés dans la boite à mots de la classe.

...UN DIAPORAMA

MATÉRIEL
- un ordinateur
- le logiciel PowerPoint ou Impress

ÉTAPES
1. Prendre les photos de chaque scène avec les élèves.
2. Enregistrer les textes correspondant à chaque scène.
3. Ouvrir le logiciel et enregistrer le document.
4. Créer autant de pages que de scènes.
5. Sur chaque page, importer la photo et le son correspondant.
6. Exporter le document au format.

Sur quels livres de jeunesse s'appuie cet ouvrage ?

Pour proposer des supports en parfaite adéquation avec la démarche de l'ouvrage AUTOUR DES LIVRES TPS-PS, ACCÈS Éditions a créé 20 livres de jeunesse.

POURQUOI ?
Pour offrir des livres de jeunesse parfaitement adaptés aux besoins des élèves et aux attentes des enseignants. Les collections ACCÈS jeunesse ont été pensées pour placer l'enfant dans les conditions optimales de réception de l'œuvre.

POUR QUI ?
Ces 20 livres s'adressent aux enfants de deux ans et plus. Les cinq contes sont accessibles à partir de trois ans et peuvent être introduits en milieu d'année de PS.

SUR QUELS SUJETS ?
Autour de 18 thématiques en lien avec le vécu et les intérêts des enfants de TPS et de PS : l'école, les doudous, les couleurs, le schéma corporel, les vêtements, les animaux de la ferme...

ÉCRITS PAR QUI ?
Ces livres ont été conçus et écrits par Christina Dorner et Léa Schneider, toutes deux professeures des écoles, spécialistes de la maternelle et auteures aux Éditions ACCÈS.

Christina Dorner   Léa Schneider

ILLUSTRÉS PAR QUI ?
Une fois tous les textes écrits, le choix s'est porté sur des illustrateurs de renom aux styles très variés spécialisés dans cette tranche d'âge.

Delphine BERGER-CORNUEL
Auteure, illustratrice et intervenante scolaire professionnelle dans les écoles, son style est doux et poétique. Elle utilise beaucoup de techniques traditionnelles (pastels secs, encres et crayons) mais travaille aussi en numérique.

Emmanuelle DI MARTINO
Diplômée et major des Arts décoratifs de Strasbourg, elle illustre les ouvrages des éditions Accès dès leurs débuts. Illustratrice créative et passionnée, elle exerce en tant que contractuelle en arts appliqués dans l'académie d'Aix-Marseille.

Nicole COLAS DES FRANCS
Sensible au monde de l'enfance, elle réalise des illustrations pour un grand nombre d'ouvrages et crée des collections d'éveil et documentaires aux éditions Hachette, Albin Michel éducation, Piccolia et Larousse. Elle travaille également pour le dessin animé et pour le multimédia ludo-éducatif en tant que directrice artistique.

Sandra GIRAUD
Après avoir travaillé quelque temps dans le court-métrage d'animation, Sandra se réoriente dans l'édition jeunesse. Elle écrit et illustre ses premiers albums chez Accès jeunesse.

Nicolas GOUNY
Père de trois enfants, il est devenu illustrateur un peu par inadvertance après avoir travaillé dans l'édition pédagogique publique. À l'aide de sa palette graphique, il dessine un univers fantaisiste et coloré que l'on retrouve dans ses albums parus aux éditions du Ricochet, Frimousse, Auzou, Tom'poche, Balivernes ou Belin jeunesse.

Cécile HUDRISIER
Son travail alterne entre collages fourmillant de p'tits détails rigolos et aquarelles plus épurées et poétiques. Elle a illustré un grand nombre d'albums de jeunesse, en particulier aux éditions Didier jeunesse et Thierry Magnier.

Philippe JALBERT
Il exerce en tant qu'auteur-illustrateur depuis presque vingt ans pour différents éditeurs comme Seuil jeunesse, Larousse, Milan, Gautier Languereau ou Thierry Magnier. Parallèlement, il dessine aussi pour la presse, la communication et donne des cours à la faculté d'arts appliqués de Toulouse le Mirail.

Édouard MANCEAU
Il aime faire des livres avec des mots et des images qui racontent des histoires. Il en a écrit environ 130 dont certains sont traduits dans une vingtaine de pays.

Henri MEUNIER
Auteur, scénariste, illustrateur pour la jeunesse et la bande dessinée, il est à l'origine d'une œuvre variée où l'émotion, la malice et la poésie occupent une place centrale. Il a publié plus de 80 livres dont certains ont été honorés de récompenses et traduits dans une dizaine de langues.

Rémy SAILLARD
Diplômé des Arts décoratifs de Strasbourg, il travaille pour la presse jeunesse (Bayard, Milan, Fleurus, Averbode) et a publié de nombreux albums aux éditions Bayard, Gallimard, Nathan, Syros, Élan Vert, Didier jeunesse, Le Vengeur masqué ou Tourbillon.

Coralie SAUDO
Petite, on l'appelait « Coco trouve tout ». Où qu'elle aille, Coralie marchait les yeux rivés au sol, dans le secret espoir de trouver un trésor. Aujourd'hui, rien n'a changé. C'est ainsi qu'elle crée son univers qui regorge de matières, de couleurs, de tendresse et d'humour.

Bénédicte SIEFFERT
Après avoir travaillé en agence de communication, elle est recrutée par les éditions Accès en 2012 et découvre ainsi l'univers de l'édition et de la pédagogie. Son univers se veut frais, mêlant souvent des formes géométriques avec une note humoristique.

Camille TISSERAND
Elle s'intéresse aux images qui aident à comprendre. Elle a publié de nombreux ouvrages pour la jeunesse aux éditions Milan, Emma, Lito, Piccolia, Larousse et Père Fouettard. Elle a aussi illustré des jeux pour Janod et Celda&Asco.

Christian VOLTZ
Ses illustrations faites de petits bouts de tout, de fil de fer et de boulons rouillés rendent son style reconnaissable entre tous. Il a publié une cinquantaine d'albums aux éditions du Rouergue, Pastel, Didier jeunesse ou Bayard jeunesse.

ACCÈS JEUNESSE

DES LIVRES LUDIQUES CONÇUS PAR DES PÉDAGOGUES

12€ LE LIVRE
24 À 32 PAGES AU FORMAT 22,6 X 22,6 CM

COMMENT CES LIVRES ONT-ILS ÉTÉ CONÇUS ?

LA FABRICATION
- un format adapté à une lecture collective,
- un papier cartonné résistant aux manipulations des petites mains,
- des pages recouvertes d'un vernis à l'eau adapté aux enfants de moins de trois ans,
- une fabrication européenne.

MES PREMIERS ALBUMS dès 2 ans

MES PREMIERS CONTES dès 3 ans

LE TEXTE
- un texte court,
- un lexique et une syntaxe simples,
- peu de pronoms ou de substitutions,
- des structures langagières répétitives,
- un minimum d'ellipses et d'implicite.

LES ILLUSTRATIONS
- des rapports texte-image réfléchis,
- une seule action par double page,
- un minimum d'ellipses spatiales,
- des illustrations épurées pour se concentrer sur l'essentiel.

imaJEUX dès 2 ans

LA CONCEPTION
- des illustrations attrayantes et reconnaissables par les plus jeunes,
- une sélection riche,
- une classification réfléchie et compréhensible,
- des devinettes pour apporter un côté ludique à l'imagier.

MES PREMIERES RECETTES de saison dès 3 ans

LA CONCEPTION
- des recettes salées, sucrées, indémodables, bon marché et faciles à réaliser avec des fruits et légumes de saison, sélectionnées pour leurs intérêts pédagogiques,
- des alternatives sans allergènes pour chaque recette,
- un sommaire qui suit le fil de l'année scolaire avec un niveau de difficulté croissant au sein de chaque saison,
- une mise en page claire pour une bonne lisibilité de la recette,
- un texte succinct et précis adapté aux enfants,
- une identification facile des ingrédients, des ustensiles et des quantités nécessaires,
- une photo à chaque étape de la recette pour une compréhension immédiate des actions à réaliser,
- des illustrations ludiques et attrayantes,
- un diaporama par recette pour visualiser chaque étape en détail.

16€ LE LIVRE
116 PAGES AU FORMAT 22,6 X 22,6 CM

LE PROJET

Se familiariser avec l'objet livre et mettre en place l'espace bibliothèque de la classe

TPS-PS septembre à janvier

L'objet livre

30 Présentation de la thématique

31 Organigramme du projet

32 L'aménagement de l'espace bibliothèque

34 Mise en situation
1 Découvrir l'objet livre
2 Manipuler et choisir un livre
3 Mettre en évidence des règles d'utilisation des livres

35 Découverte de la bibliothèque
1 Découvrir la bibliothèque de la classe
2 Investir la bibliothèque de la classe
3 Mettre en évidence des règles d'utilisation de la bibliothèque

36 Utilisation de la bibliothèque
1 Ranger des livres dans la bibliothèque
2 Retrouver un livre donné à partir de sa couverture
3 Retrouver un livre donné à partir de sa quatrième de couverture **PS**
4 Retrouver un livre donné à partir du personnage principal **PS**
5 Retrouver un livre à partir d'indices **PS**
6 Ranger un livre à sa place dans la bibliothèque de la classe **PS**

38 Activités complémentaires

L'OBJET LIVRE

Présentation de la thématique

RÉPARTITION DES APPRENTISSAGES

Pourquoi étudier l'objet livre ?

L'un des premiers freins à la compréhension d'un livre est d'ordre social et affectif. En effet, le livre n'occupe pas la même place dans tous les foyers : si certains enfants ont l'habitude de les manipuler dès leur plus jeune âge, d'autres le découvrent réellement à l'école. Or, il s'agit d'un objet particulier, dont l'utilisation nécessite un apprentissage. Apprendre à manipuler correctement un livre et à en prendre soin est essentiel pour permettre aux élèves de comprendre l'importance de cet objet. C'est le rôle de l'école de faire en sorte que le livre devienne un vecteur de plaisir et d'apprentissage pour permettre à l'enfant d'entrer progressivement dans la langue écrite. C'est le rôle de l'enseignant de donner le gout et l'envie de lire à tous ses élèves. Pour remplir cette mission, il se doit de mettre en place les conditions nécessaires à cet objectif dans sa classe et dans son école. Un enseignant qui lit, qui n'hésite pas à intégrer ses lectures explicitement dans les activités de sa classe, est un enseignant qui suscite la lecture autour de lui.

Quand étudier l'objet livre ?

Il est pertinent d'étudier le livre en tant qu'objet en début d'année scolaire, aussi bien en TPS qu'en PS. Cette étude peut être menée en parallèle du réseau sur l'école.

Quels livres privilégier ?

Dans un premier temps, il vaut mieux proposer aux élèves des livres peu fragiles, en gros carton ou en tissu. Ensuite, il faut instaurer des règles d'utilisation des livres et mettre en place un espace dédié : la bibliothèque de la classe. L'installation d'un lieu central destiné à la lecture sert de point d'appui à l'apprentissage, le conforte et le facilite. Quand les règles sont respectées, des livres plus fragiles peuvent être introduits, mais en veillant à ce que leur consultation se fasse dans de bonnes conditions : l'espace bibliothèque doit en effet demeurer un espace calme et agréable. Le nombre d'enfants qui peuvent y accéder en même temps doit être défini en fonction du nombre de places disponibles.

Les obstacles à l'utilisation du livre

Certains enfants ont besoin de temps pour comprendre l'intérêt de l'objet livre. Tous n'ont en effet pas de livres à la maison et ne savent pas comment les manipuler et les utiliser. N'ayant pas conscience de la fragilité de cet objet, certains peuvent très vite le maltraiter et l'abimer. Il est nécessaire de leur donner des livres avec un format et une fabrication adaptés : de grands livres peuvent être difficiles à manipuler, tout comme des livres avec des pages trop fines.

Le vocabulaire autour du projet

VERBES lire, regarder, abimer, s'assoir, ranger, écouter, feuilleter, tourner les pages.

NOMS un livre, la couverture, une bibliothèque, un rangement, des pages, des règles.

ADJECTIFS fragile.

Organigramme du projet

Apprendre ensemble et vivre ensemble
- participer à un projet collectif
- vivre ensemble dans un espace réduit
- respecter les règles de l'espace bibliothèque

Mobiliser le langage dans toutes ses dimensions
- se familiariser avec les livres
- écouter une histoire lue par l'enseignant
- associer un livre et sa couverture

SE FAMILIARISER AVEC L'OBJET LIVRE ET METTRE EN PLACE L'ESPACE BIBLIOTHÈQUE DE LA CLASSE

Explorer le monde
- se repérer dans un nouvel espace de la classe
- ranger des livres à leur place **PS**

L'OBJET LIVRE

L'aménagement de l'espace bibliothèque

L'objectif de cet espace

Chez les TPS et les PS, l'espace bibliothèque est un espace important de la classe. Pour beaucoup d'enfants, il constitue un premier contact avec l'écrit, ce qui permet de compenser les inégalités sociales concernant la place du livre à la maison. Dans cet espace, l'enseignant peut lire des albums aux élèves. Il est possible d'organiser un prêt de livres à partir de la bibliothèque de la classe. Il faudra alors prévoir des étiquettes pour chaque livre, un sac en tissu au prénom de l'enfant et une grille sur laquelle l'enseignant ou l'adulte notera le nom du livre emprunté. Cela peut avoir lieu à raison d'une fois par semaine, un jour déterminé afin que les parents aient le temps de lire le livre emprunté à la maison.

Les meubles

• **Pour le rangement des livres**

Il est important que les meubles ne dépassent pas le visage des enfants afin de ne pas constituer une barrière visuelle : étagères à hauteur d'enfant, caisses posées sur le sol, meuble bas, meuble à casiers... L'essentiel est que les élèves n'aient pas de difficultés à prendre ou à ranger les livres. Afin que les élèves puissent choisir aisément les livres et ne pas les abimer lors du rangement, il est préférable de ne pas en mettre trop dans les caisses.

L'emplacement dans la classe

L'emplacement de l'espace bibliothèque dépend de la salle de classe dont on dispose. Si l'enseignant y lit des albums, il est nécessaire que la superficie de la bibliothèque le permette. Placer la bibliothèque dans un coin ou contre un mur de la salle permet de mieux stabiliser les étagères sans cesse manipulées par les élèves.

• **Pour s'assoir**

Il est essentiel que l'espace soit attrayant et rassurant afin que les élèves aient envie de l'investir : utiliser des chaises, des petits canapés, des coussins, un ou des tapis confortables, un matelas servant d'assise avec des coussins dessus, un petit banc… Les possibilités sont multiples.

Le classement

Plusieurs types de classement peuvent être mis en place dans la bibliothèque. Si la classe dispose d'étagères ou de présentoirs, un système de photos des couvertures peut permettre aux élèves de ranger les livres. Si la classe dispose de caisses, un système de gommettes de différentes formes et couleurs peut être proposé. Des gommettes sont alors collées sur la couverture de chaque livre ainsi que sur la caisse dans laquelle le livre doit être rangé. Selon ce même principe, il est possible de coller des silhouettes ou des pictos simples permettant un classement, comme des animaux, une sorcière, une assiette… en fonction du contenu de l'album lui-même. Ce classement peut être mis en place et évoluer progressivement dans l'année.

L'affichage

Il est possible de décorer l'espace bibliothèque avec des affiches de livres ou des traces de certains travaux en rapport avec des livres lus. Il est aussi utile d'y placer une affiche illustrée par des photos sur les règles mises en place concernant la manipulation ou le rangement des livres.
Il peut également y avoir un présentoir sur lequel l'enseignant place les livres lus et étudiés en classe.

L'utilisation au quotidien

Comme tout autre espace de la classe, l'espace bibliothèque doit être régi par des règles.
En fonction de la taille de l'espace, il est parfois nécessaire de limiter le nombre d'enfants : colliers, nombre de places assises, de coussins…
Les enfants doivent savoir quand ils peuvent l'investir : à l'accueil, en atelier autonome, à la fin d'un atelier, en atelier dirigé, lors d'un moment libre, pendant que l'enseignant raconte une histoire ou lors du prêt de livres hebdomadaire.

L'évolution de l'espace au courant de l'année

Comme n'importe quel espace de la classe, l'espace bibliothèque doit évoluer au fur et à mesure de l'année pour que les enfants ne s'en lassent pas et continuent à l'investir. Il est donc nécessaire de changer les livres fréquemment, en rapport avec l'évolution des élèves et de leur niveau, mais aussi en fonction du sujet abordé. En début d'année, mieux vaut proposer des livres résistants : gros livres cartonnés, livres en tissu, livres plastifiés… Couvrir les livres leur permet de mieux résister dans le temps.
En ce qui concerne le contenu de la bibliothèque, deux solutions sont possibles en fonction des livres dont dispose la classe ou l'école : soit les livres reprennent le thème traité en classe, soit les livres de la bibliothèque de classe sont complètement indépendants des activités.
Lorsqu'un livre est créé en classe par les élèves, il est intéressant de le placer dans l'espace bibliothèque de façon à permettre aux élèves de s'en emparer.
Une caisse peut également rassembler les éléments permettant de raconter les histoires étudiées en classe, soit sous la forme d'un sac contenant l'album et les éléments nécessaires pour le raconter, soit sous la forme d'une boite à raconter sur laquelle figure la couverture de l'album et contenant les éléments nécessaires pour le raconter.

L'objet livre

MISE EN SITUATION

1 - un sac à toucher contenant des livres en carton ou en tissu de différents formats

2 - une caisse
- 6 à 8 livres peu fragiles

3 - une caisse
- un livre par élève

---

1 Découvrir l'objet livre

⭐ **Petit ou grand groupe en regroupement**

⏱ **5 à 10 minutes**

- L'enseignant montre le sac et demande aux élèves ce qu'il y a dedans.
- Dans un premier temps, les élèves touchent le sac sans l'ouvrir et émettent des hypothèses sur son contenu.
- L'enseignant insiste sur la tournure *c'est peut-être* ou *dans le sac, il y a peut-être…*
- Dans un deuxième temps, les élèves sortent un objet du sac à tour de rôle. Ils le décrivent ou le nomment : il s'agit d'un LIVRE. Si l'élève n'est pas capable de verbaliser, ses camarades peuvent intervenir pour l'aider.

- Dans un troisième temps, l'enseignant pose les livres devant les élèves. Il les questionne sur leur utilité, leur contenu, leur demande s'ils en ont à la maison, si leurs parents leur en ont déjà lus…

DIFFÉRENCIATION Demander aux petits parleurs ou aux élèves qui ne parlent pas encore de venir chercher un livre dans le sac et aux autres élèves de décrire le livre sorti.

2 Manipuler et choisir un livre

⭐ **Activité autonome de 6 à 8 élèves**

⏱ **5 à 10 minutes**

- L'enseignant pose la caisse de livres à l'espace regroupement.
- Il laisse les élèves s'exprimer, puis leur propose de regarder les différents livres et de se les échanger.
- L'enseignant laisse les élèves en autonomie et n'intervient que si nécessaire.

VERS L'AUTONOMIE
Apprendre à manipuler un livre
Manipuler un livre à toucher
page 66

3 Mettre en évidence des règles d'utilisation des livres

⭐ **Petit groupe ou demi-classe en regroupement**

⏱ **5 à 10 minutes**

- L'enseignant pose la caisse de livres à l'espace regroupement.
- Il laisse les élèves s'exprimer sur son contenu. Il donne ensuite un livre à chaque élève et leur propose de le feuilleter.
- Il explicite alors des règles pour ne pas abimer le livre et montre comment le tenir, comment tourner les pages, comment le ranger dans la caisse.
- En fin de séance, les règles sont récapitulées. Les élèves miment les actions avec le livre dont ils disposent : poser le livre sur ses genoux, tourner correctement les pages, le fermer, le porter à deux mains pour le ranger dans la caisse.
- Il est important que les élèves comprennent la nécessité de bien respecter ces règles afin de ne pas abimer les livres.

DÉCOUVERTE
DE LA BIBLIOTHÈQUE

1/2/3
- des tapis, des coussins, des bancs ou des petits canapés
- des caisses ou des étagères à hauteur des enfants
- des livres peu fragiles

1 Découvrir la bibliothèque de la classe

☆ **Activité dirigée de 6 à 8 élèves à la bibliothèque**

⏱ **10 minutes**

- L'enseignant demande aux élèves de le suivre dans un nouvel espace de la classe.
- Au début, il les laisse observer, puis les amène à s'exprimer librement sur cet espace.
- Il les questionne : *en quoi consiste ce nouveau lieu ? Que va-t-on y faire ? De quoi est-il composé ? Pourquoi y aller ?* L'enseignant apporte le vocabulaire manquant.

2 Investir la bibliothèque de la classe

☆ **Activité autonome de 6 à 8 élèves à la bibliothèque**

⏱ **10 minutes**

- L'enseignant propose aux élèves d'aller à la bibliothèque.
- Il les laisse tout d'abord s'exprimer, puis leur propose de regarder les différents livres qui s'y trouvent. Il laisse les élèves en autonomie et n'intervient que si nécessaire.

3 Mettre en évidence des règles d'utilisation de la bibliothèque

☆ **Activité semi-dirigée de 4 à 6 élèves à la bibliothèque**

⏱ **5 à 10 minutes**

- L'enseignant demande aux élèves de le suivre dans la bibliothèque de la classe.
- Il laisse les élèves choisir un livre et s'asseoir. Il les interroge alors sur les gestes réalisés pour prendre le livre, le manipuler, le ranger, sur leur façon de s'asseoir et sur les choses à ne pas faire.
- Il insiste ensuite sur la tenue et le rangement des livres. Il précise l'importance de ne pas faire de bruit pour permettre aux copains et aux copines de regarder les livres en silence.
- Les règles sont récapitulées en fin de séance. Les élèves miment les actions à effectuer lorsque l'on se rend à la bibliothèque de la classe : choisir un livre, s'asseoir avec, bien le manipuler, le ranger correctement.

MON CARNET DE SUIVI
Je sais manipuler correctement un livre
page 11

UTILISATION
DE LA BIBLIOTHÈQUE

1/2/3 - une vingtaine de livres cartonnés ou plastifiés peu fragiles

2 - une photocopie couleur de la couverture de chaque livre

3 - une photocopie couleur de la quatrième de couverture de chaque livre

1 Ranger des livres dans la bibliothèque

☆ **Petit groupe ou demi-classe à la bibliothèque**

⏱ **10 minutes**

- L'enseignant donne les livres aux élèves et leur demande de les ranger dans la bibliothèque.
- Chaque élève peut ranger plusieurs livres.
- Une mise en commun permet d'observer le rangement de chacun et de le commenter.
- L'enseignant indique aux élèves comment ranger les livres en fonction des meubles de rangement disponibles dans la classe.
- La séance se termine par la lecture d'un album par l'enseignant. L'album peut être choisi par un élève.

☺ *La même activité peut être réalisée plus tard dans l'année pour introduire un rangement par catégorie, qui peut être matérialisé par des gommettes de couleur par exemple.*

2 Retrouver un livre donné à partir de sa couverture

☆ **Activité dirigée de 4 à 6 élèves à la bibliothèque**

⏱ **10 minutes**

- L'enseignant présente les photocopies des couvertures aux élèves et leur propose de retrouver les livres correspondants dans la bibliothèque. Il leur montre un exemple, puis donne une photocopie à chacun et leur demande d'apporter le livre auquel elle correspond.
- Les élèves peuvent réaliser l'activité plusieurs fois.

DIFFÉRENCIATION L'enseignant aide les élèves ayant des difficultés en recherchant avec eux. Il est possible de proposer plus de photocopies aux élèves les plus performants.

☺ *La même activité peut être réalisée avec des photocopies en noir et blanc, puis de taille réduite.*

3 Retrouver un livre donné à partir de sa quatrième de couverture PS

☆ **Activité dirigée de 4 à 6 élèves à la bibliothèque**

⏱ **10 minutes**

- L'enseignant présente les photocopies des quatrièmes de couverture aux élèves et leur propose de retrouver les livres correspondants dans la bibliothèque. Il montre un exemple aux TPS, mais laisse les PS rechercher. Il donne une photocopie à chacun et leur demande d'apporter le livre auquel elle correspond.
- Les élèves peuvent réaliser l'activité plusieurs fois.

DIFFÉRENCIATION L'enseignant aide les élèves ayant des difficultés en recherchant avec eux. Il est possible de proposer plus de photocopies aux élèves les plus performants.

☺ *La même activité peut être réalisée avec des photocopies en noir et blanc, puis de taille réduite.*

4
- des livres de la bibliothèque
- des photocopies des personnages présents sur la couverture des livres

5
- les livres de la bibliothèque

6
- des photocopies des couvertures collées sur les étagères ou sur les caisses de la bibliothèque

4 Retrouver un livre donné à partir du personnage principal PS

☆ **Activité dirigée de 4 à 6 élèves à la bibliothèque**

⏱ **10 minutes**

- Dans un premier temps, l'enseignant montre les personnages aux élèves et les laisse s'exprimer.
- Il leur explique ensuite que ces personnages se trouvent sur la couverture des livres de la bibliothèque.
- Il donne alors à chacun un personnage et demande de retrouver le livre qui correspond.
- Une mise en commun est réalisée pour valider les recherches.

- Cette activité est reprise plusieurs fois en échangeant les personnages.

DIFFÉRENCIATION Cette activité peut être réalisée avec d'autres éléments présents sur la couverture, comme un objet ou une image présente dans l'album.

5 Retrouver un livre donné à partir d'indices PS

☆ **Activité dirigée de 4 à 6 élèves à la bibliothèque**

⏱ **10 minutes**

- L'enseignant propose aux élèves de chercher à tour de rôle un livre qui respecte l'indice qu'il énonce, par exemple *je voudrais le livre sur lequel il y a une maison*.
- L'élève interrogé apporte le livre et montre l'indice sur la couverture de l'album. Les autres valident son choix.
- L'activité peut aussi être réalisée sous la forme d'une course : *je voudrais un livre avec un ours, le premier qui le trouve gagne un jeton*.

DIFFÉRENCIATION Varier la difficulté des indices donnés : une couleur sur la couverture, un petit élément…

6 Ranger un livre à sa place dans la bibliothèque de la classe PS

☆ **Activité de 2 à 3 élèves à l'accueil**

⏱ **10 minutes**

- L'enseignant demande aux élèves ce qui a été ajouté dans la bibliothèque de la classe.
- Il les amène à comprendre que ces images permettent de bien ranger la bibliothèque de la classe.
- Chaque élève prend un ou plusieurs livres et le range à la bonne place.
- Les élèves lisent alors librement les livres.
- En fin de séance, l'enseignant observe le rangement avec l'ensemble du groupe.

MON CARNET DE SUIVI
Je sais ranger un livre dans la bibliothèque
page 11

37

AUTOUR DES LIVRES TPS-PS L'OBJET LIVRE

ACTIVITÉS COMPLÉMENTAIRES

AUTRES PROJETS POSSIBLES
- plus tard dans l'année, participer à la mise en place de la BCD de l'école
- réaliser des affiches pour décorer la bibliothèque de la classe en collant des personnages d'albums sur un fond
- réaliser un affichage des règles à respecter pour manipuler un livre

AUTRES ACTIVITÉS POSSIBLES
AUTOUR DE LA THÉMATIQUE
- prendre des photos illustrant les règles à respecter pour manipuler un livre
- se rendre à la médiathèque ou à la bibliothèque de la ville
- mettre en place une classification à partir de carrés de couleur collés sur le livre et sur le bac dans lequel ranger le livre
- plus tard dans l'année, trouver un autre moyen de classer les livres de la classe **PS**

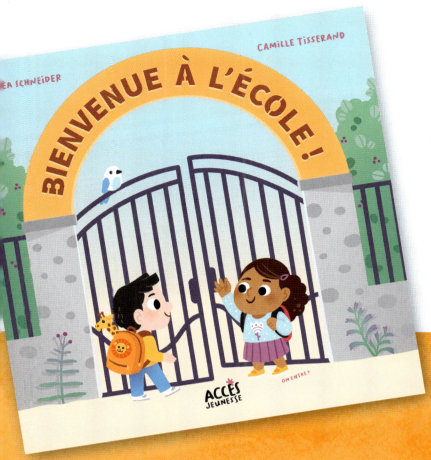

L'ALBUM SOURCE
Bienvenue à l'école !

LE PROJET
Réaliser un panneau de présence et des étiquettes pour les crochets

TPS-PS septembre - octobre

L'école

40 Présentation de la thématique
Présentation de l'album source

41 Organigramme du projet

42 Mise en situation
1 Visiter l'école
2 Découvrir le matériel de l'école
3 Observer et décrire des photos

43 Découverte de l'album source
1 Découvrir les illustrations de l'album
2 Découvrir les mots de l'album
3 Écouter la lecture de l'album et mimer les actions du livre

44 Appropriation de l'album source
1 Associer des illustrations et des photos
2 Identifier un moment mimé
3 Identifier un lieu de l'école et verbaliser une action
4 S'approprier le vocabulaire de l'album
5 Associer deux photos identiques
6 Associer les illustrations de l'album et les moments d'une journée à l'école

46 Projet
- Adhérer au projet de la classe
- Identifier sa photo et associer deux photos identiques
- Réaliser des empreintes avec ses mains et ses doigts
- Identifier son étiquette à l'aide de sa photo
- Réaliser des empreintes avec des bouchons
- Reconnaitre ses affaires pour identifier et marquer son portemanteau

48 Comptines et chansons

49 Activités complémentaires

50 Réseau

L'ÉCOLE

Présentation de la thématique

Pourquoi étudier l'école ?
Pour les élèves de TPS et de PS, la rentrée constitue un moment important de leur vie, un saut dans l'inconnu qui peut être source de stress et d'angoisse, mais aussi de joie. En étudiant des livres sur l'école, les élèves vont comprendre progressivement les différents moments d'une journée, les différents lieux de l'école et son fonctionnement. Cela va les rassurer et leur permettre d'entrer progressivement dans les apprentissages.

Quand étudier l'école ?
Il est pertinent de démarrer l'année scolaire avec des livres sur l'école, aussi bien en TPS qu'en PS.

RÉPARTITION DES APPRENTISSAGES

Présentation de l'album source

À l'école, on joue, on peint, on danse, on chante… et surtout, à l'école, on apprend !
Un album qui invite l'enfant à participer à chaque moment de la journée d'un élève de maternelle.

Les intérêts de l'album source
L'album source fait appel à l'affectif et au vécu des enfants car il s'appuie sur des situations concrètes que les élèves vivent chaque jour à l'école.
Les enfants peuvent facilement s'identifier aux personnages, qui ont leur âge. De plus, l'album invite les élèves à faire les mêmes choses que les personnages représentés, ce qui leur permet d'être actifs pendant la lecture et aide au maintien de leur attention.
Le texte est à la portée des élèves, tant au niveau de la difficulté des mots utilisés que de sa longueur. Le champ lexical utilisé correspond à celui de l'école et peut donc être réinvesti facilement.
Enfin, les illustrations épurées amènent l'enfant à se focaliser sur les situations de classe et les actions des personnages.

Les obstacles de l'album source
Le principal obstacle de l'album source réside dans sa longueur, qui est importante en début d'année de TPS et qui peut l'être pour certaines classes de PS. Pour surmonter cet obstacle, l'enseignant sélectionne à l'avance quelques pages sur lesquelles il souhaite travailler et n'hésite pas à scinder les moments de lecture pour maintenir l'attention de ses élèves. Il pourra revenir en cours d'année sur les pages occultées.

Bienvenue à l'école !
Léa Schneider et Camille Tisserand
© Accès jeunesse • 2020 • 12€

40

Le vocabulaire autour de l'album et du projet

VERBES saluer, jouer, rouler, mélanger, découper, coller, dessiner, grimper, sauter, danser, bouger, pédaler, modeler, peindre, chanter, manger, se reposer, dormir, serrer, frapper, secouer, pleurer, rire, rigoler.

NOMS l'école, un copain, une copine, le maitre, la maitresse, l'ATSEM, la classe, un banc, un livre, une histoire, une voiture, un garage, une poupée, de la soupe, une cuisine, une assiette, des couverts, un verre, une fourchette, un couteau, une cuillère, de la colle, des ciseaux, de la pâte à modeler, des boudins, un pinceau, un rouleau, un crayon, un feutre, un trait, un rond, la sieste, un doudou, la salle de motricité, un popotin, la récréation, un toboggan, un vélo, les toilettes, du savon, une chanson, le repas, le gouter, la musique, un tambourin, des maracas, les yeux, les oreilles, les mains.

ADJECTIF fatigué.

ADVERBE vite, ensemble, fort.

FORMULES DE POLITESSE bienvenue, bonjour.

Organigramme du projet

Apprendre ensemble et vivre ensemble
- adhérer au projet de la classe
- identifier ses camarades
- reconnaitre ses affaires pour identifier son portemanteau

Mobiliser le langage dans toutes ses dimensions
- découvrir un univers et s'approprier le vocabulaire de l'école par le biais de la lecture d'un album
- décrire des photos et des illustrations
- associer des photos identiques
- associer différentes représentations d'un même objet
- identifier sa photo et associer deux photos identiques
- identifier son étiquette à l'aide de sa photo

RÉALISER UN PANNEAU DE PRÉSENCE ET DES ÉTIQUETTES POUR LES CROCHETS

Explorer le monde
- découvrir les outils et objets de la classe
- se repérer dans les différents lieux de l'école
- identifier et marquer son portemanteau
- comprendre le fonctionnement des premiers rituels
- commencer à repérer les moments de la journée

Agir, s'exprimer et comprendre à travers les activités artistiques
- réaliser des empreintes avec ses mains et ses doigts
- réaliser des empreintes avec des bouchons

AUTOUR DES LIVRES TPS-PS L'ÉCOLE 41

L'école

MISE EN SITUATION

1
- un appareil photo
- une boite de mouchoirs pour les enfants qui pleurent

2
- la mascotte de la classe et son sac ou un sac à toucher
- des objets de l'école classés par type

3
- des photos des moments de la journée de classe prises par l'enseignant au préalable

---

1 Visiter l'école

☆ **Grand groupe avec enseignant et ATSEM**
⏱ **15 à 20 minutes**

- L'enseignant emmène les élèves dans les différents lieux de l'école.
- Il nomme chaque lieu et chaque personne rencontrée.
- Il peut prendre des photos de chaque endroit visité.
- L'ATSEM console et rassure les enfants inquiets.

2 Découvrir le matériel de l'école

☆ **Petit ou grand groupe en regroupement**
⏱ **10 minutes à réitérer**

- Par l'intermédiaire de la mascotte de la classe, l'enseignant apporte des objets de l'école, en changeant de matériel chaque jour : un jour il apporte les objets pour les activités plastiques (blouse, pinceau, peinture, rouleau...), un jour ceux de la cuisine (assiette, couteau, fourchette...), un jour ceux de la salle de motricité (anneau, sac de graines, foulard, balle...).
- Il invite les élèves à nommer chaque objet et apporte le vocabulaire manquant.

😊 *L'appropriation de ce vocabulaire est travaillée tout au long de l'année.*

3 Observer et décrire des photos

☆ **Petit ou grand groupe en regroupement**
⏱ **10 minutes**

- L'enseignant projette ou montre des photos de la journée de classe les unes après les autres.
- Il laisse les élèves s'exprimer, puis, par des questions, il les amène à décrire et à nommer les différents moments représentés.

DÉCOUVERTE
DE L'ALBUM SOURCE

1
- l'album *Bienvenue à l'école!*

2
- les *mots illustrés* : des ciseaux, de la colle, de la pâte à modeler, un pinceau, un rouleau, des crayons, un feutre, de la peinture, une blouse, un trait, un rond, une poupée, une voiture, un cerceau, un vélo, un toboggan, un doudou, un tambourin, des maracas

3
- l'album *Bienvenue à l'école!*
- des photos des moments de la journée de classe prises par l'enseignant au préalable

---

1 Découvrir les illustrations de l'album

⭐ **Petit ou grand groupe en regroupement**
⏱ **10 minutes**

● L'enseignant choisit au préalable quatre à six doubles pages de l'album.

● Il les montre l'une après l'autre aux élèves et les laisse s'exprimer librement.

● Si besoin, il pose des questions ouvertes pour les inciter à prendre la parole, du type : *que voyez-vous ? Que font les enfants ?*

● Il peut aussi faire appel à leur vécu : *est-ce que ça vous rappelle quelque chose ?*

2 Découvrir les mots de l'album

⭐ **Petit ou grand groupe en regroupement**
⏱ **10 minutes**

● Par l'intermédiaire de la mascotte de la classe, l'enseignant apporte aux élèves des mots illustrés qui leur permettront de mieux comprendre l'album lu le lendemain.

● Les mots sont placés dans le sac de la mascotte ou un sac à toucher.

● À tour de rôle, les élèves piochent un mot illustré et tentent de le nommer.

● L'enseignant valide en lisant le mot.

● Il amène ensuite les élèves à faire appel à leur vécu en leur demandant s'ils connaissent le mot en question.

😊 *Ces mots peuvent être affichés dans la classe le temps du projet, puis stockés dans une boîte à mots.*

DIFFÉRENCIATION En fonction du niveau des élèves, il est possible d'ajouter des mots.

3 Écouter la lecture de l'album et mimer les actions du livre

⭐ **Petit ou grand groupe en regroupement**
⏱ **10 minutes à réitérer**

● L'enseignant montre le livre aux élèves.

● Il lit le titre et commence la lecture en tournant les pages simultanément.

● Il encourage les élèves à vivre l'album en effectuant les gestes demandés dans le livre.

● À la fin de la lecture, il laisse les élèves s'exprimer et les amène à faire le lien entre l'album et les photos de la classe.

● Cette séance est réitérée afin que les élèves s'approprient l'album.

DIFFÉRENCIATION Lorsque les élèves se sont bien approprié l'histoire, il est possible de la raconter en ajoutant des erreurs : remplacer une action par une autre, inverser les noms de lieu...

APPROPRIATION
DE L'ALBUM SOURCE

1
- l'album *Bienvenue à l'école !*
- 3 autres albums
- des photos des moments de la journée de classe prises par l'enseignant au préalable

2 - les *illustrations de l'album*

3
- les *fonds de l'album*
- des *personnages de l'album*

---

1 Associer des illustrations et des photos

☆ **Petit ou grand groupe en regroupement**

⏱ **10 minutes**

- L'enseignant propose aux élèves de retrouver l'album étudié parmi d'autres et de rappeler son titre.
- Il place ensuite les photos des moments de la journée au tableau.
- Il commence la lecture de l'album.
- À tour de rôle, les élèves désignent la photo correspondant à chaque double page de l'album en verbalisant les actions représentées : on chante, on joue…

2 Identifier un moment mimé

☆ **Petit ou grand groupe en regroupement**

⏱ **10 minutes**

- L'enseignant place les illustrations au tableau.
- Il mime le geste correspondant à une illustration de son choix.
- Les élèves identifient et nomment l'action réalisée.

DIFFÉRENCIATION Les élèves de TPS montrent l'illustration qui correspond. Les élèves de PS peuvent progressivement prendre la place de l'enseignant.

3 Identifier un lieu de l'école et verbaliser une action

☆ **Activité dirigée de 6 à 8 élèves**

⏱ **10 minutes**

- L'enseignant place les différents fonds de l'album sur la table.
- Il choisit une double page et lit le texte qui correspond.
- Les élèves identifient le lieu dans lequel se déroule l'action et déplacent le personnage sur le fond correspondant.

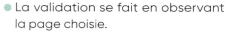

- La validation se fait en observant la page choisie.

DIFFÉRENCIATION Les PS peuvent progressivement prendre la place de l'enseignant.

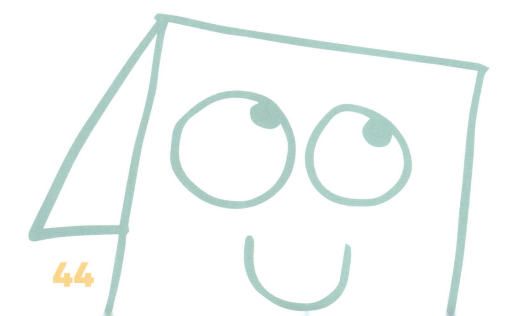

4
- les *mots illustrés*
- un tapis
- un tissu ou une grande feuille

5 - le *loto de l'école*

6 - les *moments de la journée*

4 S'approprier le vocabulaire de l'album

⭐ **Petit groupe ou demi-classe en regroupement**
⏱ **10 minutes**

● L'enseignant pose quatre mots illustrés sur le tapis et invite les élèves à les nommer.

● Il aligne les mots, les cache avec un tissu et en retourne un face cachée. Les élèves nomment le mot qui n'est plus visible.

DIFFÉRENCIATION Il est possible de jouer avec plus de mots si le niveau des élèves le permet.

MON CARNET DE SUIVI
Je connais le nom des outils et objets de la classe
page 47

5 Associer deux photos identiques

⭐ **Activité dirigée de 4 à 6 élèves**
⏱ **10 minutes**

● L'enseignant montre les planches aux élèves et leur demande de nommer les mots représentés.

● Il dispose ensuite les cartes sur la table face visible. Les élèves placent sur leur planche celles qui correspondent aux photos qui s'y trouvent.

● L'enseignant les amène à nommer les objets reconnus.

DIFFÉRENCIATION Les cartes peuvent être remplacées par de vrais objets de la classe et des jetons.

6 Associer les illustrations de l'album et les moments d'une journée à l'école

⭐ **Activité individuelle**
⏱ **2 minutes par jour**

● L'enseignant affiche les illustrations les unes en dessous des autres.

● Tout au long de la journée, les élèves déplacent une pince à linge sur le moment qui correspond à l'album.

AUTOUR DES LIVRES TPS-PS L'ÉCOLE

PROJET Réaliser un panneau de présence et des étiquettes pour les crochets

★ **Grand groupe en regroupement**
⏱ **5 minutes**
- l'étiquette de présence de la mascotte
- l'étiquette crochet de la mascotte

Adhérer au projet de la classe

- La mascotte apporte son étiquette de présence. Les élèves décrivent l'objet.
- Par le biais de la mascotte, l'enseignant explique à quoi sert cette étiquette et leur propose de réaliser un panneau avec leurs empreintes pour y accrocher leurs étiquettes et ainsi signifier leur présence lorsqu'ils arrivent à l'école.
- La mascotte emmène ensuite les élèves dans le couloir et montre son étiquette crochet : un sac à dos avec sa photo et son prénom. Les élèves décrivent l'étiquette.
- L'enseignant leur propose de réaliser chacun une étiquette pour son crochet.

DIFFÉRENCIATION Si l'attention des élèves est trop fugace, cette séance peut être scindée en deux.

★ **Activité dirigée de 4 à 6 élèves**
⏱ **10 minutes**
- les photos d'identité des élèves du groupe en deux exemplaires

VERS L'AUTONOMIE
Reconnaître sa photo parmi d'autres
page 72

Identifier sa photo et associer deux photos identiques

- L'enseignant montre les photos des enfants les unes après les autres.
- Les élèves nomment l'enfant représenté sur chaque photo, puis chacun identifie sa photo.
- Toutes les photos sont placées au centre de la table. Les élèves associent celles qui sont identiques.
- **PS** L'enseignant propose de jouer à la manière d'un Memory : les élèves nomment les enfants présents sur les deux cartes retournées. Si elles sont identiques, ils les gardent. Ils les remettent à leur place dans le cas contraire.

★ **Activité individuelle avec l'ATSEM**
⏱ **3 minutes par élève**
- une blouse
- une feuille blanche de format raisin
- la *maison des absents* ☁
- de la gouache jaune, bleue, rouge et verte dans des barquettes

TRACES À SUIVRE
Haut les mains !
pages 14-15
Jusqu'au bout des doigts !
pages 16-17

MON CARNET DE SUIVI
Je laisse des traces avec mes mains ou avec des outils
page 26

Réaliser des empreintes avec ses mains et ses doigts

- L'adulte explique à chaque élève qu'il va laisser une empreinte sur la feuille avec sa main.
- Il lui demande d'abord d'effectuer le geste sans peinture, puis l'invite à tremper la main dans la gouache. Il appuie sur sa main pour s'assurer que l'empreinte est bien complète et veille à ce qu'il n'en touche pas une déjà réalisée. L'élève réalise ensuite quelques empreintes de doigts sur la maison des absents.
- L'adulte écrit ensuite le prénom de l'enfant au crayon à papier sous l'empreinte et aide l'élève à se laver les mains.

DIFFÉRENCIATION Si un enfant refuse de tremper sa main dans la peinture, l'adulte peut la contourner avec un feutre coloré.

☺ Si l'enseignant veut mettre en place des groupes de couleur, il peut proposer une couleur définie pour chaque enfant.

46

☆ **Demi-classe
ou grand groupe
en classe**

⏱ **5 à 10 minutes**

- le panneau de présence finalisé avec la photo de chaque enfant et un morceau de velcro collés sur son empreinte
- la maison des absents finalisée avec des morceaux de velcro
- les étiquettes de présence comportant les photos et les prénoms des élèves aux dos desquelles ont été collés des morceaux de velcro

MON CARNET DE SUIVI
Je reconnais mon prénom à l'aide de ma photo
page 14

💬 Identifier son étiquette à l'aide de sa photo

- L'enseignant pose les étiquettes de présence sur les tables. Les élèves circulent dans la classe afin de retrouver leur étiquette et viennent ensuite s'asseoir.
- **PS** Dans un second temps, l'enseignant donne à chaque élève une étiquette qui n'est pas la sienne. Chacun la rend à son propriétaire.
- Pour finir, l'enseignant propose à chaque élève de fixer son étiquette sur le panneau pour signifier sa présence.
- Il explique aux élèves qu'ils effectueront désormais ce geste tous les matins en arrivant.

PROLONGEMENT Proposer une trousse transparente dans laquelle glisser les étiquettes des élèves absents.

😊 *L'enseignant et l'ATSEM peuvent également avoir une étiquette de présence.*

☆ **Activité avec l'ATSEM
de 4 à 6 élèves**

⏱ **5 à 10 minutes**

- un *sac à dos* imprimé sur papier blanc par élève
- des bouchons en liège
- de la gouache de différentes couleurs dans ces bouchons de lait

🖌 Réaliser des empreintes avec des bouchons

- L'ATSEM demande aux élèves de tremper un bouchon dans la peinture, puis de réaliser des empreintes de différentes couleurs sur le sac à dos en papier.
- La photo et le prénom de chaque élève sont collés sur le sac à dos.

☆ **Activité avec l'ATSEM
de 6 à 8 élèves**

⏱ **10 minutes**

- les sacs à dos réalisés précédemment par les élèves du groupe
- de la pâte à fixer, du ruban adhésif double face ou une agrafeuse murale

👪 📅 Reconnaitre ses affaires pour identifier et marquer son portemanteau

- L'adulte montre leurs sacs à dos aux élèves du groupe.
- Chaque élève identifie le sien.
- Le groupe sort ensuite dans le couloir.
- L'adulte demande à chacun de désigner ses affaires et fixe le sac à dos au-dessus du portemanteau correspondant.

AUTOUR DES LIVRES TPS-PS L'ÉCOLE

COMPTINES ET CHANSONS
AUTOUR DE L'ÉCOLE

J'AI UN NOM UN PRÉNOM

J'ai un nom un prénom

Deux yeux un nez un menton

Dis-moi donc ton prénom

Pour continuer la chanson

Tu t'appelles ....

Bonjour ....

C'EST LA RENTRÉE !

Papa l'a dit

Maman l'a dit

Grand frère l'a dit

Grande sœur l'a dit

Doudou l'a dit

L'école, c'est parti !
Youpi !

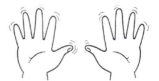

TOC, TOC, TOC, MONSIEUR POUCE

Toc, toc, toc, Monsieur Pouce,

Es-tu là ?

Chut ! Je dors.

Toc, toc, toc, Monsieur Pouce,

Es-tu là ?

Oui ! Je sors !

VIVE LA RENTRÉE !
Christina Dorner

Aujourd'hui c'est la rentrée !

Venez tous pour travailler !

On va jouer et découper !

Chanter et bien rigoler !

Venez tous, vive la rentrée !

ACTIVITÉS COMPLÉMENTAIRES

AUTRES PROJETS POSSIBLES
- réaliser une frise de la matinée ou de la journée
- réaliser des étiquettes pour les casiers
- réaliser des couvertures de cahier de vie, de correspondance, de chants

AUTRES ACTIVITÉS POSSIBLES AUTOUR DE LA THÉMATIQUE
- jouer au *Memory de l'école*
- explorer l'espace de la classe

VERS LES MATHS PS — Découverte de la classe — page 12

MON CARNET DE SUIVI — Je sais me repérer dans l'espace de la classe — page 40

VERS L'AUTONOMIE — Se repérer dans la classe — page 208

VERS LA MUSIQUE — La boite à sons — page 128

À L'ÉCOLE DU LANGAGE — Trotro va à l'école — pages 44 à 57

AUTRES ACTIVITÉS POSSIBLES AUTOUR DE L'ALBUM SOURCE
- écouter la *version sonore* de l'album
- réaliser une frise des différents lieux de l'école à partir des *fonds de l'album* et utiliser une pince à linge pour indiquer le lieu dans lequel on se rend
- associer des photos des lieux de l'école et des *fonds de l'album*

AUTRES ACTIVITÉS POSSIBLES À PARTIR DE LIVRES EN RÉSEAU (VOIR PAGES 18 À 19)
- identifier, rechercher des livres sur le thème de l'école
- écouter la lecture d'albums sur l'école
- attribuer des personnages aux albums dont ils sont issus
- comparer les états mentaux de deux personnages autour d'une même problématique

AUTOUR DES LIVRES TPS-PS L'ÉCOLE

RÉSEAU AUTOUR DE L'ÉCOLE

AUTRES ALBUMS UTILISABLES COMME ALBUM SOURCE

TPS PS
P'tit loup rentre à l'école
Orianne Lallemand et Éléonore Thuillier
© Auzou • 2013 • 4,95€

P'tit Loup rentre à l'école. Il est un peu inquiet, mais finalement tout se passe bien. Un album qui permet de visualiser quelques moments de la journée de classe.
Peu d'obstacles, hormis le lit qui est très différent de ceux des écoles, ce qui peut amener les élèves à croire que la sieste a lieu ailleurs.

TPS PS
Crocolou aime l'école
Ophélie Texier
© Actes Sud • 2018 • 5,40€

C'est le premier jour d'école pour Crocolou. Finalement, entre le dessin, le chant et les jeux avec les autres enfants, Crocolou n'a pas le temps de s'ennuyer. Il a tant de choses à découvrir!
Peu d'obstacles dans cet album.

TPS PS
T'choupi à l'école
Thierry Courtin
© Nathan • 2019 • 5,70€

T'choupi va à l'école!
Un album qui permet de visualiser différents moments de la journée de classe.
Il y a pas mal de texte et beaucoup de pages dans cet album, mais il peut être lu en deux fois.

PS
La rentrée à la maternelle
Armelle Modéré et Dider Dufresne
© Mango jeunesse • 2007 • 7€

Une première journée de rentrée pleine de découverte pour Apolline et son doudou.
Le texte est assez simple, mais le livre est un peu long. Il est nécessaire d'utiliser des caches car un même personnage est présent plusieurs fois sur une même double page.

AUTRES ALBUMS SUR L'ÉCOLE

TPS PS
T'choupi rentre à l'école
Thierry Courtin
© Nathan • 2017 • 5,70€

C'est la rentrée, T'choupi va à l'école! Il fait de la peinture, du toboggan, la sieste, de la musique...
Il y a pas mal de texte et beaucoup de pages dans cet album, mais il peut être lu en deux fois.

TPS PS
Petit Ours Brun rentre à l'école
Hélène Serre-de Talhouet et Danièle Bour
© Bayard jeunesse • 2019 • 5,50€

C'est le jour de la rentrée! Petit Ours est très excité, mais un peu inquiet. Quand il rencontre sa maitresse Célinourse, il devient même très timide...
Pour faciliter la compréhension, prendre une voix différente pour les dialogues.

TPS PS
Trotro et Zaza vont à l'école
Bénédicte Guettier
© Gallimard jeunesse • 2017 • 5,50€

Aujourd'hui c'est la rentrée pour Trotro avec sa nouvelle maitresse.
Pour faciliter la compréhension, prendre une voix différente pour les dialogues.

PS
L'école ? Ah! non merci!
Astrid Desbordes et Pauline Martin
© Nathan • 2019 • 5,90€

Max ne veut pas aller à l'école, sa maman décrit alors les différentes activités avec beaucoup d'humour!
La difficulté réside dans l'humour de la maman. Un échange langagier avec les élèves peut permettre de contourner la difficulté.

PS
Je veux pas aller à l'école
Stephanie Blake
© L'école des loisirs • 2007 • 12,20€

C'est la veille de la rentrée et Simon ne veut pas aller à l'école.
La difficulté réside dans les illustrations où le personnage se trouve parfois plusieurs fois sur une même double page. Il est possible d'utiliser des caches.

LIVRES DOCUMENTAIRES

PS MES P'TITS DOCS 4-7 ANS
L'école maternelle
Stéphanie Ledu © Milan jeunesse • 2008 • 7,60€

Un documentaire pour visualiser les différents moments de la journée de classe.
Malgré la tranche d'âge visée, ce livre comporte peu d'obstacles, à part le nombre de pages relativement important.

PS MES PREMIERS DOCS SONORES
L'école maternelle
Charlie Pop © Gründ • 2016 • 14,95€

Un documentaire sonore pour visualiser les différents moments de la journée.
Les illustrations sont assez chargées, mais le livre plait bien aux enfants.

PS MES PREMIÈRES DÉCOUVERTES
L'école maternelle
Charlotte Roederer
© Gallimard jeunesse • 2008 • 9€

Un documentaire avec des volets transparents pour visualiser différentes activités d'une journée de classe.
Ce livre comporte peu d'obstacles. Les enfants apprécient les volets transparents.

L'ALBUM SOURCE
Doudours est triste

LE PROJET
Réaliser un cadre de son doudou

TPS-PS septembre à novembre

Les doudous

52 Présentation de la thématique
Présentation de l'album source

53 Organigramme du projet

54 Mise en situation
1 Toucher un objet et décrire ses sensations
2 Attribuer un doudou à un élève
3 Découvrir les mots de l'histoire

55 Découverte de l'album source
1 Décrire la couverture et émettre des hypothèses
2 Écouter la lecture de l'album
3 Comprendre les états mentaux des personnages PS

56 Appropriation de l'album source
1 Associer différentes représentations d'un même mot
2 Associer un animal et un attribut
3 Émettre des hypothèses et identifier l'émotion d'un personnage PS

57 Projet
- Présenter son doudou et décrire les doudous des autres
- Identifier un doudou à partir d'une description
- Attribuer un doudou à son propriétaire PS
- Caractériser les textures des doudous
- Trier des matériaux selon le critère de la douceur
- Coller des gommettes pour réaliser un cadre
- Réaliser un fond avec un rouleau
- Remplir une surface en collant des matériaux doux
- Identifier et coller la photo de son doudou

60 Comptines et chansons

61 Activités complémentaires

62 Réseau

LES DOUDOUS

Présentation de la thématique

☁ RÉPARTITION DES APPRENTISSAGES

Pourquoi étudier les doudous ?
Le doudou est un objet transitionnel permettant de faire le lien entre la famille et l'école. Il rassure et sécurise l'enfant qui le considère souvent comme son meilleur ami. À travers cette thématique, son vécu peut ainsi être mis en avant. Ce sujet parait donc incontournable à cet âge, de par l'importance qu'il occupe dans les préoccupations de l'enfant.

Quand étudier les doudous ?
Les doudous peuvent être étudiés dès la première période en TPS et en PS ou plus tard en TPS.

Présentation de l'album source

Doudours est triste car son pelage est tout uni.
Un album tout doux pour parler des peaux des animaux et des doudous.

Les intérêts de l'album source
Le choix de l'album source permet d'axer les apprentissages sur une caractéristique fondamentale des doudous : leur douceur.
Cet album évoque différentes caractéristiques des animaux : poils, plumes, écailles, taches, couleurs... C'est l'occasion de parler des animaux et de leurs caractéristiques, mais aussi de s'intéresser aux textures et d'amener les enfants à mettre des mots sur leur ressenti tactile lorsqu'ils sont amenés à toucher différentes matières.
Le texte de l'album est court et le vocabulaire employé est à la portée des jeunes élèves. Les personnages sont un doudou et un petit garçon, ce qui fait référence au vécu des enfants et leur permet de s'y identifier. De plus, les émotions évoquées dans le livre sont connues des petits lecteurs : être triste, serrer son doudou contre soi, le câliner. Enfin, le message final est fort et fédérateur puisqu'il met l'accent sur l'importance de s'accepter comme on est.

Les obstacles de l'album source
Pour l'enfant, la principale difficulté de cet album consiste à comprendre que le personnage ne change pas réellement, mais que l'illustration montre ce qu'il voudrait être.
Cette difficulté peut être surmontée grâce aux explications de l'enseignant et à la discussion autour des illustrations. L'autre difficulté réside dans le vocabulaire employé, qui nécessite un travail d'appropriation important avant, pendant et après la lecture.

Plein de petites tâches comme une panthère.

Doudours est triste car il aimerait avoir un pelage décoré.

Le vocabulaire
autour de l'album et du projet

VERBES être, avoir, vouloir, serrer, câliner.

NOMS un doudou, un pelage, un papillon, une abeille, un zèbre, un perroquet, une panthère, une vache, un serpent, un hérisson, des rayures, une plume, des taches, des écailles, des piquants.

ADJECTIFS triste, décoré, petit, gros, rugueux, piquant, uni, doux.

Doudours est triste
Sandra Giraud
© Accès jeunesse • 2021 • 12€

Organigramme du projet

Mobiliser le langage dans toutes ses dimensions

- écouter une histoire sur les doudous
- décrire les doudous des élèves de la classe
- présenter son doudou et décrire les doudous des autres
- identifier un doudou à partir d'une description
- attribuer un doudou à son propriétaire **PS**

Apprendre ensemble et vivre ensemble

- adhérer au projet de classe
- travailler en équipe, coopérer

RÉALISER UN CADRE DE SON DOUDOU

Agir, s'exprimer et comprendre à travers les activités artistiques

- coller des gommettes pour réaliser un cadre
- réaliser un fond avec un rouleau
- remplir une surface en collant des matériaux doux
- identifier et coller la photo de son doudou

Explorer le monde

- caractériser les textures des doudous
- trier des matériaux selon le critère de la douceur

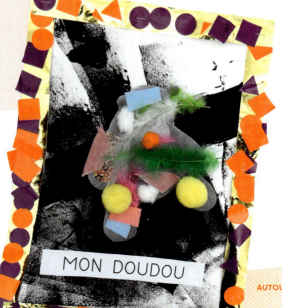

AUTOUR DES LIVRES TPS-PS LES DOUDOUS **53**

Les doudous

MISE EN SITUATION

1
- un sac à toucher
- différents types de doudous, une peluche, un doudou à sequins, un animal en plastique, un jouet qui pique ou rugueux

2
- les doudous des élèves de la classe dans un cabas

3
- les *mots illustrés*
- la mascotte de la classe et son sac ou un sac à toucher

---

1 Toucher un objet et décrire ses sensations
☆ **Petit ou grand groupe en regroupement**
⏱ **10 minutes**

- L'enseignant présente le sac aux élèves. Il demande à chacun de mettre la main dedans et de décrire ce qu'il a ressenti en touchant la texture.

- À tour de rôle, les élèves sortent un objet du sac, le décrivent, le touchent, puis le passent à leur voisin.
- L'enseignant les incite à toucher le jouet avec une joue.
- Il introduit les termes DOUX et RUGUEUX et leur demande ce qui est plus agréable à toucher : quelque chose de doux ou quelque chose de rugueux.

2 Attribuer un doudou à un élève
☆ **Petit ou grand groupe en regroupement**
⏱ **10 minutes**

- L'enseignant montre le cabas aux élèves. Il sort les doudous un à un et les élèves viennent à tour de rôle chercher leur doudou. L'enseignant verbalise : à qui est ce doudou ? C'est le doudou de…
- Les élèves remettent les doudous dans le cabas.
- À tour de rôle, ils viennent chercher chacun un doudou dans le cabas et l'attribuent au bon élève. L'enseignant verbalise et incite les élèves à le faire. À qui est ce doudou ? C'est le doudou de… Ce doudou appartient à…

3 Découvrir les mots de l'histoire
☆ **Petit ou grand groupe en regroupement**
⏱ **10 minutes**

- Par l'intermédiaire de la mascotte de la classe, l'enseignant apporte aux élèves des mots illustrés qui leur permettront de mieux comprendre l'histoire lue le lendemain.
- Les mots sont placés dans le sac de la mascotte ou un sac à toucher.
- À tour de rôle, les élèves piochent un mot illustré et tentent de le nommer.
- L'enseignant valide en lisant le mot.
- Il amène ensuite les élèves à faire appel à leur vécu en leur demandant s'ils connaissent le mot en question.
- Par l'intermédiaire de la mascotte, l'enseignant nomme un des mots et les élèves viennent le montrer à tour de rôle.

☺ *Ces mots peuvent être affichés dans la classe le temps du projet, puis stockés dans une boite à mots.*

DIFFÉRENCIATION En fonction du niveau des élèves, il est possible d'ajouter des mots.

DÉCOUVERTE DE L'ALBUM SOURCE

 1 – la *couverture*
– les *caches pour couverture*

2/3 – l'album *Doudours est triste*

---

1 Décrire la couverture et émettre des hypothèses

☆ **Petit ou grand groupe en regroupement**
⏱ **5 à 10 minutes**

- L'enseignant propose à un élève de venir enlever le premier cache.
- Les enfants décrivent ce qu'ils observent et émettent des hypothèses sur ce qui se trouve en dessous des autres caches.

- L'enseignant peut les guider par des questions.
  Que voyez-vous ?
  À votre avis, qu'est-ce que c'est ?
  Qu'y a-t-il derrière les caches ?
- Il procède de la même manière avec les caches restants.
- Une fois le personnage découvert, il les amène à le décrire : c'est un ours gris, il a un tee-shirt rose, il a l'air triste.
- L'enseignant peut amener les élèves à mimer l'expression du personnage.
- L'enseignant lit le titre. Les élèves émettent des hypothèses sur la raison pour laquelle Doudours est triste.

2 Écouter la lecture de l'album

☆ **Petit ou grand groupe en regroupement**
⏱ **5 minutes à réitérer**

- L'enseignant montre l'album aux élèves. Il leur demande s'ils ont déjà vu cette couverture.
- Il lit le titre et commence la lecture de l'album en accentuant les émotions des personnages afin de faciliter la compréhension du texte par les élèves. Il change de voix pour les répliques de l'enfant et insiste sur le malêtre de Doudours.
- Cette séance est réitérée afin que les élèves s'approprient l'histoire.

3 Comprendre les états mentaux des personnages PS

☆ **Petit ou grand groupe en regroupement**
⏱ **10 minutes**

- L'enseignant montre l'album aux élèves et les laisse s'exprimer.
- Il tourne les premières pages et demande aux élèves pourquoi Doudours est triste. Il les amène à faire appel à leur vécu en leur demandant s'ils ont déjà été tristes.
- Il les interroge ensuite sur l'attitude d'Élio et sur ses intentions.
- Il les amène à faire appel à leur vécu lorsqu'ils touchent ou serrent leur doudou et les questionne : ont-ils déjà touché des choses pas très douces ? Qu'ont-ils ressenti ? Préfèrent-ils serrer contre eux des choses douces ou des choses rugueuses ?
- Enfin, il les amène à verbaliser ce que ressent Doudours à la fin et à expliquer pourquoi.

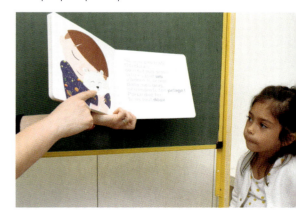

Cette séance peut être réalisée avec les doudous dans les bras.

APPROPRIATION
DE L'ALBUM SOURCE

1 – les *mots illustrés* ☁ : un doudou, un papillon, une abeille, un zèbre, un perroquet, une panthère, une vache, un serpent, un hérisson
– les *illustrations de l'album* ☁ qui correspondent
– un tapis

2 – les *mots illustrés* ☁ : un papillon, une abeille, un zèbre, un perroquet, une panthère, une vache, un serpent, un hérisson, des ailes, des rayures, une plume, des taches, des écailles, des piquants

3 – les *illustrations de l'album* ☁
– l'album **Doudours est triste**

---

1 Associer différentes représentations d'un même mot

☆ **Petit groupe ou demi-classe en regroupement**
⏱ **5 à 10 minutes**

● L'enseignant pose les mots illustrés sur le tapis. Il laisse les élèves s'exprimer, puis les amène à les nommer les uns après les autres.

● De la même façon, il montre les illustrations et demande aux élèves de les placer à côté de la photo qui correspond.

● L'enseignant demande ensuite aux élèves de se cacher les yeux, puis il inverse deux photos. Les élèves les identifient et les nomment.

DIFFÉRENCIATION En fonction du niveau des élèves, il est possible de faire de plus petits groupes afin de s'assurer de la compréhension de tous.

2 Associer un animal et son attribut

☆ **Petit ou grand groupe en regroupement**
⏱ **5 à 10 minutes**

● L'enseignant affiche au tableau les mots illustrés des attributs et demande aux élèves de les nommer.

● Il pose ensuite les animaux au sol et leur demande de les nommer.

DIFFÉRENCIATION En TPS, ne proposer qu'un seul animal par attribut.

● À tour de rôle, les élèves choisissent un animal et l'associent à l'attribut correspondant en verbalisant : *le hérisson a des piquants.*

DIFFÉRENCIATION L'enseignant peut aider les élèves à verbaliser en commençant la phrase.

● **PS** L'enseignant invite les élèves à remarquer que deux animaux peuvent avoir le même attribut.

● Pour finir, il leur demande de fermer les yeux et inverse deux animaux. Lorsqu'ils ouvrent les yeux, ils identifient les deux animaux inversés et rectifient en verbalisant.

3 Associer une illustration et le texte correspondant
PS

☆ **Petit ou grand groupe en regroupement**
⏱ **5 à 10 minutes**

● L'enseignant affiche les illustrations au tableau et laisse les élèves s'exprimer.

● Il commence ensuite la lecture de l'album sans en montrer les illustrations.

● Les élèves retrouvent l'illustration correspondante.

● La vérification se fait au fur et à mesure en montrant l'album.

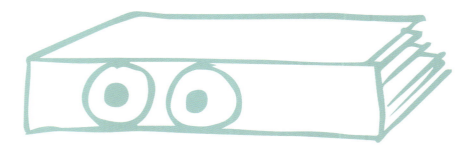

PROJET Réaliser un cadre de son doudou

- ⭐ **Petit ou grand groupe en regroupement**
- ⏱ **Plusieurs séances de 5 minutes**
  - le doudou de chaque élève
  - l'appareil photo de la classe ou de l'école

💬 Présenter son doudou et décrire les doudous des autres

- Au préalable, l'enseignant veille à ce que chaque élève apporte son doudou en classe.
- Dans un premier temps, il demande à chacun de montrer son doudou, de le présenter et de dire son nom s'il en a un.
- Les autres élèves peuvent intervenir pour faire un commentaire ou poser une question.
- Ils peuvent aussi toucher les différents doudous et les comparer.
- En fin de séance, les doudous ayant été présentés sont pris en photo.

☺ *Pour éviter la lassitude des élèves, cette étape nécessite plusieurs séances.*

- ⭐ **Activité dirigée de 6 à 8 élèves**
- ⏱ **10 minutes**
  - les doudous des élèves présents dans le groupe
  - les photos des doudous des élèves de la classe

💬 Identifier un doudou à partir d'une description

- Dans un premier temps, chaque élève identifie son doudou parmi ceux présents sur la table.
- Dans un deuxième temps, l'enseignant décrit un doudou, les élèves l'identifient.
- Dans un troisième temps, l'enseignant pose les photos sur la table et demande à chacun de retrouver celle de son doudou.
- Il propose alors des devinettes concernant les doudous et amène les élèves à les identifier.

DIFFÉRENCIATION En fonction du niveau des élèves, il est possible de leur demander d'imaginer eux-mêmes des devinettes très simples portant sur la couleur, la taille, la forme... Selon le niveau des élèves, proposer plus ou moins de photos.

- ⭐ **Activité dirigée de 6 à 8 élèves**
- ⏱ **10 minutes**
  - les photos en couleur des doudous
  - les photos en couleur des élèves de la classe

💬 Attribuer un doudou à son propriétaire PS

- L'enseignant pose au centre de la table les photos des doudous des élèves présents dans le groupe. Il demande à chacun d'identifier la photo de son doudou.
- Les élèves attribuent à la photo de leurs camarades la photo du doudou qui leur correspond.

DIFFÉRENCIATION Proposer plus de doudous aux élèves les plus performants.

☺ *La même activité peut être réalisée avec les photos en noir et blanc.*

PROJET Réaliser un cadre de son doudou

⭐ **Petit ou grand groupe en regroupement**
⏱ **5 à 10 minutes**
– le doudou de chaque élève

SCIENCES À VIVRE MATERNELLE
Le toucher
page 30

VERS L'AUTONOMIE
Toucher différentes textures
page 218

💬 🧪 Caractériser les textures des doudous

- L'enseignant propose aux élèves de toucher tous les doudous de leurs camarades de classe avec leurs mains, puis avec leurs joues. Chacun verbalise son ressenti.
- L'enseignant amène les élèves à dire que les doudous sont doux et que c'est pour cette raison qu'on les appelle ainsi.

⭐ **Activité semi-dirigée de 6 à 8 élèves**
⏱ **10 minutes**
– une barquette contenant un doudou
– une barquette vide
– une barquette contenant des morceaux de tissu, des objets doux, de la laine, une éponge, de la mousse, de la feutrine, du papier de verre, du coton, des plumes

🧪 Trier des matériaux selon le critère de la douceur

- L'enseignant explique aux élèves qu'ils vont toucher différents matériaux.
- À tour de rôle, les élèves prennent un objet, le touchent et disent s'il est doux ou non.
- L'enseignant nomme l'objet en question et invite les autres élèves à le toucher à leur tour.
- Le groupe se met d'accord pour placer l'objet dans la barquette correspondante : dans celle contenant le doudou s'il est doux, dans l'autre s'il ne l'est pas.

DIFFÉRENCIATION Pour les PS, proposer plus de tissus et moins pour les TPS.

⭐ **Activité autonome de 6 à 8 élèves**
⏱ **10 minutes**
– 2 bandes dorées de 29,7 x 3 cm par enfant
– 2 bandes dorées de 42 x 3 cm par enfant
– de grosses gommettes de deux couleurs différentes

VERS L'AUTONOMIE
Coller des gommettes dans une zone délimitée
page 130

MON CARNET DE SUIVI
Je sais décoller et coller des gommettes
page 26

🖌 Coller des gommettes pour réaliser un cadre

- Les élèves collent des gommettes de deux couleurs différentes sur leurs quatre bandes.
- Les bandes peuvent être fixées sur la table avec de la pâte à fixer pour éviter qu'elles bougent.

DIFFÉRENCIATION Deux ou trois bandes peuvent suffire pour les élèves qui n'ont pas la patience de décorer les quatre.

58

Activité avec l'ATSEM de 6 à 8 élèves
10 minutes
- de la gouache noire dans des barquettes
- des rouleaux de différentes tailles
- une feuille canson A3 par élève

TRACES À SUIVRE
Ça roule!
page 36

🖌 Réaliser un fond avec un rouleau
- **TPS** Les élèves réalisent un fond en explorant les différents rouleaux mis à leur disposition.
- **PS** Les élèves tracent des lignes continues sur la feuille à l'aide des rouleaux.

Activité avec l'ATSEM de 6 à 8 élèves
10 à 15 minutes
- la photo de chaque doudou en noir et blanc au format A4
- des morceaux de tissu ou des objets doux, de la laine, de la mousse, de la feutrine, des plumes, du coton, de la colle

🖌 Remplir une surface en collant des matériaux doux
- Dans un premier temps, l'adulte pose sur la table la photo des doudous des élèves du groupe. Chacun identifie celle de son doudou.
- Dans un second temps, les élèves collent sur la photo les matériaux doux qui leur font penser à leur doudou.

Activité semi-dirigée de 6 à 8 élèves
10 à 15 minutes
- le fond réalisé précédemment
- la production de l'étape précédente
- une bande **MON DOUDOU** ☁ par élève
- de la colle

🖌 Identifier et coller la photo de son doudou

- Les élèves collent sur leur fond la photo de leur doudou ainsi que la bande avec les mots **MON DOUDOU** ☁.

☺ *Le cadre de gommettes est ensuite agrafé autour.*

AUTOUR DES LIVRES TPS-PS LES DOUDOUS **59**

COMPTINES ET CHANSONS
AUTOUR DES DOUDOUS

MON DOUDOU
Christina Dorner

Mon doudou c'est le plus doux

Il adore les bisous !

Quand parfois j'ai peur,

Je le serre fort contre mon cœur.

Je lui fais des câlins

C'est lui, mon meilleur copain.

J'aime mon doudou

Un point c'est tout !

PAPA L'A DIT

 Papa l'a dit

Maman l'a dit

 Grand frère l'a dit

Grande sœur l'a dit

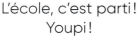 Doudou l'a dit

L'école, c'est parti !
Youpi !

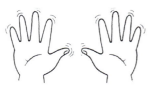

QUI EST MON DOUDOU ?
Christina Dorner

Sur l'air de Savez-vous planter les choux

Mon doudou c'est le plus doux,

De la classe, de la classe.

Mon doudou c'est le plus doux,

Et je l'emmène partout !

OÙ ES-TU DOUDOU ?
Régis Morse

Où es, où es-tu doudou ?
Tête qui regarde de gauche à droite avec la main placée au-dessus des yeux

Sous le lit, sous le tapis ?
La main ramasse un objet

Tu es bien caché
Les mains placées devant les yeux

Je continue à chercher
Moulinet

Je t'ai, je t'ai vu doudou
Tête qui regarde de gauche à droite avec la main placée au-dessus des yeux

En dessous de mes joujoux
La main ramasse un objet

Tu t'es bien caché
Les mains placées devant les yeux

C'est à toi de me chercher
Index pointé vers quelqu'un d'imaginaire

Vers la musique
Paroles de Régis Morse
et musique d'Amélie Denarié
Illustration Christian Voltz
© ACCÈS Éditions 2019

ACTIVITÉS COMPLÉMENTAIRES

AUTRES PROJETS POSSIBLES
- réaliser une boite à doudous pour la classe
- réaliser un meuble à doudous pour la classe
- réaliser un livre des doudous de la classe

AUTRES ACTIVITÉS POSSIBLES AUTOUR DE LA THÉMATIQUE
- peindre la photo en noir et blanc de son doudou avec de la couleur
- retrouver le propriétaire d'un doudou de la classe
- jouer au Memory des doudous de la classe **PS**

AUTRES ACTIVITÉS POSSIBLES AUTOUR DE L'ALBUM SOURCE
- écouter la *version sonore* ☁ de l'album
- décorer *Doudours* ☁ avec différentes techniques plastiques

AUTRES ACTIVITÉS POSSIBLES À PARTIR DE LIVRES EN RÉSEAU (VOIR PAGES 18 À 19)
- feuilleter et regarder des albums sur les doudous
- écouter la lecture d'albums sur les doudous
- attribuer des personnages aux albums dont ils sont issus
- comparer les états mentaux de deux personnages autour d'une même problématique
- mettre en évidence les caractéristiques des doudous
- attribuer des doudous à leurs propriétaires

RÉSEAU
AUTOUR DES DOUDOUS

AUTRES ALBUMS UTILISABLES COMME ALBUM SOURCE

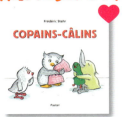  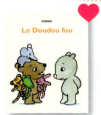 

TPS PS
Copains-câlins
Frédéric Stehr
© L'école des loisirs • 2017 • 9,80€
Des oiseaux font des câlins à leur doudou. Un album pour évoquer la douceur de cet objet et l'apaisement qu'il procure.
Un peu d'implicite à travailler avec les élèves, juste ce qu'il faut pour rendre ce livre intéressant.

TPS PS
Doudou cherche bébé
Magali Le Huche
© Actes sud junior • 2016 • 11,90€
Un album écrit du point de vue de Doudou, qui espère être choisi par Bébé.
Un peu d'implicite à travailler avec les élèves, juste ce qu'il faut pour rendre ce livre intéressant.

PS
Le doudou fou
Kimiko
© L'école des loisirs • 2017 • 11,70€
Lola cherche son Doudou. Son ami Malo l'aide à le chercher, mais ils ne trouvent que des doudous qui lui ressemblent. Mais où peut bien être Doudou ?
Le texte est simple, sans véritable obstacle.

PS
Nénègle sur la montagne
Benoit Charlat
© L'école des loisirs • 2008 • 10,70€
Nénègle est tout en haut de la montagne. Pas facile de s'envoler avec un doudou et plein d'autres choses dans les bras !
L'album finit sur le mot LIBERTÉ, concept complexe à appréhender pour les jeunes enfants et qui doit être explicité.

AUTRES LIVRES SUR LES DOUDOUS

TPS
Le doudou de Trotro
Bénédicte Guettier
© Gallimard jeunesse • 2003 • 5,10€
Trotro est triste car il a perdu son doudou. Mais ça ne dure pas très longtemps.
Peu d'obstacles dans cet album bien adapté aux plus jeunes.

TPS
Bébé Loup a perdu son doudou
Emiri Hayashi
© Nathan • 2019 • 9,95€
Ce livre d'éveil incite les enfants à interagir avec l'album. Des flaps à soulever, un jeu de coucou/caché… Tout pour aider Bébé Loup à retrouver son doudou.
Peu d'obstacles dans cet album bien adapté aux plus jeunes.

TPS PS
T'choupi a perdu Doudou
Thierry Courtin
© Nathan • 2017 • 5,50€
T'choupi joue au train avec son ami Pilou. Ils ont besoin d'un passager mais… où est passé Doudou ?
Peu d'obstacles dans cet album bien adapté aux plus jeunes.

TPS PS
Petit Ours Brun a perdu son doudou
Marie Aubinais et Danièle Bour
© Bayard Jeunesse • 2015 • 5,10€
Petit Ours Brun ne peut pas dormir car il a perdu son doudou. Papa et maman accourent pour l'aider à le chercher partout.
Changer de voix pour distinguer les dialogues de la narration.

 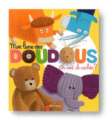 

PS
Trotro et Zaza cherchent leur doudou
Bénédicte Guettier
© Gallimard jeunesse • 2018 • 5,50€
Zaza a perdu son doudou. Trotro l'aide à le chercher… mais maman l'a déjà retrouvé et déposé dans le lit de Zaza.
Peu d'obstacles dans cet album bien adapté aux plus jeunes.

PS
Mon livre des doudous
Sébastien Pelon
© Flammarion jeunesse • 2013 • 13€
Ce livre à toucher et à observer montre des doudous qui jouent à cache-cache. Sur chaque page, il y en a un à retrouver. Amusez-vous à découvrir lequel !
Il est essentiel que le terme étiquette soit expliqué. Pour que les élèves identifient le doudou recherché, il faut d'abord leur montrer l'étiquette.

PS
Où est passé Doudou ?
Sophie Ledesma
© La Martinière jeunesse • 2017 • 10€
Aujourd'hui, Doudou a encore disparu ! Petit Renard part à sa recherche, équipé de sa lampe magique. Toutes les pièces y passent… sans succès. Mais où a donc bien pu se cacher Doudou ?
Changer de voix pour les différents personnages pour faciliter la compréhension.

L'ALBUM SOURCE
La course à la pomme

LE PROJET
Fabriquer un livre autour de la réalisation de la compote de pommes

TPS-PS octobre – novembre

La pomme

64 Présentation de la thématique
Présentation de l'album source

65 Organigramme du projet

66 Mise en situation
1 Découvrir les pommes avec ses sens
2 Découvrir les mots de l'histoire
3 Associer deux représentations d'un même mot

67 Découverte de l'album source
1 Découvrir et observer le sac à raconter PS
2 Écouter l'histoire racontée
3 S'approprier les verbes de l'histoire

68 Appropriation de l'album source
1 Écouter la lecture de l'album
2 S'approprier l'histoire
3 Identifier les états mentaux des personnages PS

69 Projet
- Découvrir les ingrédients de la recette et imaginer le projet
- Découvrir la recette de la compote de pommes
- Réaliser la compote de pommes
- Déguster la compote de pommes
- Raconter la recette à partir de photos
- Nommer et retrouver les ingrédients de la recette
- Nommer et retrouver les ingrédients de la recette PS
- Réaliser des empreintes de pommes
- Remplir une surface
- Terminer le livre et nommer les couleurs

72 Comptines et chansons

73 Activités complémentaires

74 Réseau

LA POMME

Présentation de la thématique

 RÉPARTITION DES APPRENTISSAGES

Pourquoi étudier la pomme ?
La pomme est un fruit bien connu des élèves, qui fait partie de leur quotidien. L'étudier à l'école leur donne envie de s'y intéresser, d'y gouter et de la cuisiner. Dans une logique d'éducation à la santé, il est important d'habituer les élèves à manger des fruits.
La pomme est un sujet riche, qui peut être le point de départ à la réalisation de recettes en classe ou à un projet sur l'automne.

Quand étudier la pomme ?
Il est judicieux de programmer l'étude de cette thématique à l'automne, saison à laquelle les pommes sont récoltées.

Présentation de l'album source

Une pomme tombe et se met à rouler, rouler, rouler... Qui arrivera à l'attraper et à la croquer ?
Une histoire en randonnée autour d'une pomme avec une chute rigolote.

Les intérêts de l'album source
Cette histoire met en scène des animaux attachants que les enfants connaissent et aiment bien.
La structure répétitive de l'album leur permet de s'approprier le texte et de le mémoriser facilement.
Le vocabulaire employé est à la portée des jeunes élèves.
Le texte et les images sont complémentaires.
Le décor de l'album constitue un grand atout à la compréhension de l'histoire car il défile avec les personnages au fur et à mesure du livre pour permettre au lecteur de suivre le mouvement de la pomme.

Les obstacles de l'album source
Le principal obstacle de l'album réside dans la compréhension de la chute : il faut en effet que les élèves comprennent que les animaux sont dégoutés à la vue de l'asticot dans la pomme et que c'est pour cela qu'ils ne veulent plus la manger.
Par ailleurs, il est important que l'enseignant dramatise sa lecture en changeant de voix pour les différents personnages afin de permettre aux élèves de différencier la narration des paroles des animaux.

Le vocabulaire autour de l'album et du projet

VERBES avoir faim, manger, tomber, attraper, rouler, courir, continuer, rencontrer, s'arrêter, dormir, s'en aller, gouter, couper, croquer.

NOMS une course, une pomme, une souris, un hérisson, un lapin, un asticot, un tronc d'arbre, la tête, du bruit, un trognon, des pépins.

ADJECTIFS énorme, gluant, dégouté.

ADVERBES vite, bientôt.

PRÉPOSITION sur.

La course à la pomme
Christina Dorner et Cécile Hudrisier
© Accès jeunesse • 2020 • 12€

Organigramme du projet

Apprendre ensemble et vivre ensemble
- imaginer le projet
- adhérer au projet de classe
- réaliser une recette collectivement

Mobiliser le langage dans toutes ses dimensions
- mémoriser le vocabulaire de la pomme
- découvrir un type d'écrit : la recette
- suivre une recette
- raconter la recette à partir de photos
- nommer et retrouver les ingrédients de la recette

FABRIQUER UN LIVRE AUTOUR DE LA RÉALISATION DE LA COMPOTE DE POMMES

Agir, s'exprimer et comprendre à travers les activités artistiques
- réaliser des empreintes de pommes
- remplir une surface par collage
- remplir une surface avec de la peinture
- nommer les couleurs des pommes

Explorer le monde
- découvrir la pomme avec ses sens
- utiliser un couteau pour couper des pommes
- observer la transformation de la matière

La pomme

MISE EN SITUATION

1
- des pommes de variétés différentes placées dans un sac à toucher
- un couteau

2
- les *mots illustrés* ☁ : une souris, un hérisson, un lapin, un asticot, une pomme, un tronc d'arbre, tomber, attraper, rouler, courir
- la mascotte de la classe et son sac ou un sac à toucher

3
- les *mots illustrés* ☁
- les *illustrations de l'album* ☁ : une souris, un hérisson, un lapin, un asticot, une pomme, un tronc d'arbre, tomber, attraper, rouler, courir

---

1 Découvrir les pommes avec ses sens

☆ **Petit groupe ou demi-classe en regroupement**

⏱ **10 minutes**

● Dans un premier temps, l'enseignant montre aux élèves le sac à toucher. Il leur demande d'imaginer ce qu'il y a dedans, puis le fait passer.

● Les élèves touchent les pommes à travers le tissu et émettent des hypothèses sur le contenu du sac.

● Dans un deuxième temps, chaque pomme est extraite du sac par un élève différent. L'enseignant laisse la classe s'exprimer.

● Il pose les pommes en ligne et amène les élèves à les comparer visuellement.

● Dans un troisième temps, il coupe les pommes et les incite à les sentir, puis à les croquer à tour de rôle, en demandant aux autres élèves d'écouter le son ainsi produit. Ils essaient ensuite de reproduire le bruit collectivement.

● À la fin de la séance, les élèves peuvent gouter différentes sortes de pommes et choisir celles qu'ils préfèrent.

2 Découvrir les mots de l'histoire

☆ **Petit ou grand groupe en regroupement**

⏱ **10 minutes**

● Par l'intermédiaire de la mascotte de la classe, l'enseignant apporte aux élèves des mots illustrés, qui leur permettront de mieux comprendre l'histoire du lendemain.

● Les mots sont placés dans le sac de la mascotte ou un sac à toucher.

● À tour de rôle, les élèves piochent un mot et tentent de le nommer.

● L'enseignant valide ou corrige en lisant le mot. Il amène ensuite les élèves à faire appel à leur vécu en leur demandant s'ils le connaissent.

● Les mots sont placés au tableau.

● Lorsqu'ils ont tous été nommés, l'enseignant dit un mot par l'intermédiaire de la mascotte et les élèves viennent le montrer à tour de rôle.

☺ *Ces mots peuvent être affichés dans la classe le temps du projet, puis stockés dans une boite à mots.*

DIFFÉRENCIATION En fonction du niveau des élèves, il est possible d'ajouter des mots.

3 Associer deux représentations d'un même mot

☆ **Petit ou grand groupe en regroupement**

⏱ **10 minutes**

● L'enseignant montre aux élèves les mots illustrés un à un et leur demande de les nommer.

● Il pose les mots au sol et procède de la même manière avec les illustrations de l'histoire.

● Les élèves associent les mots qui vont ensemble en verbalisant ce qu'ils sont en train de faire.

● Il est possible d'organiser un jeu de Memory avec ces cartes.

DIFFÉRENCIATION L'enseignant demande aux élèves de répéter les mots qu'ils ne connaissent pas. En fonction du niveau des élèves, il peut utiliser moins de mots pour le jeu.

DÉCOUVERTE DE L'ALBUM SOURCE

1/2 – le sac à raconter sur lequel a été fixée la *couverture de l'album* et contenant les *marottes* et le *bandeau de l'histoire*

3 – une balle par élève

1 Découvrir et observer le sac à raconter PS

☆ **Petit ou grand groupe en regroupement**

⏱ **10 minutes**

- L'enseignant montre aux élèves le sac à raconter et lit le titre de l'album dont la couverture est collée sur le sac : *La course à la pomme.*
- Il leur demande de sortir à tour de rôle un des éléments du sac, de le nommer, puis de le décrire.

2 Écouter l'histoire racontée

☆ **Petit ou grand groupe en regroupement**

⏱ **10 minutes à réitérer**

- L'enseignant montre aux élèves le sac à raconter et leur demande de rappeler ce qui s'y trouve.
- Il accroche le bandeau au tableau et raconte l'histoire de la course à la pomme en y déplaçant les personnages et la pomme au fur et à mesure de l'histoire.
- Cette activité est réitérée afin que les élèves s'approprient l'histoire.

Pour faciliter la manipulation des personnages, l'idéal consiste à les fixer sur des aimants.

3 S'approprier les verbes de l'histoire

☆ **Grand groupe en salle de motricité**

⏱ **20 minutes**

- Dans un premier temps, les élèves reçoivent chacun une balle qu'ils manipulent librement. L'enseignant verbalise en insistant particulièrement sur les verbes de l'album : rouler, courir, attraper. Il incite les élèves à faire rouler les balles et à courir pour les attraper.

- Dans un second temps, l'enseignant organise une course à la pomme, comme dans l'album. Pour cela, il divise la classe en trois groupes : les souris, les lapins et les hérissons. Chaque groupe s'assoit sur un tapis. L'enseignant désigne un élève de chaque groupe et lui demande de se lever. Au signal, il fait rouler une balle et les trois élèves courent pour l'attraper.
- À la fin de la séance, les élèves verbalisent et miment les verbes de l'histoire.

MON CARNET DE SUIVI
Je fais rouler un objet
page 18

APPROPRIATION
DE L'ALBUM SOURCE

1/2 - l'album *La course à la pomme*
- le sac à raconter sur lequel a été fixée la *couverture de l'album* ☁
  et contenant les *marottes* ☁ et le *bandeau de l'histoire* ☁

3 - l'album *La course à la pomme*

---

1 Écouter la lecture de l'album

☆ **Petit ou grand groupe en regroupement**

⏱ **10 minutes à réitérer**

- L'enseignant montre aux élèves le sac à raconter et leur demande de rappeler ce qui s'y trouve.
- Il lit l'album en montrant les images simultanément et en changeant sa voix quand les personnages parlent pour faciliter la compréhension.
- À la fin de la séance, il demande aux élèves s'ils ont apprécié l'histoire et quel a été leur passage préféré.
- Cette séance est répétée pour que les élèves se familiarisent avec l'histoire.

2 S'approprier l'histoire

☆ **Petit ou grand groupe en regroupement**

⏱ **10 minutes à réitérer**

- L'enseignant montre l'album aux élèves et les laisse s'exprimer.
- Il place ensuite le bandeau au tableau et amène les élèves à remarquer qu'il s'agit du fond de l'histoire.
- Il lit l'album et demande aux élèves de faire avancer les personnages sur le bandeau pendant la lecture.
- Lorsque les élèves sont bien familiarisés avec l'histoire, l'enseignant lit l'album en changeant des éléments de l'histoire : le fruit, les personnages, la réponse de l'asticot...
- Il laisse intervenir les élèves au fur et à mesure pour corriger les erreurs.

3 Identifier les états mentaux des personnages PS

☆ **Petit ou grand groupe en regroupement**

⏱ **10 minutes**

- L'enseignant demande à un élève de nommer l'album étudié et de l'apporter.
- Il montre la première illustration à la classe et demande aux élèves de se concentrer sur la petite souris. Il les amène à identifier ce qu'elle ressent lorsque le fruit lui tombe sur la tête, puis au fur et à mesure de l'histoire.
- Il peut faire appel à leur vécu : *avez-vous déjà voulu attraper quelque chose sans y arriver ? Comment vous sentiez-vous ?*
- Il procède la même manière pour les états mentaux des différents personnages.

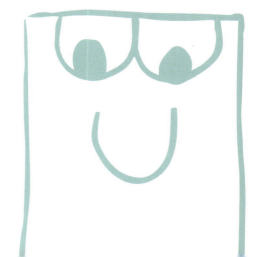

PROJET Fabriquer un livre autour de la réalisation de la compote de pomme

⭐ **Petit ou grand groupe en regroupement**
⏱ **10 minutes**
- un panier contenant des pommes, du sucre, du sucre vanillé

👥💬 Découvrir les ingrédients de la recette et imaginer le projet

- L'enseignant montre aux élèves le panier.
- À tour de rôle, il leur demande de chercher un ingrédient, de le nommer et de le décrire.
- Il place les ingrédients devant les élèves et les amène à imaginer comment ils vont pouvoir les utiliser.

Avec des élèves de TPS, il est possible de réaliser du jus de pomme à l'aide d'un extracteur ou des brochettes de pommes pour que la réalisation et la dégustation se fassent de façon plus immédiate.

⭐ **Petit ou grand groupe en regroupement**
⏱ **10 minutes**
- la *recette de la compote de pommes* ☁

💬 Découvrir la recette de la compote de pommes

- L'enseignant affiche la recette et laisse les élèves s'exprimer.
- Il leur demande de décrire les différentes parties de la recette : les ingrédients, les ustensiles et les étapes.
- Il les amène à comparer les ingrédients du panier à ceux de la recette pour vérifier qu'il y a bien tout ce qu'il faut pour faire la compote de pommes.
- Accompagnés par l'ATSEM, quelques élèves vont chercher les ustensiles à la cuisine de l'école.

⭐ **Activité dirigée de 4 à 6 élèves**
⏱ **10 à 15 minutes**
- un panier contenant des pommes, du sucre, du sucre vanillé
- les ustensiles de la recette
- la *recette de la compote de pommes* ☁

🧪 Réaliser la compote de pommes

- L'enseignant montre aux élèves le panier et la recette. Il les amène à rappeler comment ils vont les utiliser.
- Les ingrédients sont placés devant les élèves. L'enseignant leur demande d'anticiper les étapes de la recette en la décrivant, puis il les invite à commencer la fabrication.
- L'enseignant prend des photos de chaque étape.

PROJET Fabriquer un livre autour de la réalisation de la compote de pomme

★ **Grand groupe sur tables**
⏱ **10 à 15 minutes**
- la compote de pomme réalisée

Déguster la compote de pommes
- Les élèves dégustent la compote.
- L'enseignant les amène à verbaliser s'ils aiment ou non la compote.

★ **Petit ou grand groupe en regroupement**
⏱ **10 minutes**
- les photos de la réalisation de la recette

Raconter la recette à partir de photos

- L'enseignant montre aux élèves les photos prises lors de la séance précédente.
- Il les laisse s'exprimer, puis les guide afin qu'ils décrivent les photos l'une après l'autre.

DIFFÉRENCIATION Lors d'une séance ultérieure, si le niveau des élèves le permet, il est possible de leur demander de remettre les photos dans l'ordre de la réalisation de la compote de pommes en s'aidant de la recette illustrée.

★ **Petit ou grand groupe en regroupement**
⏱ **10 minutes**
- les ingrédients de la recette : des pommes, du sucre, du sucre vanillé
- des intrus : du bouillon, une courgette, un œuf, une banane, du chocolat, du jus d'orange
- la *recette de la compote de pommes*

Nommer et retrouver les ingrédients de la recette

- L'enseignant montre aux élèves les ingrédients de la recette.
- Il leur demande de chercher à tour de rôle un ingrédient, de le nommer et de le décrire.
- Si nécessaire, il invite les élèves à identifier les ingrédients qui n'ont pas été utilisés pour réaliser la compote de pommes, en s'aidant de la recette.
- Un jeu de Kim peut être organisé avec les ingrédients. En fonction du niveau des élèves, des intrus sont introduits.

★ **Activité semi-dirigée de 6 à 8 élèves**
⏱ **10 à 15 minutes**
- une feuille cartonnée avec une *silhouette de pomme* par élève
- les illustrations *ingrédients compote et intrus* par élève
- les *étapes de la recette* par élève
- de la colle

Nommer et retrouver les ingrédients de la recette PS

- L'enseignant montre aux élèves les différentes illustrations.
- Les élèves les nomment.
- Il leur demande de coller sur la pomme uniquement les ingrédients qu'ils ont utilisés pour faire la compote.
- L'enseignant les laisse en autonomie, puis corrige avec chaque élève sa production.

⭐ Activité avec l'ATSEM de 6 à 8 élèves
⏱ 10 à 15 minutes
- une blouse par élève
- une feuille cartonnée avec une *silhouette de pomme* ☁ par élève
- des pommes coupées en deux
- des fourchettes
- de la peinture rouge, jaune, verte dans des barquettes

🖌 Réaliser des empreintes de pommes

- L'adulte demande aux élèves de rappeler le nom des couleurs dans les barquettes. Il les amène à remarquer qu'il s'agit des couleurs des pommes qu'ils ont observées.
- Il montre aux élèves comment réaliser des empreintes de pommes et les laisse ensuite expérimenter seuls.

⭐ Activité avec l'ATSEM de 6 à 8 élèves
⏱ 3 séances de 10 à 15 minutes
- 3 feuilles cartonnées avec une *silhouette de pomme* ☁ par élève
- des craies grasses vertes
- de la gouache jaune dans des barquettes
- des éponges
- de gros pinceaux
- de petits papiers de couleur rouge
- de la colle

MON CARNET DE SUIVI
Je sais remplir une surface délimitée
page 26

🖌 Remplir une surface

- Les élèves collent de petits papiers rouges à l'intérieur de la première silhouette de pomme.
- Ils remplissent la deuxième silhouette de pomme avec de la peinture jaune, en veillant à ne pas dépasser. Ils peuvent peindre avec un pinceau ou tapoter avec une éponge.
- Lors d'une autre séance, ils remplissent une troisième silhouette de pomme avec des craies grasses vertes.

⭐ Activité individuelle à l'accueil
⏱ 5 minutes par élève
- le livre des pommes de chaque élève relié avec un anneau ou assemblé par des agrafes
- l'étiquette-prénom de chaque élève
- le titre *MON LIVRE DES POMMES* ☁

💬 🖌 Terminer le livre et nommer les couleurs

- L'enseignant donne à l'élève son livre et le laisse le regarder.
- Au fur et à mesure que l'élève tourne les pages, l'enseignant demande de quelle couleur est la pomme et note sur chaque page la couleur nommée par l'enfant.
- Il lui propose ensuite de coller le titre du livre sur la couverture ainsi que son prénom.

DIFFÉRENCIATION Pour les élèves qui ne connaissent pas encore les noms des couleurs, l'enseignant nomme chaque couleur, amène l'enfant à la répéter, puis écrit le nom de la couleur.

COMPTINES ET CHANSONS
AUTOUR DE LA POMME

POMME D'API

Pomme de reinette

Et pomme d'api

Tapis, tapis rouge

Pomme de reinette

Et pomme d'api

Tapis, tapis gris

Cache ton poing derrière ton dos

Ou j'te donne un coup de marteau !

DEUX PETITS BONSHOMMES

Deux petits bonshommes

S'en vont au bois

Chercher des pommes

Et puis des noix

Des champignons

Et des marrons

Et puis ils rentrent à la maison !

LA PETITE POMME
Christina Dorner

Roule, roule petite pomme,

Attention je vais t'attraper !

Roule, roule, petite pomme,

Maintenant je vais te croquer !

CROC !!!

POM' POM' POM'
Francine Pohl

Pom' pom' pom'
Pomme de l'automne

Pom' pom' pom'
Dans l'arbre tu frissonnes

Pom' pom' pom'
Tu es rouge et bonne

Pom' pom' pom'
Aux branches tu te cramponnes

Pom' pom' pom'
Quand le vent chantonne

Pom' pom' pom'
Il faut que tu t'endormes

Pom' pom' pom'
Une pomme je te donne

Pom' pom' pom'
Pour le petit bonhomme
Pas plus haut que trois pommes

**100 chansons & Comptines
à l'école maternelle**
Chansons de Francine Pohl
chantées par Gérard Dalton
© Formulette production • 2017

ACTIVITÉS COMPLÉMENTAIRES

AUTRES PROJETS POSSIBLES
- réaliser du jus de pomme
- réaliser une tarte aux pommes
- réaliser un livre de recettes à base de pommes
- créer un Memory collectif avec des empreintes de pommes de différentes couleurs

AUTRES ACTIVITÉS POSSIBLES AUTOUR DE LA THÉMATIQUE
- remplir des pommes avec différentes couleurs d'encre et des éponges
- réaliser une pomme en volume avec un petit ballon de baudruche et du papier mâché
- identifier une action de la recette mimée par un camarade

AUTRES ACTIVITÉS POSSIBLES AUTOUR DE L'ALBUM SOURCE
- écouter la *version sonore* de l'album
- jouer avec les *marottes* sur la version sonore de l'histoire

AUTRES ACTIVITÉS POSSIBLES À PARTIR DE LIVRES EN RÉSEAU (VOIR PAGES 18 À 19)
- identifier, rechercher des livres sur la pomme
- écouter la lecture d'albums sur la pomme
- attribuer des personnages aux albums dont ils sont issus
- comparer les personnages de deux albums sur la pomme

RÉSEAU AUTOUR DE LA POMME

AUTRES ALBUMS UTILISABLES COMME ALBUM SOURCE

PS
La pomme rouge
Kazuo Iwamura
© L'école des loisirs • 2010 • 12,20€
Natchan a apporté une pomme en haut de la colline. Mais la pomme lui échappe et se met à dévaler la pente. Heureusement, le lapin, l'écureuil et l'ours lui viennent en aide et lui permettent de la récupérer. Les amis décident alors de la partager.
Les illustrations en noir, rouge et blanc, très plaisantes pour les adultes, n'attirent pas d'emblée les enfants. C'est par une exploitation pertinente qu'ils pourront finalement s'approprier l'album.

PS
Une pomme dans un trou de souris
Petr Horacek
© Nathan • 2004 • 14,95€
Un jour, une petite souris trouve une superbe pomme devant chez elle, mais son terrier est trop petit et la pomme trop grosse. La petite souris part alors à la recherche d'un trou plus grand...
Malgré sa structure narrative en randonnée qui le rend accessible, cet album doit d'abord être raconté car un peu long pour des élèves de PS.

PS
Le secret
Éric Battut
© Didier jeunesse • 2017 • 9€
Personne ne sait ce que cache la petite souris. Pourtant, petit à petit, dans son dos mais sous les yeux réjouis des lecteurs complices, une pousse sort de terre...
Il faut bien expliquer ce qu'est un secret et verbaliser l'implicite de l'album pour permettre aux élèves de le comprendre.

PS
Pour faire une tarte aux pommes, il faut un pépin de pomme.
Nanni & Contraire
© Albin Michel Jeunesse • 2019 • 13,90€
Toutes les étapes de la vie d'une pomme, du pépin à la dégustation.
Le grand obstacle de ce livre réside dans la compréhension du temps qui passe : il faut comprendre que le garçon qui sème le pépin au début du livre grandit en même temps que le pommier, sur plusieurs années.

AUTRES ALBUMS SUR LA POMME

TPS PS
OH, OH! Il y a un VER là-dedans!
Britta Teckentrup
© Minedition • 2016 • 9€
Un livre avec des trous qui permettent à l'enfant de glisser ses doigts pour être lui-même le ver dans le fruit.
La seule difficulté réside dans le fait que d'autres fruits que la pomme soient proposés, mais cela permet de développer le vocabulaire des élèves.

TPS PS
Pomme de reinette
Martine Bourre
© Didier Jeunesse • 2012 • 11,50€
La comptine *Pomme de reinette* et le jeu de doigts *Deux petits bonshommes s'en vont au bois* illustrés avec tendresse et humour.
Les illustrations nécessitent une part d'interprétation et méritent d'être décrites avec les élèves.

PS
Trognon et Pépin
Bénédicte Guettier
© L'école des loisirs • 1992 • 11,20€
Trognon et Pépin sont deux petites pommes très amies qui voudraient rester ensemble le plus longtemps possible.
Ce livre comporte beaucoup d'obstacles (mêmes personnages présents à deux reprises sur la même double page, texte long et vocabulaire compliqué), mais l'histoire peut être racontée en utilisant un cache.

LIVRES DOCUMENTAIRES SUR LA POMME

TPS PS
La naissance d'une pomme
Andreas Német et Hans-Christian Schmidt
© Minedition • 2017 • 14,50€
Un magnifique livre animé qui propose d'observer la naissance d'une pomme, du bourgeon à l'assiette.
La manipulation de ce livre doit se faire sous les yeux d'un adulte pour éviter que les enfants l'abiment.

TPS PS
MES TOUT P'TITS DOCS
La pomme
Paule Battault et Charlotte Ameling
© Milan • 2019 • 6,40€
Passe un moment avec Dimitri dans le verger de son papi et apprends le cycle de vie des arbres fruitiers en remplissant ton panier de belles et bonnes pommes de plusieurs couleurs !
Pas de réel obstacle dans ce livre bien adapté aux tout-petits. Il peut être lu en plusieurs fois avec des élèves de TPS.

PS
J'aime les pommes
Marie Wabbes
© L'école des loisirs • 2001 • 5€
Un livre documentaire sur les pommes accessible aux petits.
Ce livre n'existe plus qu'en format poche, ce qui rend l'exploitation difficile en classe. Il peut cependant être utilisé en petit groupe ou en partie photographié et projeté devant le groupe classe.

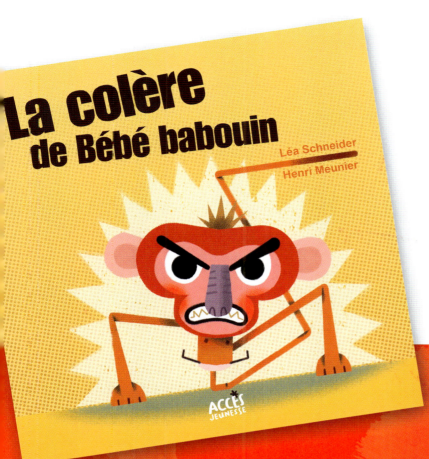

L'ALBUM SOURCE
La colère de Bébé babouin

LE PROJET
Mettre en place une boite à colère

TPS-PS octobre - novembre

La colère

76 Présentation de la thématique
Présentation de l'album source

77 Organigramme du projet

78 Découverte de l'album source
1 Découvrir le personnage principal de l'histoire
2 Découvrir les mots de l'histoire
3 Écouter la lecture de l'album

79 Appropriation de l'album source
1 Identifier les états mentaux du personnage principal **PS**
2 S'approprier et comprendre l'histoire
3 Trier des personnages en fonction de leur humeur

80 Projet
Adhérer au projet de la classe
Exprimer la colère avec son corps
Exprimer la colère avec ses gestes
Froisser et déchirer du papier
Exprimer la colère avec un instrument de musique
Exprimer la colère avec de la peinture
Exprimer la colère avec son visage
Sélectionner une couleur et réaliser un collage
Remplir et installer la boite à colère
Décrire des photos
Réaliser un affichage pour les parents

84 Comptines et chansons

85 Activités complémentaires

86 Réseau

LA COLÈRE

Présentation de la thématique

Pourquoi étudier la colère ?
Au niveau du développement de l'enfant, parler de la colère est essentiel car il s'agit d'une émotion que l'enfant connait et a probablement ressentie à la maison ou à l'école. Les élèves pourront ainsi se référer aux situations vécues pour mieux comprendre le texte.

Quand étudier la colère ?
La rentrée passée, ce réseau peut être proposé rapidement dans l'année pour permettre aux élèves de PS et de TPS de mieux gérer leur colère. Parler de cette émotion si particulière les aide à comprendre l'universalité de ce qu'ils ressentent et à mettre des mots sur leurs émotions, ce qui leur permet de les mettre à distance. La mise en place de la boite à colère devrait donc permettre à l'enseignant de gérer plus facilement certaines crises.

RÉPARTITION DES APPRENTISSAGES

Présentation de l'album source

La colère de Bébé babouin est un album mettant en scène un jeune babouin qui pique une énorme colère. Le livre montre l'évolution progressive de cette colère et son impact sur le personnage.

Les intérêts de l'album source
Cet album comporte peu de texte, ce qui donne au propos une grande force, d'autant qu'il fonctionne sur un rapport de redondance avec les illustrations. Malgré tout, le champ lexical de la colère est bien développé pour donner à l'enfant qui se l'approprie la possibilité de réinvestir les termes appris dans la vie de tous les jours et de mettre des mots sur ses émotions ou celles des autres.

Le personnage principal est un babouin, animal attachant et proche de l'humain. C'est un bébé, mais il veut faire comme les grands. Cette situation est très proche du vécu des enfants de deux ou trois ans, qui connaissent tous cette ambivalence entre l'envie de rester bébé et l'envie de grandir et de faire tout seul. L'éléphant qui aide Bébé babouin représente l'adulte rassurant sur lequel l'enfant peut compter.

En parlant du ressenti de ce personnage, les analogies avec la vie quotidienne sont facilitées.

Les illustrations épurées d'Henri Meunier permettent à l'enfant de se concentrer sur la montée progressive de l'émotion du personnage principal. L'oiseau qui l'accompagne est source de langage car ses réactions sont à la fois amusantes et très expressives.

Les obstacles de l'album source
Cet album présente peu de difficultés. Lors de la lecture par l'enseignant, une dramatisation est nécessaire pour aider les élèves à bien percevoir la montée de la colère. Le seul obstacle se situe dans l'implicite, qu'il est judicieux de verbaliser avec les élèves : *après la colère, pourquoi Bébé babouin se met-il à bouder ? Pourquoi ne sait-il plus pourquoi il boude ? Était-il utile de s'énerver ? Qu'aurait-il dû faire plutôt que de se mettre en colère ?*

La colère de Bébé babouin
Léa Schneider et Henri Meunier
© Accès jeunesse • 2020 • 12€

Le vocabulaire
autour de l'album et du projet

VERBES grimper, monter, vouloir, arriver à, s'énerver, se mettre en colère, exploser, gronder, casser, bouder, se fâcher, se calmer, respirer, rougir, déchirer, crier, pleurer, jeter, froisser.

NOMS la colère, un babouin, un arbre, un oiseau.

ADJECTIFS seul, fâché, content.

ADVERBE tout, toujours, maintenant.

Organigramme du projet

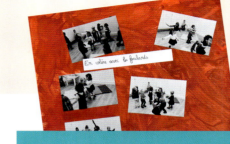

Apprendre ensemble et vivre ensemble
- adhérer au projet de la classe
- travailler en équipe, coopérer
- mettre des mots sur ses émotions

Mobiliser le langage dans toutes ses dimensions
- découvrir et utiliser le champ lexical de la colère
- écouter des histoires sur la colère pour identifier cette émotion
- décrire l'expression de la colère
- décrire des photos, des actions
- rappeler des évènements vécus

METTRE EN PLACE UNE BOITE À COLÈRE

Agir, s'exprimer, comprendre à travers l'activité physique
- exprimer la colère avec son corps

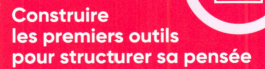

Construire les premiers outils pour structurer sa pensée
- effectuer un tri de couleur

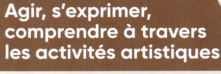

Agir, s'exprimer, comprendre à travers les activités artistiques
- froisser, déchirer et coller du papier
- frotter, gratter, tapoter pour remplir une surface avec de la peinture
- sélectionner une couleur donnée
- s'exprimer corporellement sur une musique
- exprimer la colère avec son visage
- exprimer la colère avec un instrument

Explorer le monde
- Identifier et nommer des parties du visage
- agir sur la matière : malaxer, écraser

77

La colère

DÉCOUVERTE DE L'ALBUM SOURCE

1
- un vidéoprojecteur ou un ordinateur
- *Bébé babouin content* ☁
- *Bébé babouin en colère* ☁

2
- les *mots illustrés* ☁ : un babouin, un arbre, un éléphant, grimper, bouder, s'énerver, se calmer
- la mascotte de la classe et son sac ou un sac à toucher

3
- l'album *La colère de Bébé babouin*

1 Découvrir le personnage principal de l'histoire
☆ **Petit ou grand groupe en regroupement**
⏱ **5 à 10 minutes**

● L'enseignant montre aux élèves *Bébé babouin content*.

● Il les laisse s'exprimer, puis les amène à décrire l'humeur du personnage en leur faisant observer la forme de sa bouche, ses yeux et la couleur de son visage.

● Il montre alors *Bébé babouin en colère*. De la même façon, il amène les élèves à remarquer qu'il s'agit du même personnage, mais qu'il est rouge et en colère.

☺ *En fonction de l'attention et du niveau des élèves, il est possible de terminer la séance en leur demandant s'ils sont plutôt de bonne humeur ou en colère. S'ils y arrivent, ils justifient leur propos, sinon l'enseignant les aide en faisant des suggestions et en posant des questions.*

2 Découvrir les mots de l'histoire
☆ **Petit ou grand groupe en regroupement**
⏱ **10 minutes**

● Par l'intermédiaire de la mascotte de la classe, l'enseignant apporte aux élèves des mots illustrés qui leur permettront de mieux comprendre l'histoire lue le lendemain. Les mots sont placés dans le sac de la mascotte ou dans un sac à toucher.

● À tour de rôle, les élèves piochent un mot illustré et tentent de le nommer. L'enseignant valide en lisant le mot.

● Il amène ensuite les élèves à faire appel à leur vécu en leur demandant s'ils connaissent le mot en question, s'ils en ont déjà vu…

☺ *Ces mots peuvent être affichés dans la classe le temps du projet, puis stockés dans une boite à mots.*

DIFFÉRENCIATION En fonction du niveau des élèves, il est possible d'ajouter des mots.

3 Écouter la lecture de l'album
☆ **Petit ou grand groupe en regroupement**
⏱ **10 minutes**

● L'enseignant montre l'album aux élèves et les laisse s'exprimer. Il les amène à remarquer qu'il s'agit du personnage rencontré précédemment.

● Il commence par lire le titre en le montrant, puis lit l'histoire en dramatisant : il faut que les élèves comprennent que Bébé babouin s'énerve progressivement puis se calme.

☺ *Pour faciliter la compréhension, il est important que l'enseignant dramatise l'histoire en changeant de ton pour exprimer les différents états des personnages.*

● Il termine la séance en demandant aux élèves s'ils ont apprécié l'histoire et quel a été leur passage préféré.

● Cette séance est réitérée afin que les élèves se familiarisent avec l'histoire.

APPROPRIATION
DE L'ALBUM SOURCE

1
- l'album *La colère de Bébé babouin*

2
- l'album *La colère de Bébé babouin*
- *Bébé babouin à colorier* ☁ plastifié
- un feutre non permanent rouge
- un chiffon

3
- une petite barquette par élève contenant *24 personnages à trier* ☁
- une grande barquette avec un *personnage qui sourit* ☁
- une grande barquette avec un *personnage en colère* ☁

---

1 Identifier les états mentaux du personnage principal
PS

☆ **Petit ou grand groupe en regroupement**

⏱ **10 minutes**

- L'enseignant demande aux élèves de rappeler le titre de l'album lu précédemment et propose à un élève de le chercher dans l'espace bibliothèque.
- Il ouvre l'album et amène les élèves à décrire l'humeur de Bébé babouin sur chaque illustration en justifiant leur propos.
- Il leur demande pourquoi Bébé babouin est en colère dans l'histoire.
- Il leur fait remarquer que Bébé babouin n'aurait pas eu besoin de se mettre en colère car il aurait pu simplement demander de l'aide à l'éléphant au départ. Il les amène également à expliquer comment Bébé babouin a réussi à se calmer.
- Il questionne ensuite les élèves sur la colère : *ont-ils déjà été en colère ? Pourquoi ? Qu'ont-ils fait lorsqu'ils étaient en colère ? Qu'est-ce qui les a calmés ?*

😊 *Cette séance peut être reprise en décrivant les attitudes de l'oiseau.*

MON CARNET DE SUIVI
Je sais dire le titre d'une histoire étudiée en classe
page 10

2 S'approprier et comprendre l'histoire

☆ **Petit groupe ou demi-classe en regroupement**

⏱ **10 minutes**

- L'enseignant montre l'album aux élèves et les laisse s'exprimer.
- Il leur demande ce qui se passe lorsque Bébé babouin est en colère : il devient tout rouge.
- Il place alors au tableau le document *Bébé babouin à colorier*.
- Sans montrer les images aux enfants, il commence à lire l'histoire. Il interrompt la lecture au fur et à mesure de l'histoire. À chaque arrêt, il propose à un élève de colorier peu à peu avec le feutre rouge Bébé babouin qui s'énerve.
- De la même manière, les élèves viennent à tour de rôle effacer le feutre rouge avec le chiffon lorsque la colère de Bébé babouin diminue au fil de l'histoire.

- Si nécessaire, des comparaisons peuvent être faites avec les illustrations de l'album.

😊 *En fonction du niveau et de l'attention des élèves, cette étape peut nécessiter deux séances.*

3 Trier des personnages en fonction de leur humeur

☆ **Activité semi-dirigée de 6 à 8 élèves**

⏱ **10 minutes**

- L'enseignant pose les images sur la table et laisse les élèves s'exprimer.
- Il leur demande de les classer dans deux barquettes : ceux qui sont en colère dans l'une et ceux qui sont joyeux dans l'autre.

- Une mise en commun est effectuée avec l'ensemble du groupe en fin de séance.

DIFFÉRENCIATION Il est possible de proposer moins d'images aux élèves les moins performants.

79

AUTOUR DES LIVRES TPS-PS LA COLÈRE

PROJET Mettre en place une boite à colère

Grand groupe en regroupement
5 à 10 minutes
- *Bébé babouin en colère*
- une boite en carton
- une feuille de papier

Adhérer au projet de la classe

- L'enseignant montre à nouveau aux élèves *Bébé babouin en colère*.
- Il leur demande s'ils sont parfois en colère eux aussi. *Si oui, pourquoi ? Qu'est-ce qui les met en colère ? Comment réussissent-ils à se calmer ?*
- L'enseignant les amène à verbaliser que lorsqu'on est en colère, on a envie de tout casser, de déchirer, de crier...
- Il propose alors de décorer une boite avec du matériel à l'intérieur pour les aider à calmer leurs colères.

Grand groupe en salle de motricité
15 minutes à réitérer
- des foulards
- une musique calme
- une musique agitée
- des tapis placés dans la salle
- un appareil photo

Exprimer la colère avec son corps

- Dans un premier temps, l'enseignant propose aux élèves de se déplacer sur la musique. Il leur demande alors ce qu'ils ont ressenti, s'il y avait des passages où ils avaient plutôt envie d'être en colère et d'autres où ils avaient plutôt envie de se reposer.
- Les élèves peuvent alors expliquer ce qu'ils ont envie de faire quand ils sont en colère : sauter, bouger dans tous les sens, faire de grands gestes et inversement, se poser, faire des gestes lents quand ils sont calmes et apaisés.
- Lors d'une seconde écoute, l'enseignant invite les élèves à sauter et à agiter les foulards quand la musique est agitée et à se coucher sur les tapis quand elle est plus calme.
- Pour finir, il les rassemble et les amène à verbaliser les actions réalisées.

Un adulte prend des photos des élèves en action.

VERS LA MUSIQUE
Quel caractère !
page 262

80

Activité dirigée de 6 à 8 élèves
10 à 15 minutes
- *Bébé babouin en colère*
- *Bébé babouin content*
- des feuilles de format raisin
- des craies de différentes couleurs
- des sous-mains
- de la pâte à modeler
- des outils pour la pâte
- un appareil photo

Exprimer la colère avec ses gestes

- L'enseignant donne aux élèves un sous-main et de la pâte à modeler.
- Il leur explique la consigne : lorsqu'il montre Bébé babouin en colère, les élèves vont faire mine de s'énerver sur leur pâte à modeler, par exemple en la malaxant, en l'écrasant ou en la pressant. Lorsqu'il montre Bébé babouin content, les élèves vont caresser la pâte ou l'étaler avec douceur.
- Il amène les élèves à verbaliser les gestes réalisés.
- Une fois la consigne comprise, l'enseignant montre les personnages en les alternant et encourage les élèves dans les gestes réalisés.
- En fin de séance, les élèves réalisent la même activité avec les feuilles et les craies. Un moment de verbalisation leur permet à nouveau de mettre des mots sur leurs gestes.

Un adulte prend des photos des élèves en action.

Activité avec l'ATSEM de 6 à 8 élèves
10 minutes
- des morceaux de papier journal
- une barquette par élève
- un appareil photo

VERS L'AUTONOMIE
Froisser du papier
page 144

MON CARNET DE SUIVI
Je sais déchirer des papiers
page 26

Froisser et déchirer du papier

- Les élèves disposent de morceaux de papier journal.
- Dans un premier temps, ils expérimentent et essaient de les froisser. L'ATSEM peut leur montrer comment faire.
- Dans un second temps, ils cherchent comment déchirer les morceaux de papier.

Un adulte prend des photos des élèves en action.

Petit ou grand groupe en regroupement
10 à 15 minutes
- un instrument à percussion par élève
- *Bébé babouin en colère*

VERS LA MUSIQUE
Les instruments de la classe
page 160

MON CARNET DE SUIVI
J'explore les possibilités sonores de mon corps, d'objets ou d'instruments
page 29

Exprimer la colère avec un instrument de musique

- Dans un premier temps, l'enseignant montre les instruments de musique aux élèves et les nomme.
- Il en donne un à chaque élève et explique que lorsque ses mains sont ouvertes, les élèves peuvent jouer, lorsqu'il les ferme, tout le monde arrête.
- Les élèves jouent librement, puis l'enseignant montre Bébé babouin en colère. Il leur demande d'exprimer la colère de Bébé babouin avec leur instrument.
- Les instruments sont échangés, puis l'activité est réitérée.
- L'enseignant les amène à décrire leur action et prend des photos.

AUTOUR DES LIVRES TPS-PS LA COLÈRE **81**

PROJET Mettre en place une boite à colère

Activité avec l'ATSEM de 6 à 8 élèves

⏱ 15 minutes

- une blouse par élève
- 2 feuilles de format raisin
- des barquettes
- des flacons de gouache et d'encre de différentes couleurs
- des éponges
- des fourchettes

Exprimer la colère avec de la peinture

- L'adulte demande aux élèves quelle est la couleur la plus utilisée pour représenter la colère. Si les élèves ne savent pas la nommer, ils peuvent la montrer parmi les pots de gouache et d'encre.
- L'adulte remplit plusieurs barquettes avec de la gouache et d'autres avec de l'encre rouge. Il place les deux feuilles au milieu de la table.
- Les élèves remplissent les deux feuilles en frottant, en tapotant ou en grattant avec l'éponge ou la fourchette.
- L'adulte les encourage à exprimer leur colère.
- Il peut tourner les feuilles pour les aider à bien les remplir.

Ces productions serviront de fond pour un affichage à destination des parents.

Activité dirigée de 6 à 8 élèves

⏱ 10 minutes

- *visages d'enfants en colère*
- des miroirs
- un appareil photo

Exprimer la colère avec son visage

- L'enseignant montre les visages d'enfants en colère.
- Dans un premier temps, les élèves décrivent les photos et sélectionnent celles où les enfants sont en colère.
- Dans un second temps, l'enseignant les invite à reproduire un des visages en colère. Ils peuvent s'aider du miroir pour s'observer.
- L'enseignant prend les élèves en photo.

Cette photo peut être collée sur le fond réalisé aux couleurs de la colère.

Activité avec l'ATSEM de 6 à 8 élèves

⏱ 2 séances de 10 à 15 minutes

- une boite à chaussures
- des petits papiers de différentes textures et de couleur rouge
- des papiers intrus d'autres couleurs
- de la colle

Sélectionner une couleur et réaliser un collage

- L'adulte demande aux élèves de rappeler le nom de la couleur à sélectionner.
- Il leur rappelle également comment procéder pour coller.
- Il pose ensuite la boite sur la table. Les élèves sélectionnent les papiers de couleur rouge et les collent sur la boite.

82

**Grand groupe
en regroupement**

10 minutes

- la boite à colère réalisée précédemment
- une balle antistress
- un pot de pâte à modeler
- des bandes de papier journal
- un foulard
- un doudou
- une plume
- une boite à musique à manivelle

Remplir et installer la boite à colère

- L'enseignant demande aux élèves de rappeler le projet en cours.
- Il leur montre la boite et une première série d'objets. Les élèves cherchent ce qu'ils pourraient faire avec ces objets pour se calmer lorsqu'ils font une colère : serrer la balle antistress ou la pâte à modeler, déchirer du papier journal.
- L'enseignant propose alors une seconde série d'objets et leur montre comment les utiliser pour apaiser leur colère : caresser leur joue avec le foulard ou la plume, faire un câlin au doudou, faire tourner délicatement la manivelle de la boite à musique pour écouter la douce mélodie.

- Les objets sont placés à l'intérieur de la boite qui est installée à un endroit de la classe auquel les élèves peuvent accéder à tout moment.

**Petit groupe
ou demi-classe
en regroupement**

10 minutes

- les photos prises lors des différentes activités du projet en noir et blanc au format A5

Décrire des photos

- L'enseignant montre aux élèves des photos d'eux en train de réaliser les différentes activités du projet.
- Les élèves nomment leurs camarades et décrivent leurs actions.
- L'enseignant leur demande ensuite de classer les photos en fonction de l'activité.

**Petit ou grand groupe
en regroupement**

5 minutes par affiche

- les fonds rouges réalisés précédemment
- les photos prises lors des différentes activités du projet en noir et blanc au format A5
- des bandes de papier blanc de 29,7 x 4 cm
- un feutre noir
- de la colle

Réaliser un affichage pour les parents

- L'enseignant explique aux élèves qu'ils vont réaliser une affiche pour expliquer chaque activité faite autour de la colère.
- Il leur demande de rappeler la première activité. Les élèves sélectionnent les photos correspondantes. L'enseignant leur propose d'écrire sur la bande EN COLÈRE AVEC…

- L'activité est réitérée pour réaliser les différentes affiches qui sont ensuite affichées dans le couloir.

COMPTINES ET CHANSONS
AUTOUR DE LA COLÈRE

UNE PETITE SOURIS

Une petite souris se promène
sur ma main,

Sur le pouce, elle tousse,

Sur l'index, elle se vexe,

Sur le majeur, elle a peur !

Et sur mon petit doigt,

Elle est fière comme un roi !

UNE PUCE, UN POU

Une puce, un pou, assis sur un tabouret
Jouaient aux cartes, la puce perdait
La puce en colère, attrapa le pou
Le flanqua par terre, lui tordit le cou
Madame la puce, qu'avez-vous fait là ?
J'ai commis un crime, un assassinat.

MON CHAPEAU

Quand je mets mon chapeau gris
C'est pour aller sous la pluie

Quand je mets mon chapeau vert
C'est que je suis en colère

Quand je mets mon chapeau bleu
C'est que ça va déjà mieux

Quand je mets mon chapeau blanc
C'est que je suis très content

JE SUIS FÂCHÉ !
Christina Dorner

Grr, grr, grr je suis en colère

Grr, grr, grr je suis très fâché(e)

Grr, grr, grr je suis énervé(e)

Chut, chut, chut, tu dois te calmer

Chut, chut, chut, tu dois respirer,

Chut, chut, chut, et puis rigoler !

ACTIVITÉS COMPLÉMENTAIRES

AUTRES PROJETS POSSIBLES
- réaliser un Memory de la colère avec des photos des élèves joyeux et en colère
- aménager un espace dédié à la colère dans la classe avec une tente contenant des objets doux pour se calmer, se détendre

AUTRES ACTIVITÉS POSSIBLES AUTOUR DE LA THÉMATIQUE
- peindre des visages en colère à la manière d'Andy Warhol
- représenter la colère par un monstre rouge colorié avec des craies
- exprimer la colère ou la joie avec son visage en fonction de situations décrites par l'enseignant

AUTRES ACTIVITÉS POSSIBLES AUTOUR DE L'ALBUM SOURCE
- écouter la *version sonore* ☁ de l'album
- discuter autour de *photos* ☁ et les trier en fonction des réactions qu'elles engendrent : colère ou joie
- retrouver les *mots illustrés* ☁ sur les illustrations de l'album
- jouer l'histoire avec les *marottes* ☁

AUTRES ACTIVITÉS POSSIBLES À PARTIR DE LIVRES EN RÉSEAU (VOIR PAGES 18 À 19)
- identifier, rechercher des livres sur la colère
- feuilleter et regarder des livres sur la colère
- écouter la lecture d'albums sur la colère
- attribuer des personnages aux albums dont ils sont issus
- mettre en évidence une problématique commune
- comparer les états mentaux de deux personnages

AUTOUR DES LIVRES TPS-PS LA COLÈRE 85

RÉSEAU AUTOUR DE LA COLÈRE

AUTRES ALBUMS UTILISABLES COMME ALBUM SOURCE

TPS PS
Le livre en colère
Vincent Bourgeau et Cédric Ramadier
© L'école des loisirs • 2016 • 10,50€

Le livre en colère est tellement en colère qu'il est tout rouge ! Mais heureusement, la colère passe et le livre se calme et se détend petit à petit. Ouf, le livre n'est plus fâché !
Il peut être difficile pour les enfants de comprendre que c'est le livre qui est en colère et non un personnage à l'intérieur du livre.

TPS PS
Rouge de colère
Kimiko
© L'école des loisirs • 2018 • 11,50€

Malo et Lola vont gouter mais les gâteaux ont disparu, ce qui met Lola très en colère. Tellement en colère qu'elle en devient toute rouge ! Malo l'emmène dehors pour se calmer.
La difficulté de cet ouvrage réside dans le motif de la colère et la manière dont le personnage se calme. Par le biais d'un échange langagier, les élèves pourront verbaliser, mettre des mots sur le motif de la colère et la manière dont Lola se calme.

PS
Non !
Jeanne Ashbé
© L'école des loisirs • 2008 • 7,50€

Petit Poisson Rouge a faim. Il veut un bonbon. Mais Grand Poisson Rouge a dit non, ce qui déclenche une grosse colère.
Le principal obstacle de cet album se trouve dans le vocabulaire employé pour désigner les plats proposés à Petit Poisson Rouge.

PS
Grosse colère
Mireille d'Allancé
© L'école des loisirs • 2001 • 11,20€

Robert a passé une mauvaise journée. Papa l'envoie dans sa chambre. Alors, Robert sent monter une chose terrible. Une chose qui peut faire de gros dégâts...
La personnification de la colère est difficile à comprendre pour les enfants. De plus, le même personnage est représenté à plusieurs reprises sur une même double page, ce qui nécessite l'utilisation d'un cache.

AUTRES ALBUMS AVEC DES PERSONNAGES EN COLÈRE

TPS
Petite Bébé est fâchée
Stéphanie Demasse-Pottier et Lucia Calfapietra
© Sarbacane • 2019 • 10,90 €

Quand elle est fâchée, Petite bébé ne veut rien. Rien n'y fait. Ah si, peut-être partir en balade toute seule ? Ou les mots magiques de papa et maman ?
Pas d'obstacle particulier dans cet album conçu pour les tout-petits

TPS
Petite colère
Nadine Brun-Cosme et Marion Cocklico
© Fleurus • 2018 • 6,95€

Petite boule veut aller jouer. Une contrariété et voilà la colère qui monte, monte...
Pas de réel obstacle dans cet album conçu pour les tout-petits.

TPS
La colère de Trotro
Bénédicte Guettier
© Gallimard jeunesse • 2002 • 5,10€

Trotro est en colère, il jette ses jouets par terre, devient tout rouge et se tortille. Trotro arrivera-t-il à se calmer ?
Pas de réel obstacle dans cet album conçu pour les tout-petits.

TPS PS
T'choupi est en colère
Thierry Courtin
© Nathan • 2017 • 5,70€

T'choupi se fait gronder par sa maman car il a mangé trop de gâteaux. Il se met alors en colère.
La difficulté réside dans le fait que T'choupi est d'abord en colère puis triste car il ne trouve plus son doudou.
Un moment langagier permettra aux élèves de distinguer les deux, ainsi que les causes de ces deux émotions que ressent T'choupi.

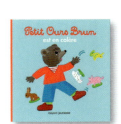

TPS PS
Petit Ours Brun est en colère
Marie Aubinais et Danièle Bour
© Bayard jeunesse • 2017 • 2,60€

Quand la maman de Petit Ours Brun lui demande d'arrêter, il ne veut pas ! Alors, Petit Ours Brun se met en colère.
Changer de voix pour distinguer les dialogues de la narration permet de faciliter la compréhension.

TPS PS
P'tit loup fait une colère
Orianne Lallemand et Eléonore Thuillier
© Auzou • 2018 • 4,95€

Aujourd'hui, P'tit Loup est de mauvaise humeur ! Rien ne lui fait plaisir : ni la balade dans le parc, ni les jeux. P'tit Loup fait une colère !
Changer de voix pour distinguer les dialogues de la narration permet de faciliter la compréhension.

L'ALBUM SOURCE
Un arc-en-ciel sur la banquise

LE PROJET
Créer des tableaux des couleurs

TPS janvier à juin **PS** novembre à juin

Les couleurs

88 Présentation de la thématique
Présentation de l'album source

89 Organigramme du projet

90 Mise en situation
1 Observer et nommer une couleur
2 Identifier des objets d'une couleur donnée
3 Identifier une couleur donnée
4 Identifier des objets d'une couleur donnée
5 Classer par couleur
6 Identifier des objets d'une couleur donnée

92 Découverte de l'album source
1 Observer et décrire les personnages de l'album
2 Découvrir les mots de l'histoire
3 Écouter l'histoire racontée

93 Appropriation de l'album source
1 Écouter la lecture de l'album
2 Identifier les états mentaux du personnage principal **PS**
3 Jouer l'histoire pendant la lecture

94 Projet
- Adhérer au projet de la classe
- Mettre en couleur un personnage de l'histoire
- Trier des objets selon la couleur
- Coller des objets en volume
- Réaliser un fond
- Nommer les couleurs

96 Comptines et chansons

97 Activités complémentaires

98 Réseau

LES COULEURS

Présentation de la thématique

Pourquoi étudier les couleurs ?
Étudier les couleurs permet aux élèves de TPS et de PS de mieux caractériser le monde qui les entoure.

Quand étudier ce réseau ?
Pour permettre à tous les élèves de s'approprier les couleurs et de retenir leur nom, il est nécessaire de mener cet apprentissage régulièrement tout au long de l'année. Les activités de mise en situation peuvent être proposées dès le début de l'année scolaire en PS et en TPS.

En PS, l'étude de l'album et le projet doivent également être proposés tôt dans l'année, en période 1 ou 2, de façon à ce que les élèves puissent ensuite se référer aux affichages créés pour nommer une couleur ou faire des associations. En TPS, cette étude peut être proposée un peu plus tard dans l'année pour attendre que les élèves soient en mesure d'assimiler les noms des couleurs et de comprendre l'album.

◦ RÉPARTITION DES APPRENTISSAGES

Présentation de l'album source

Igor l'ourson blanc s'ennuie sur sa banquise. Ses amis colorés le rejoignent un à un. Toutes les couleurs seront-elles au rendez-vous ? Un album pour nommer les couleurs et découvrir quelques animaux attachants.

Les intérêts de l'album source

L'album source fait appel à l'affectif des élèves car il met en scène des animaux attachants qui se retrouvent pour un moment fort dans la vie des enfants : l'anniversaire. Il est d'une grande richesse pédagogique car il permet de découvrir et mémoriser onze couleurs : jaune, rouge, bleu, vert, orange, violet, rose, gris, marron, noir et blanc. Il invite aussi l'enfant à mobiliser les petits nombres un, deux et trois. Sa structure narrative le rend facile à comprendre et à mémoriser. Le texte est simple et bref, il ne pose pas de difficulté particulière. À chaque page est réitérée la formule « mais aussi... » qui invite l'enfant à prendre la parole pour nommer l'animal qui apparaitra sur la page suivante ainsi que sa couleur.
Enfin, les illustrations en papiers découpés de Coralie Saudo sont épurées, ce qui permet de se focaliser sur la trame narrative.

Les obstacles de l'album source

Le principal obstacle de l'album vient de l'arc-en-ciel, dont il faudra expliquer la formation.
En outre, le nombre de couleurs proposées dans l'album peut s'avérer trop important pour certaines classes. L'enseignant peut alors choisir de se concentrer uniquement sur quatre animaux pour mener le projet seulement autour du bleu, du vert, du rouge et du jaune.

Un arc-en-ciel sur la banquise
Coralie Saudo
© Accès jeunesse • 2021 • 12 €

Le vocabulaire
autour de l'album et du projet

VERBES s'ennuyer, apporter.

NOMS un ourson, un poussin, un renard, un crabe, un flamant rose, un papillon, un perroquet, un crocodile, un lapin, une otarie, un éléphant, le soleil, un arc-en-ciel, la pluie, des amis, le monde.

ADJECTIFS blanc, jaune, orange, rouge, rose, violet, bleu, vert, marron, noir, gris, multicolore, ravi, entier, réuni, joyeux.

ADJECTIFS NUMÉRAUX CARDINAUX un, deux, trois.

ADVERBES aujourd'hui, aussi.

Organigramme du projet

Apprendre ensemble et vivre ensemble
- adhérer au projet de la classe
- travailler en équipe, coopérer

Mobiliser le langage dans toutes ses dimensions
- écouter, comprendre et jouer une histoire pour découvrir les couleurs
- mémoriser les noms des couleurs et des personnages de l'histoire

CRÉER DES TABLEAUX DES COULEURS

Agir, s'exprimer et comprendre à travers les activités artistiques
- mettre en couleur un personnage de l'histoire
- coller des objets en volume
- réaliser un fond
- nommer les couleurs

Construire les premiers outils pour structurer sa pensée
- trier des objets selon la couleur

Explorer le monde
- utiliser un appareil photo avec l'aide de l'enseignant

AUTOUR DES LIVRES TPS-PS LES COULEURS **89**

Les couleurs

MISE EN SITUATION

1
- la mascotte de la classe
- un sac à toucher contenant des objets d'une seule couleur

2 *Mon imagier des couleurs*
Léa Schneider et Bénédicte Sieffert
© Accès jeunesse • 2020 • 12 €

3
- des feuilles cartonnées A5 de couleur rouge, jaune, bleue et verte
- au moins un objet de chaque couleur par élève : cerceaux, foulards, caissettes, lattes, palets, balles, cordelettes…

---

1 Observer et nommer une couleur

☆ **Petit ou grand groupe en regroupement**
⏱ **10 minutes à réitérer**

- L'enseignant montre le sac rapporté par la mascotte.
- À tour de rôle, les élèves sortent un objet du sac, le nomment et le posent au sol.

- À la fin de l'activité, l'enseignant leur demande de trouver le point commun entre les différents objets. Il les amène à nommer la couleur des objets et leur demande de rechercher cette couleur sur leurs vêtements.
- Chaque jour, l'enseignant leur demande de rappeler la ou les couleurs déjà découvertes et en introduit une nouvelle.
- Les objets sont pris en photo pour garder une trace.

2 Identifier des objets d'une couleur donnée

☆ **Activité dirigée de 6 à 8 élèves**
⏱ **10 minutes**

- L'enseignant montre aux élèves les doubles pages de l'imagier une à une. La couleur est nommée, les objets connus sont identifiés.
- Il leur demande ensuite de chercher dans la classe un objet de la même couleur.
- Une mise en commun est réalisée, puis l'activité est reconduite avec une nouvelle couleur.

3 Identifier une couleur donnée

☆ **Grand groupe en salle de motricité**
⏱ **15 minutes à réitérer**

- L'enseignant répartit au préalable le matériel dans la salle.
- Dans un premier temps, il demande aux élèves de décrire ce qu'ils voient.
- Il leur propose ensuite un jeu : il montre une couleur. Tous les élèves se lèvent pour chercher un objet de cette couleur et retournent s'asseoir.
- Après validation, ils reposent leur objet dans la salle.
- L'activité est réitérée en nommant la couleur sans montrer le carton.
- Dans un second temps, l'enseignant répartit la classe en quatre groupes et attribue une couleur à chacun.
- Au signal, les élèves cherchent les objets de la couleur qui leur a été attribuée. Le premier groupe à avoir ramassé tous les objets de la bonne couleur a gagné.

DIFFÉRENCIATION En fonction du niveau des élèves, cette séance peut être réalisée en deux fois et réitérée à volonté.

4
- des feuilles cartonnées A5 de couleur rouge, jaune, bleue, verte, rose, orange, violette, blanche, noire
- les *cartes des couleurs*

5
- 4 à 8 barquettes avec une feuille colorée placée au fond
- les *cartes des couleurs*
- des objets de la classe

6
- des feuilles cartonnées A5 de couleur rouge, jaune, bleue, verte, rose, orange, violette, blanche, noire
- un appareil photo

---

4 Identifier des objets d'une couleur donnée

☆ **Activité dirigée de 4 à 6 élèves**
⏱ **10 minutes**

• Dans un premier temps, l'enseignant pose les cartes sur la table et laisse les élèves s'exprimer.

• Il montre une feuille de couleur.

• Les élèves prennent chacun une carte dont l'illustration est de la même couleur que la feuille. L'élève qui connait le nom de la couleur la nomme.

• Plusieurs tours sont ainsi réalisés avec des couleurs différentes.

• Dans un second temps, l'enseignant nomme la couleur au lieu de montrer le carton. Les élèves recherchent à nouveau une illustration de la couleur dite.

DIFFÉRENCIATION Adapter le nombre de couleurs au niveau des élèves.
Si les élèves ne connaissent pas encore le nom des couleurs, nommer la couleur, attendre cinq secondes, puis désigner le carton de la couleur correspondante.

5 Classer par couleur

☆ **Activité autonome de 3 à 4 élèves**
⏱ **5 à 10 minutes**

• Les élèves nomment les couleurs des barquettes, puis ils y placent des cartes et des objets de la couleur correspondante.

DIFFÉRENCIATION Adapter le nombre de couleurs au niveau des élèves.

MON CARNET DE SUIVI
Je sais classer par couleur
page 36

6 Identifier des objets d'une couleur donnée

☆ **Activité dirigée de 6 à 8 élèves**
⏱ **10 minutes**

• Dans un premier temps, l'enseignant montre les feuilles une à une et amène les élèves à nommer leur couleur.

• Il leur propose de jouer à la chasse aux couleurs : il montre une feuille, chaque élève cherche dans la classe un objet de la même couleur et le rapporte.

DIFFÉRENCIATION Au départ, l'enseignant accompagne les élèves dans leur recherche d'objets pour les motiver. Il peut ensuite choisir uniquement de dire la couleur.

• Dans un second temps, l'enseignant propose aux élèves le même jeu dans les couloirs de l'école. Les objets trouvés sont pris en photo, soit par l'enseignant soit par les élèves.

DIFFÉRENCIATION Adapter le nombre de couleurs au niveau des élèves.

DÉCOUVERTE
DE L'ALBUM SOURCE

1
- un sac à toucher
- les personnages de l'album en feutrine (voir *Trucs & Astuces* page 24) ou les *marottes des personnages*

2
- les *mots illustrés*
- la mascotte de la classe et son sac ou un sac à toucher
- les personnages en feutrine ou les *marottes des personnages*

3
- un morceau de tissu blanc d'au moins 40 x 60 cm
- les personnages en feutrine ou les *marottes des personnages*

---

1 Observer et décrire les personnages de l'album
⭐ **Petit ou grand groupe en regroupement**
⏱ **5 à 10 minutes**

● L'enseignant invite les élèves à extraire un à un les personnages de l'album du sac à toucher.

● Il les laisse s'exprimer, puis, par des questions, les amène à décrire et à nommer les différents animaux, ainsi que leur couleur.

2 Découvrir les mots de l'histoire
⭐ **Petit ou grand groupe en regroupement**
⏱ **10 minutes**

● Par l'intermédiaire de la mascotte de la classe, l'enseignant apporte aux élèves des mots illustrés qui leur permettront de mieux comprendre l'histoire lue le lendemain.

● Les mots sont placés dans le sac de la mascotte ou un sac à toucher.

● À tour de rôle, les élèves piochent un mot illustré et tentent de le nommer.

● L'enseignant valide en lisant le mot. Il les amène également à faire appel à leur vécu en leur demandant s'ils connaissent le mot en question.

● Lorsque l'arc-en-ciel est observé, l'enseignant explique comment il se forme.

● En fin de séance, l'enseignant demande aux élèves d'associer les personnages de l'histoire aux mots illustrés correspondants.

😊 *Ces mots peuvent être affichés dans la classe le temps du projet, puis stockés dans une boîte à mots.*

3 Écouter l'histoire racontée
⭐ **Petit groupe ou demi-classe en regroupement**
⏱ **10 minutes à réitérer**

● Au préalable, l'enseignant a pris connaissance de l'album afin de pouvoir raconter l'histoire aux élèves.

● Il pose le tissu au sol et leur demande de se placer autour, puis commence à raconter l'histoire avec les personnages.

● En fin de séance, l'enseignant interroge les élèves sur ce qu'ils ont compris.

● Les élèves disposent du matériel avec lequel ils peuvent jouer librement à l'accueil.

😊 *Il est important que l'enseignant raconte l'histoire, car il ne peut pas tenir l'album et les personnages en même temps.*

APPROPRIATION
DE L'ALBUM SOURCE

1/2
- l'album *Un arc-en-ciel sur la banquise*

3
- l'album *Un arc-en-ciel sur la banquise*
- les personnages en feutrine
  ou les *marottes des personnages*

---

1 Écouter la lecture de l'album

☆ **Petit ou grand groupe en regroupement**

⏱ **10 minutes à réitérer**

● L'enseignant montre le livre aux élèves, lit le titre et commence la lecture en tournant les pages simultanément.

● Afin de faciliter la compréhension des élèves, il dramatise la lecture en insistant sur les émotions ressenties par les personnages.

● À la fin de la lecture, il laisse les élèves s'exprimer, puis il les amène à faire le lien entre l'album et les personnages découverts précédemment.

● Cette séance est réitérée afin que les élèves s'approprient l'histoire.

● Lorsque les élèves connaissent bien l'album, l'enseignant émet volontairement des erreurs pendant la lecture : il change les couleurs et les noms des animaux, fait apparaître un nouveau personnage… Il laisse intervenir les élèves au fur et à mesure pour corriger les erreurs.

DIFFÉRENCIATION L'enseignant veille à proposer des erreurs plus ou moins identifiables en fonction du niveau des élèves.

2 Identifier les états mentaux du personnage principal PS

☆ **Petit ou grand groupe en regroupement**

⏱ **10 minutes**

● L'enseignant propose aux élèves de retrouver le livre étudié en classe et les amène à rappeler son titre.

● Il ouvre l'album et demande aux élèves de nommer le personnage principal.

● Il les incite à décrire les émotions d'Igor l'ourson blanc en observant les illustrations du début et de la fin de l'album : *comment se sent-il ? Pourquoi ?*

● Les élèves prennent conscience que l'ourson est triste d'être seul au début de l'histoire et qu'il est heureux lorsqu'il est entouré de ses amis.

● À la fin de la lecture, il peut faire appel au vécu des enfants en leur demandant s'ils se sont déjà perdus, ce que cela a entraîné, comment ils se sont sentis alors et au moment où ils ont retrouvé leurs parents.

3 Jouer l'histoire pendant la lecture

☆ **Petit ou grand groupe en regroupement**

⏱ **10 minutes à réitérer**

● L'enseignant lit l'album et demande aux élèves de mimer l'arrivée des différents personnages.

● L'activité est réitérée. L'enseignant amène progressivement les élèves à nommer les personnages et leur couleur pendant la lecture de l'histoire.

DIFFÉRENCIATION Certains élèves peuvent commencer à raconter l'histoire.

AUTOUR DES LIVRES TPS-PS LES COULEURS **93**

PROJET Créer des tableaux des couleurs

- ⭐ **Grand groupe en regroupement**
- ⏱ **5 minutes**

👥 Adhérer au projet de la classe

- L'enseignant explique aux élèves qu'ils vont créer des tableaux des couleurs pour les accrocher en classe et pouvoir s'y référer en cas de besoin.
- Les élèves nomment les couleurs à choisir pour la réalisation des tableaux.

DIFFÉRENCIATION Dans une classe de TPS, il est préférable de privilégier les quatre couleurs ROUGE, JAUNE, VERT et BLEU.

- ⭐ **Activité avec l'ATSEM de 6 à 8 élèves**
- ⏱ **10 minutes**
  - les *personnages de l'album* en A3
  - des morceaux de papier de différentes textures et de différentes couleurs
  - de la colle

MON CARNET DE SUIVI
Je sais réaliser un collage
page 26

🖌 Mettre en couleur un personnage de l'histoire

- L'adulte propose au groupe de choisir deux personnages.
- Il amène les élèves à remarquer que les animaux ne sont pas de la bonne couleur, car ils sont blancs.
- Les élèves nomment alors la couleur qu'ils vont utiliser pour remplir le personnage choisi.
- L'adulte pose le matériel sur la table. Les élèves sélectionnent uniquement des morceaux de papier de cette couleur et les collent sur leur personnage.

DIFFÉRENCIATION Si les élèves ne connaissent pas le nom de la couleur, ils peuvent la montrer. S'ils se trompent, ils peuvent utiliser l'album pour vérifier.

- ⭐ **Activité de 4 à 6 élèves**
- **TPS** avec l'ATSEM
- **PS** autonome
- ⏱ **10 minutes**
  - les personnages en feutrine ou les *marottes des personnages*
  - deux caisses contenant du matériel à coller : des bouchons en plastique, des morceaux de papier de différentes couleurs, des ballons non gonflés, des pots de yaourt colorés, des plumes, des pailles, des morceaux de tissu, des boules de cotillon, des pinces à linge colorées
  - deux grandes barquettes

🧮 Trier des objets selon la couleur

- L'enseignant demande au groupe de choisir un personnage et de nommer sa couleur.
- Il donne aux élèves des objets et leur demande de sélectionner ceux de la couleur du personnage choisi et de les placer dans une barquette.
- L'activité est reprise pour un second personnage.
- Après une mise en commun pour vérification, les barquettes sont conservées pour l'activité suivante.

94

- Activité de 4 à 6 élèves
  TPS avec l'ATSEM
  PS autonome
- 10 à 15 minutes
  - 2 bandes de papier cartonné de 50 x 6 cm de chaque couleur
  - 2 bandes de papier cartonné de 32,5 x 6 cm de chaque couleur
  - le matériel trié précédemment
  - de la colle blanche

Coller des objets en volume

- Chaque groupe réalise les cadres de deux tableaux avec deux petites et deux grandes bandes de chaque couleur.
- Les élèves disposent du matériel trié précédemment et le collent sur les bandes des couleurs correspondantes.

- Activité avec l'ATSEM de 4 à 6 élèves
- 10 minutes
  - 2 feuilles de format dem-raisin par groupe
  - de la gouache grise
  - un morceau d'éponge par élève

Réaliser un fond

- Chaque groupe réalise deux fonds.
- Les élèves remplissent la feuille en tapotant avec l'éponge.
- L'adulte les amène à nommer la couleur du fond réalisé.

- Petit ou grand groupe en regroupement
- 10 minutes
  - les tableaux réalisés sur lesquels ont été collés les personnages et les bandes colorées
  - des bandes de 3 x 12 cm
  - un feutre
  - des objets de différentes couleurs qui n'ont pas été collés lors de la séance précédente

Nommer les couleurs

- L'enseignant montre les différents tableaux réalisés un à un.
- Il demande aux élèves de nommer la couleur de chacun et l'écrit sur la bande prévue à cet effet.
- Il propose alors aux élèves de se cacher les yeux. Il place un objet intrus sur une partie colorée d'un tableau. Les élèves identifient l'objet en nommant sa couleur.
- Ce jeu est réalisé plusieurs fois.

DIFFÉRENCIATION Le nombre d'intrus varie en fonction du niveau des élèves.

MON CARNET DE SUIVI
Je sais reconnaitre et nommer les couleurs
page 28

COMPTINES ET CHANSONS
AUTOUR DES COULEURS

UNE SOURIS VERTE

Qui courait dans l'herbe
Je l'attrape par la queue
Je la montre à ces messieurs

Ces messieurs me disent :
Trempez-la dans l'huile
Trempez-la dans l'eau
Ça fera un escargot tout chaud !

Je la mets dans mon tiroir
Elle me dit qu'il fait trop noir
Je la mets dans mon chapeau
Elle me dit qu'il fait trop chaud
Je la mets dans ma culotte
Elle me fait trois petites crottes !

MON CHAPEAU

Quand je mets mon chapeau gris
C'est pour aller sous la pluie

Quand je mets mon chapeau vert
C'est que je suis en colère

Quand je mets mon chapeau bleu
C'est que ça va déjà mieux

Quand je mets mon chapeau blanc
C'est que je suis très content

DES PAPILLONS DE TOUTES LES COULEURS
Christina Dorner

Des papillons bleus
Quand je suis heureux

Des papillons marron
Lorsque je suis grognon

Des papillons violets
Si je suis énervé

Et des papillons de toutes les couleurs
Quand je suis de bonne humeur !

UN ÉLÉPHANT BLANC

Un éléphant blanc
Marche devant

Un éléphant vert
Marche derrière

Trois éléphants bleus
Marchent au milieu

À la queue leu leu !
Enfants d'éléphants

Marchez bien en rang
Ranplanplanplan !

ACTIVITÉS COMPLÉMENTAIRES

AUTRES PROJETS POSSIBLES
- fabriquer un jeu de loto des couleurs
- réaliser un imagier des couleurs à partir des objets de la classe
- réaliser une fresque de l'histoire

AUTRES ACTIVITÉS POSSIBLES AUTOUR DE LA THÉMATIQUE
- identifier des intrus dans un groupe de couleur
- réaliser des classements par couleur avec des jeux de la classe
- associer des images de couleurs identiques
- réaliser une chasse aux couleurs au sein de l'école
- habiller chaque jour la mascotte de la classe avec des vêtements d'une couleur donnée
- réaliser des bocaux dans lesquels sont placés des bouchons de couleur identique

VERS L'AUTONOMIE
Associer des couleurs identiques
pages 150-151
Trier une couleur **page 194**
Classer selon la couleur **pages 194-195**

VERS LES MATHS PS
Faire le tri
page 22
Classement et désignation
page 24

AUTRES ACTIVITÉS POSSIBLES AUTOUR DE L'ALBUM SOURCE
- écouter la *version sonore* ☁ de l'album
- peindre les *personnages de l'album* ☁ de la bonne couleur avec différents outils
- ordonner les *images séquentielles* ☁ de l'histoire

AUTRES ACTIVITÉS POSSIBLES À PARTIR DE LIVRES EN RÉSEAU (VOIR PAGES 18 À 19)
- identifier, rechercher des livres sur les couleurs
- observer des imagiers des couleurs
- écouter la lecture d'albums sur les couleurs
- attribuer des personnages aux albums dont ils sont issus
- réaliser un livre intitulé *Qu'a mangé Pop ?*

RÉSEAU AUTOUR DES COULEURS

AUTRES ALBUMS UTILISABLES COMME ALBUM SOURCE

TPS PS
Petit Poisson blanc
Guido Van Genechten
© Mijade • 2012 • 10 €
Petit poisson blanc a perdu sa maman. Sur son chemin, il rencontre des animaux marins de différentes couleurs avant de retrouver sa maman qui n'est pas blanche, contrairement à ce que l'on pourrait penser.
Peu d'obstacles hormis la couleur utilisée pour la pieuvre : mauve.

TPS PS
Pop mange de toutes les couleurs
Pierrick Bisinski et Alex Sanders
© L'école des loisirs • 2005 • 11,20 €
Tant que Pop ne buvait que du lait, il était tout blanc. Mais lorsqu'il gouta autre chose, il changea de couleur.
Pas de réel obstacle dans cet album parfaitement adapté aux tout-petits.

PS
Océan, le noir et les couleurs
Émilie Vast
© MeMo • 2011 • 12,70 €
Chaque jour, Océan l'hippocampe découvre des perles colorées dans l'océan. En les enfouissant dans le sable, il change la couleur du fond marin qui l'entoure.
De très belles illustrations qui ne posent pas de problème, mais un texte avec un vocabulaire soutenu rédigé au passé simple.

PS
Trois souris peintres
Ellen Stoll Walsh
© Mijade • 2007 • 11 €
Trois souris, trois couleurs : rouge, jaune, bleu. En les mélangeant, elles obtiennent du vert, de l'orange et du violet.
Le mélange des couleurs est encore difficile à comprendre en PS, mais cet album le rend plutôt abordable.

AUTRES ALBUMS ET IMAGIERS SUR LES COULEURS

TPS
Toutes les couleurs
Alex Sanders
© L'école des loisirs • 1998 • 10,70 €
À force de jouer dehors, ce petit lapin a le derrière tout vert, la bouche toute rouge, les pieds marron et les bras tout jaunes ! Pour le nettoyer, vive le bleu de l'eau du bain !
Pas de réel obstacle dans cet album parfaitement adapté aux tout-petits.

TPS
KIDIDOC
Mon imagier des couleurs
Nathalie Choux
© Nathan • 2011 • 8,40 €
Un imagier animé très solide pour découvrir les couleurs (sauf blanc, noir, gris).
Pas d'obstacle particulier.

TPS PS
IMAJEUX
Mon imagier des couleurs
© Accès jeunesse • 2020 • 12 €
Un imagier avec des devinettes pour découvrir toutes les couleurs en rendant le lecteur acteur.
Les devinettes sont difficiles pour des élèves de TPS, elles s'adressent plutôt à des enfants plus âgés.

TPS PS
TROUVAILLES !
Les couleurs
© Crackboom • 2018 • 7,95 €
Un imagier avec des devinettes pour découvrir toutes les couleurs en rendant le lecteur acteur.
Un imagier illustré avec simplicité et écrit avec un vocabulaire accessible.

TPS PS
PETIT DOUX
Mon imagier des couleurs
Louison Nielman et Elsa Fouquier
© Fleurus • 2019 • 11,90 €
Un imagier à flaps pour découvrir les couleurs (sauf le gris).
Pas d'obstacle particulier.

TPS PS
Couleurs
Leo Lionni
© L'École des Loisirs • 2021 • 8 €
Des petites souris explorent les couleurs page à page.
Peu d'obstacles dans cet album qui permet de nommer les couleurs, hormis le vocabulaire, à travailler.

PS
De toutes les couleurs
Chuck Murphy
© Albin Michel jeunesse • 2012 • 13,50 €
Un magnifique imagier animé proposant un animal par couleur.
Pas d'obstacle particulier, hormis la manipulation qui doit être effectuée par l'adulte pour ne pas abimer le livre.

PS
Couleurs
Maria Jalibert
© Didier jeunesse • 2018 • 9,90 €
Un imagier réalisé à partir de photos de jouets de différentes couleurs : rouge, rose, bleu, vert, violet, orange et jaune.
Les élèves adorent observer et nommer les accumulations de jouets représentées. Certains adjectifs un peu compliqués méritent d'être expliqués.

L'ALBUM SOURCE
C'est bientôt Noël, est-ce que tout est prêt ?

LE PROJET
Fabriquer une botte de Noël avec un message pour les parents

TPS-PS décembre

Noël

100 Présentation de la thématique
Présentation de l'album source

101 Organigramme du projet

102 Mise en situation
1 Émettre des hypothèses **PS**
2 Découvrir et nommer les décorations du sapin
3 Nommer les décorations et décrire le sapin

103 Découverte de l'album source
1 Découvrir les attributs du père Noël
2 Découvrir les mots de l'histoire
3 Décrire et comparer des illustrations **PS**

104 Appropriation de l'album source
1 Écouter la lecture de l'album
2 Nommer les attributs du père Noël
3 S'approprier les mots de l'histoire
4 S'approprier les mots de l'histoire
5 Comprendre l'implicite **PS**
6 Raconter l'histoire en s'appuyant sur les illustrations

106 Projet
Adhérer au projet de la classe
Remplir une surface en tapotant
Former un sapin
Former ou décorer un sapin
Décorer une boule en collant ou en frottant
Dicter une phrase ou un mot **PS**

108 Comptines et chansons

109 Activités complémentaires

110 Réseau

NOËL

Présentation de la thématique

Pourquoi étudier Noël ?
Les fêtes de fin d'année constituent des moments forts dans la vie des enfants. Même si Noël n'est pas célébré au sein de leur famille, ils y sont tout de même confrontés à travers les décorations des rues, des magasins, des vitrines. La plupart d'entre eux sont émerveillés par le personnage du père Noël, les illuminations et les décorations de Noël. Cette thématique suscite donc un engouement fort auprès des élèves, ce qu'il est opportun d'exploiter.

Quand étudier Noël ?
Il est judicieux de programmer l'étude de Noël sur les deux ou trois semaines précédant les vacances de Noël, aussi bien en PS qu'en TPS.

RÉPARTITION DES APPRENTISSAGES

Présentation de l'album source

C'est bientôt Noël, est-ce que tout est prêt ? est un album qui invite l'enfant à s'interroger sur les préparatifs de Noël et à nommer les décorations et accessoires qui manquent pour que tout soit prêt à temps.

Les intérêts de l'album source
L'album source permet d'aborder tout le vocabulaire de Noël de façon ludique.

Cet album s'adresse directement au lecteur et lui permet d'être actif tout en participant à la lecture. La structure répétitive de l'album et les illustrations très épurées permettent aux élèves de s'approprier l'histoire et de la raconter seuls facilement. De plus, l'album fait écho au vécu de l'élève, qui peut facilement faire le lien avec les véritables préparatifs de Noël. Enfin, la dernière image est propice à l'interprétation et suscite naturellement les remarques et commentaires des élèves.

Les obstacles de l'album source
Le seul problème de compréhension que peuvent rencontrer les élèves à la lecture de cet album vient du vocabulaire de Noël, qu'ils découvrent pour la plupart pour la première fois. Les illustrations, qui offrent une vision stylisée de la réalité, peuvent également constituer une petite difficulté.

C'est bientôt Noël, est-ce que tout est prêt ?
Léa Schneider et Bénédicte Sieffert
© Accès jeunesse • 2020 • 12€

Le vocabulaire
autour de l'album et du projet

VERBES manquer, décorer, chanter, enfiler, mettre, s'habiller, aider, emballer, atteler, préparer, accrocher, fermer les yeux, arriver.

NOMS Noël, un sapin, une guirlande, une boule, une étoile, une chanson, le père Noël, un pantalon, un manteau, des bottes, une ceinture, un bonnet, des moufles, une hotte, un cadeau, des jouets, du papier cadeau, un ruban, un lutin, un traineau, un renne, des grelots, une maison, une cheminée, une chaussette.

ADJECTIFS prêt, pointu.

100

Organigramme du projet

Apprendre ensemble et vivre ensemble
- adhérer au projet de la classe
- fcbriquer un cadeau pour autrui

Mobiliser le langage dans toutes ses dimensions
- acquérir le vocabulaire de Noël à travers l'étude d'un album
- dicter une phrase ou un mot **PS**

FABRIQUER UNE BOTTE DE NOËL AVEC UN MESSAGE POUR LES PARENTS

Agir, s'exprimer et comprendre à travers les activités artistiques
- remplir une surface en tapotant
- décorer un sapin par collage **TPS**
- former un sapin
- décorer une boule en collant ou en frottant
- chanter une chanson de Noël

Explorer le monde
- découvrir une fête calendaire
- former un sapin

101

Noël

MISE EN SITUATION

 1/2/3 – un carton décoré contenant des décorations pour le sapin : une guirlande lumineuse à piles, des boules en plastique, une étoile, des guirlandes, des suspensions de différentes formes (rennes, étoiles, sapins, flocons...), des chaussettes à accrocher
– la *lettre du père Noël*

3 – un sapin à décorer

1 Émettre des hypothèses PS

☆ **Grand groupe en regroupement**
⏱ **10 minutes**

- Au retour d'une récréation, les élèves découvrent une lettre et un carton dans la classe. Le directeur de l'école ou l'ATSEM leur explique que le facteur vient de passer et les a déposés à leur attention.
- L'enseignant amène les élèves à émettre des hypothèses sur la provenance de la lettre et du carton.
- Il leur lit alors la lettre, puis leur demande de reformuler ce qu'ils en ont compris et d'indiquer sa provenance.
- Il leur propose ensuite de deviner ce qu'il y a dans le carton.

2 Découvrir et nommer les décorations du sapin

☆ **Petit ou grand groupe en regroupement**
⏱ **10 minutes**

- **PS** L'enseignant amène les élèves à rappeler la séance précédente.
- **TPS** L'enseignant explique aux élèves que le père Noël a déposé un colis pour eux.
- Il leur propose d'ouvrir le carton.
- Les uns après les autres, ils sortent une décoration du carton et essaient de la nommer.
- Le reste de la classe valide le nom de l'objet ou le donne si nécessaire.
- Pour finir, les décorations sont nommées collectivement et replacées dans le carton.

3 Nommer les décorations et décrire le sapin

☆ **Petit ou grand groupe en regroupement**
⏱ **10 minutes**

- Lorsque les élèves arrivent un matin, ils découvrent un sapin dans la classe.
- L'enseignant les amène à le décrire et nomme ses différentes parties : le tronc, les branches, les épines.
- Les élèves le touchent et verbalisent leur sensation, puis ils le décorent : chacun prend une suspension, la nomme et l'accroche sur une branche.

DIFFÉRENCIATION L'enseignant peut nommer la décoration à placer sur le sapin et demander aux élèves de l'identifier.

DÉCOUVERTE
DE L'ALBUM SOURCE

1
- un grand sac en toile
- un bonnet de père Noël
- des lunettes
- une grosse ceinture noire
- des moufles noires

2
- les *mots illustrés* : un sapin, une guirlande, une boule, une étoile, le père Noël, un pantalon, un bonnet, un manteau, des bottes, une ceinture, des moufles, une hotte, des jouets, du papier cadeau, un ruban, un renne, un cadeau, un traineau, une cheminée, une chaussette, un grelot, un lutin, chanter, s'habiller, décorer
- la mascotte de la classe et son sac ou un sac à toucher

3
- les *illustrations de l'album*

---

1 Découvrir les attributs du père Noël

⭐ **Petit ou grand groupe en regroupement**
⏱ **10 minutes**

● L'enseignant place les attributs du père Noël dans un grand sac en toile.
● Dans un premier temps, il invite les élèves à placer la main dans le sac et à émettre des hypothèses sur son contenu.
● Dans un second temps, les élèves sortent du sac les objets les uns après les autres et les nomment.

● Ils émettent des hypothèses sur leur propriétaire : *ce... appartient peut-être à...*
● L'enseignant leur confirme que ces objets appartiennent bien au père Noël.

2 Découvrir les mots de l'histoire

⭐ **Petit ou grand groupe en regroupement**
⏱ **10 minutes**

● Par l'intermédiaire de la mascotte de la classe, l'enseignant apporte aux élèves des mots illustrés qui leur permettront de mieux comprendre l'histoire lue le lendemain.
● Les mots sont placés dans le sac de la mascotte ou un sac à toucher.
● À tour de rôle, les élèves piochent un mot illustré et tentent de le nommer.
● L'enseignant valide en lisant le mot.
● Il amène ensuite les élèves à faire appel à leur vécu en leur demandant s'ils connaissent le mot en question.

😊 *Ces mots peuvent être affichés dans la classe le temps du projet, puis stockés dans une boite à mots.*

DIFFÉRENCIATION Cette séance peut être réalisée en deux fois étant donné le nombre de mots proposés.

3 Décrire et comparer des illustrations PS

⭐ **Petit ou grand groupe en regroupement**
⏱ **10 minutes**

● L'enseignant montre l'illustration du sapin. Il laisse les élèves s'exprimer.
● Il montre ensuite l'illustration avec le sapin décoré et les amène à comparer les deux illustrations.
● Cette démarche est reproduite pour les différentes illustrations.

DIFFÉRENCIATION Selon le niveau des élèves, cette activité peut nécessiter plusieurs séances.

APPROPRIATION
DE L'ALBUM SOURCE

1 – l'album *C'est bientôt Noël, est-ce que tout est prêt ?*

2 – le *père Noël à habiller*
– les *éléments du père Noël*
– une boite de mouchoir vide

3 – les *illustrations de l'album*
– les *objets de l'album*

---

1 Écouter la lecture de l'album

☆ **Petit ou grand groupe en regroupement**
⏱ **10 minutes à réitérer**

- L'enseignant montre l'objet livre aux élèves.
- Il les laisse s'exprimer, puis les amène à décrire le personnage de la couverture et à émettre des hypothèses sur son nom. Peu habitués à voir le père Noël habillé en slip, il est peu probable que les élèves identifient le personnage représenté.
- Il lit le titre en le montrant du doigt, puis commence la lecture en invitant les élèves à effectuer les gestes de l'album.

- Il les amène également à faire le rapprochement avec les illustrations découvertes précédemment.
- À la fin de la lecture, il exprime son ressenti sur l'album et invite les élèves à le faire à leur tour.
- Cette séance est réitérée afin que les élèves s'approprient l'histoire.
- Lorsque les élèves sont bien familiarisés avec l'album, l'enseignant le lit en se trompant volontairement sur les noms des différents objets. Il laisse intervenir les élèves au fur et à mesure pour corriger les erreurs.

DIFFÉRENCIATION L'enseignant veille à proposer des erreurs plus ou moins identifiables en fonction du niveau des élèves.

2 Nommer les attributs du père Noël

☆ **Activité dirigée de 4 à 6 élèves**
⏱ **10 minutes**

- L'enseignant propose aux élèves de sortir un élément de la boite à tour de rôle, de le décrire et de le placer sur le père Noël.

- Si l'élève interrogé n'arrive pas à décrire l'élément, les autres peuvent lui venir en aide.
- Dans un second temps, les élèves nomment un attribut, le retirent du père Noël et le remettent dans la boite.

3 S'approprier les mots de l'histoire

☆ **Petit groupe ou demi-classe en regroupement**
⏱ **10 minutes**

- L'enseignant pose les illustrations des objets au sol.
- Il affiche ensuite au tableau l'illustration du père Noël pas prêt.
- Les élèves nomment les objets qu'il faudra pour que le père Noël soit prêt et placent l'illustration correspondante au tableau.
- Lorsque tous les objets manquants ont été cités, l'enseignant affiche l'illustration avec le père Noël prêt.

- La même démarche est reproduite pour l'ensemble des illustrations.

DIFFÉRENCIATION Cette activité peut nécessiter deux séances.

4
- TPS – le *loto de Noël* ☁
- les *mots illustrés* ☁ sauf les verbes
- des jetons
- PS – le *Memory de Noël* ☁

5 – l'album *C'est bientôt Noël, est-ce que tout est prêt ?*

6 – l'album *C'est bientôt Noël, est-ce que tout est prêt ?*

4 S'approprier les mots de l'histoire

☆ **Activité dirigée de 4 à 6 élèves**
⏱ **10 minutes**

● **TPS** Chaque élève reçoit une planche. L'enseignant montre un mot illustré, les élèves dont les planches comportent l'illustration correspondante y placent un jeton.

● **PS** Dans un premier temps, l'enseignant pose les cartes sur la table. À tour de rôle, les élèves nomment un mot qu'ils connaissent et prennent la carte correspondante.

DIFFÉRENCIATION Les cartes étant en double exemplaire, les élèves ayant des difficultés peuvent répéter et prendre une carte déjà nommée.

● Dans un second temps, l'enseignant explique la règle du jeu de Memory. À tour de rôle, les élèves retournent deux cartes et les nomment. Si elles sont identiques, ils les gagnent, sinon ils les reposent à la même place.

5 Comprendre l'implicite PS

☆ **Petit ou grand groupe en regroupement**
⏱ **5 à 10 minutes**

● L'enseignant demande à un élève de retrouver dans la bibliothèque de la classe l'album lu précédemment et de rappeler son titre.

● Il montre la dernière page de l'album et laisse les élèves s'exprimer. Il les amène à décrire ce qui s'y passe en les guidant par des questions : *Que fait le père Noël ? Où est-il ? Pourquoi n'est-il pas dans le traîneau ? Où va-t-il ?*

6 Raconter l'histoire en s'appuyant sur les illustrations

☆ **Petit ou grand groupe en regroupement**
⏱ **10 minutes à réitérer**

● L'enseignant demande à un élève de retrouver dans la bibliothèque de la classe l'album lu précédemment et de rappeler son titre.

● Il demande ensuite à un élève de prendre sa place et de raconter l'histoire. Un autre élève le remplace au bout de deux doubles pages. Le reste de la classe peut intervenir si besoin.

DIFFÉRENCIATION Si les élèves en sont capables, ils peuvent raconter l'histoire sans l'aide des illustrations de la page de droite, en la cachant avec une feuille noire.

DIFFÉRENCIATION L'enseignant et les autres élèves peuvent intervenir si un élève ne connait pas un mot. Il est possible d'augmenter le nombre de cartes en fonction du niveau des élèves.

PROJET Fabriquer une botte de Noël avec un message pour les parents

★ **Grand groupe en regroupement**
⏱ **10 minutes**
- un modèle de *chaussette* ☁
- la *chanson de Noël* ☁

Adhérer au projet de la classe

- L'enseignant montre la chaussette aux élèves.
- Il leur propose d'en offrir une à leurs parents et les amène à verbaliser les actions à effectuer pour la réaliser.
- Il montre ensuite le parchemin avec la chanson de Noël placé à l'intérieur de la chaussette.
- Il chante la chanson et amène les élèves à remarquer qu'elle raconte l'histoire de l'album ***C'est bientôt Noël, est-ce que tout est prêt ?***
- Il les invite à la chanter avec lui. Elle sera apprise tout au long du projet afin que les élèves soient capables de la chanter à leurs parents.

★ **Activité avec l'ATSEM de 6 à 8 élèves**
⏱ **10 minutes**
- une blouse par élève
- une *chaussette* ☁ par élève
- de l'acrylique rouge et dorée dans des barquettes
- des morceaux d'éponge placés dans des bouteilles de yaourt à boire

Remplir une surface en tapotant

- Chaque élève remplit une chaussette en tapotant avec une éponge trempée dans de la peinture rouge et dorée. L'adulte montre le geste si nécessaire.

DIFFÉRENCIATION Les élèves de PS peuvent remplir chaque face de la chaussette avec une couleur différente.

★ **Activité semi-dirigée de 4 à 6 élèves**
⏱ **10 minutes**
- des bandes de carton de différentes tailles
- des buchettes en bois
- des bâtonnets en bois

Former un sapin

- L'enseignant propose aux élèves de former des sapins avec le matériel.
- Ils cherchent d'abord comment faire individuellement, puis une mise en commun est réalisée afin que chacun montre ou explique sa procédure.
- Pour finir, chacun forme un dernier sapin en verbalisant sa procédure.

⭐ Activité avec l'ATSEM de 6 à 8 élèves
⏱ 10 minutes
- la chaussette de chaque élève

PS
- des bandes de papier marron de 21 x 1,5 cm
- des bandes de papier vert de 2 x 4, 2 x 6, 2 x 8 et 2 x 10 cm
- de la colle

TPS
- de petits morceaux de papier verts
- un *sapin* ☁

Former ou décorer un sapin

- **PS** Les élèves forment un sapin sur une face de la chaussette en collant une bande de papier marron verticalement et des bandes de papier vert horizontalement.

DIFFÉRENCIATION Si le niveau des élèves le permet, cette activité peut être réalisée en autonomie.

- **TPS** Les élèves collent de petits papiers verts sur leur sapin.
- Lorsque le sapin est sec, les élèves y collent en autonomie de petites gommettes pour représenter des boules.

⭐ Activité avec l'ATSEM de 4 à 6 élèves
⏱ 10 minutes

PS
- une *boule avec lignes horizontales* ☁ par élève
- des morceaux de papier métallisé
- de la colle

TPS
- une *boule* ☁ par élève
- une petite branche de sapin par élève
- de la peinture métallisée dans des petites barquettes

🖌 Décorer une boule en collant ou en frottant

- **PS** Les élèves collent de petits morceaux de papier sur les lignes de la boule.
- **TPS** Les élèves mouillent la branche dans la peinture et la frottent sur la boule en changeant de couleur régulièrement.

⭐ Activité individuelle dirigée à l'accueil
⏱ 2 minutes
- la chaussette de chaque élève
- la boule et le sapin de chaque élève
- du coton
- de la colle
- la *chanson de Noël* ☁
- un feutre doré

💬 Dicter une phrase ou un mot PS

- À l'accueil, les élèves collent le sapin au recto de leur chaussette et la boule au verso, ainsi que du coton en haut. Un adulte ferme la chaussette à l'aide d'une agrafeuse.
- L'enseignant propose à chaque élève d'écrire quelque chose au dos de la comptine à destination de ses parents.
- Il écrit le mot ou la phrase avec le feutre doré sous la dictée de l'enfant.

COMPTINES ET CHANSONS
AUTOUR DE NOËL

PÈRE NOËL ES-TU LÀ ?

Toc toc toc !
père Noël, es-tu là ?

Chut... Je dors.

Toc toc toc !
père Noël, es-tu là ?

Chut... Je me réveille doucement.

Toc toc toc !
père Noël, es-tu là ?

Chut... Je mets mon manteau rouge.

Toc toc toc !
père Noël, es-tu là ?

Chut... J'enfile mes grandes bottes.

Toc toc toc !
père Noël, es-tu là ?

Chut...
Je place ma hotte sur mon dos.

Hop !
Je sors avec tous les cadeaux !

LA CHANSON DE NOËL
Christina Dorner

Sur l'air de Frère Jacques

Petit sapin, petit sapin
Es-tu prêt ? Es-tu prêt ?
Il manque les guirlandes !
Il manque les boules !
Vite, vite, vite
Vite, vite, vite

père Noël, père Noël
Es-tu prêt ? Es-tu prêt ?
Tu n'es pas habillé !
Tu n'es pas habillé !
Vite, vite, vite
Vite, vite, vite

Et les cadeaux,
et les cadeaux,
Sont-ils prêts ?
Sont-ils prêts ?
Il faut les emballer !
Il faut les emballer !
Vite, vite, vite
Vite, vite, vite

Et le traineau, et le traineau,
Est-il prêt ? Est-il prêt ?
Il manque les rennes !
Il manque les cadeaux !
Vite, vite, vite
Vite, vite, vite

Et la maison, et la maison,
Est-elle prête ?
Est-elle prête ?
Il manque les chaussettes !
Il manque les chaussettes !
Vite, vite, vite
Vite, vite, vite

père Noël, père Noël
Tout est prêt ! Tout est prêt !
Joyeux noël à tous !
Joyeux noël à tous !
Gling, gling, gling !

QUAND LE PÈRE NOËL VIENT ME VISITER
Suzanne Pinel

Quand le père Noël vient me visiter

Il descend par la cheminée

Il porte des bottes noires
avec un pantalon rouge
avec une ceinture noire
avec un beau manteau rouge
avec un grand bonnet rouge
HO HO HO !

*Il s'agit d'une chanson à accumulation :
les trois premiers vers sont chantés,
puis repris depuis le début.
À chaque répétition, un vers est ajouté
jusqu'à ce que la chanson soit chantée en entier.*

L'AS-TU VU ?

L'as-tu vu, l'as-tu vu ?

Ce petit bonhomme, ce petit bonhomme

L'as-tu vu, l'as-tu vu ?

Ce petit bonhomme au capuchon pointu

On l'appelle père Noël

Par la cheminée, par la cheminée

On l'appelle père Noël

Par la cheminée il descendra du ciel !

Il apporte des joujoux

Il en a plein sa hotte
Il en a plein sa hotte

Il apporte des joujoux

Il en a plein sa hotte
et c'est pour nous !

108

ACTIVITÉS COMPLÉMENTAIRES

AUTRES PROJETS POSSIBLES
- réaliser un imagier de Noël
- réaliser des biscuits de Noël
- réaliser des décorations de Noël en pâte à sel

TRACES À SUIVRE
Les lutins rayés
pages 50-51

AUTRES ACTIVITÉS POSSIBLES AUTOUR DE LA THÉMATIQUE
- réaliser un pantin du père Noël
- rechercher des livres sur Noël dans la bibliothèque de l'école

VERS LES MATHS PS
Le jeu du sapin
pages 34-35

AUTRES ACTIVITÉS POSSIBLES AUTOUR DE L'ALBUM SOURCE
- écouter la *version sonore* de l'album
- identifier des intrus au sein des illustrations de l'album

AUTRES ACTIVITÉS POSSIBLES À PARTIR DE LIVRES EN RÉSEAU (VOIR PAGES 18 À 19)
- identifier, rechercher des livres sur Noël
- observer des imagiers sur Noël
- écouter la lecture d'albums sur Noël
- décrire des illustrations pour imaginer une histoire
- comparer un même personnage dans deux albums différents

RÉSEAU AUTOUR DE NOËL

AUTRES ALBUMS UTILISABLES COMME ALBUM SOURCE

TPS PS
Qui c'est ?
Cédric Ramadier & Vincent Bourgeau
© L'école des loisirs • 2014 • 11,50€
Pinpin attend la venue du père Noël. Dès que quelqu'un toque à la porte, il espère que c'est lui, mais c'est un de ses amis. Lorsque le père Noël arrive enfin, tout le monde est endormi.
Le père Noël est uniquement représenté de dos. Il faut donc bien expliquer de qui il s'agit.

TPS PS
père Noël, es-tu là ?
Ninie
© Milan • 2010 • 13,90€
Les lutins cherchent le père Noël qui n'est pas prêt, mais se prépare au fil des pages.
Pour faciliter la compréhension, prendre une voix aiguë pour les paroles des lutins et une voix grave lorsque le père Noël répond.

TPS PS
P'tit Loup prépare Noël
Orianne Lallemand et Éléonore Thuillier
© Auzou • 2014 • 4,95€
Noël va bientôt arriver et P'tit Loup a hâte de le fêter ! À la maison, à l'école, avec ses parents, P'tit Loup prépare la fête… Mais que Noël est long à venir !
Peu d'obstacles dans cet album.

TPS PS
T'choupi fête Noël
Thierry Courtin
© Nathan • 2016 • 5,70€
Demain, c'est Noël ! T'choupi a encore beaucoup de choses à préparer…
Le texte étant écrit essentiellement en dialogues, il faut bien changer de voix pour chaque personnage afin de faciliter la compréhension. L'ellipse entre le soir et le matin est à expliquer.

AUTRES ALBUMS SUR NOËL

TPS PS
Coucou, père Noël !
Émile Jadoul
© Bayard Jeunesse • 2019 • 5,90€
C'est la nuit de Noël. Tout le monde dort, sauf l'oiseau, le chat et le chien qui attendent impatiemment le père Noël. Ils décident alors de l'appeler…
La difficulté réside dans le changement de lieu entre l'intérieur et l'extérieur de la maison (ellipse spatiale). Une discussion autour des illustrations facilitera la compréhension.

TPS PS
Une journée avec le père Noël
Soledad Bravi
© L'école des loisirs • 2016 • 11,70€
Voici comment se passe la journée du père Noël avant la distribution des cadeaux.
La seule difficulté réside dans la blague faite par le père Noël. À expliquer lors d'un échange langagier.

TPS PS
Je m'habille et je t'apporte un cadeau !
Bénédicte Guettier
© L'école des loisirs • 2014 • 5€
Le père Noël s'habille au fil des pages, ce qui permet de nommer ses différents attributs.
Le format du livre peut être une difficulté matérielle pour les activités en grand groupe. Il est possible de le travailler en petit groupe ou d'utiliser un diaporama réalisé à partir de photos.

PS
Noyeux Joël !
Stéphanie Blake
© L'école des loisirs • 2011 • 12,70€
Simon a peur que le père Noël ne voie pas sa maison à cause de la neige. Il décide alors de lui construire une piste d'atterrissage.
Pour faciliter la compréhension, prendre une voix différente pour les dialogues. Sur une des doubles pages, les personnages apparaissent deux fois. Il est possible d'utiliser un cache.

IMAGIERS ET DOCUMENTAIRES SUR NOËL

TPS
KIDIDOC
Mon imagier de Noël
Nathalie Choux
© Nathan • 2011 • 8,40€
Un imagier de Noël animé clairement illustré, solide et parfaitement adapté aux tout-petits.
Pas de réel obstacle dans cet imagier, si ce n'est que les illustrations, par leur nature, sont plus difficiles à identifier que des photos.

PS
MON IMAGIER ANIMÉ
Noël
Ella Bailey
© Gallimard jeunesse • 2017 • 8,90€
Un imagier animé sur Noël avec des animations et des questions.
Relativement fragile, il est plutôt adapté aux classes de PS.

TPS PS
KIDIDOC
Vive Noël !
Marion Billet
© Nathan • 2018 • 11,95€
Un documentaire à toucher animé pour découvrir l'univers et le vocabulaire de Noël.
Les illustrations sont un peu chargées.

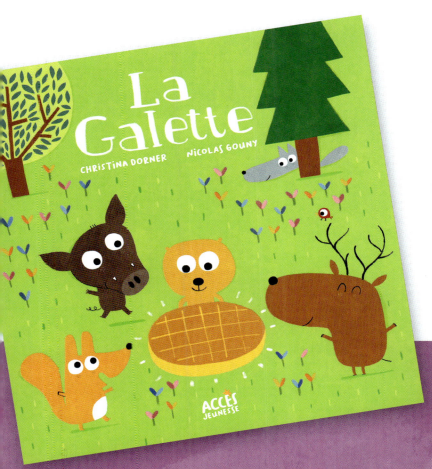

L'ALBUM SOURCE
La galette

LE PROJET
Préparer la fête des rois

TPS-PS janvier

La galette

**112 Présentation de la thématique
Présentation de l'album source**

113 Organigramme du projet

114 Découverte de l'album source
1 Découvrir les marottes de l'histoire
2 Découvrir les mots de l'histoire
3 Écouter l'histoire racontée

115 Appropriation de l'album source
1 Écouter la lecture de l'album
2 Associer deux représentations d'un même mot
3 Comprendre les ellipses spatiales et l'implicite **PS**
4 Retrouver l'illustration qui correspond au texte entendu **PS**
5 Identifier les états mentaux du personnage principal **PS**
6 Jouer les scènes de l'album **PS**

117 Projet
Adhérer au projet de la classe
Réaliser un quadrillage et laisser des traces
Décorer des couronnes et tracer un quadrillage
Danser et chanter sur LA BONNE GALETTE
Nommer les ingrédients et les ustensiles d'une recette
Réaliser la galette en respectant la recette
Partager la galette
Raconter la recette et la dégustation à partir des photos

120 Comptines et chansons

121 Activités complémentaires

122 Réseau

LA GALETTE

Présentation de la thématique

Pourquoi étudier la galette ?
Fête religieuse à l'origine, l'Épiphanie est devenue un moment festif attendu par les petits et les grands pour partager un dessert bien ancré dans la culture française dans lequel se cache une fève. Les enfants n'espèrent qu'une chose : la trouver pour pouvoir devenir le roi ou la reine de la journée. De plus, la fête des rois est propice à de nombreux projets, ce qui peut justifier son intérêt pédagogique.

Quand étudier la galette ?
Il est judicieux d'étudier la galette au moment de la fête des rois, dès le début du mois de janvier au retour des vacances de Noël, aussi bien en TPS qu'en PS.

RÉPARTITION DES APPRENTISSAGES

Présentation de l'album source

Une marmotte décide de faire une galette, mais elle n'a pas tous les ingrédients nécessaires. Heureusement, ses amis l'aident à les trouver.
La galette est une histoire en randonnée autour de la réalisation d'une galette

Les intérêts de l'album source
L'album source met en scène des animaux attachants, ce que les élèves apprécient. Les couleurs vives utilisées par Nicolas Gouny le rendent en outre particulièrement attrayant.
La structure répétitive de cette histoire en randonnée permet aux élèves de s'approprier le texte et de le mémoriser facilement. Le vocabulaire employé est à la portée des jeunes élèves et le texte et les images sont complémentaires. Cet album participe de plus à la construction du personnage archétypique du loup.
Enfin, la fin ouverte est propice au questionnement et encourage les élèves à s'exprimer.

Les obstacles de l'album source
L'obstacle le plus important de cet album réside dans le passage d'un décor intérieur à un décor extérieur. Il est donc judicieux de bien verbaliser ce paramètre afin que les élèves soient en mesure de comprendre où se situe chaque scène. Pour comprendre la fin de l'histoire, les élèves ont besoin que l'enseignant les amène à expliciter pourquoi les animaux s'enfuient dans la montagne à la vue du loup.
Par ailleurs, il est important que l'enseignant dramatise sa lecture en changeant de voix pour les différents personnages afin de permettre aux élèves de différencier la narration des paroles des animaux.

La galette
Christina Dorner et Nicolas Gouny
© Accès jeunesse • 2020 • 12€

Le vocabulaire autour de l'album et du projet

VERBES toquer, rentrer, revenir, suffire, cuisiner, mélanger, étaler, recouvrir, ouvrir, cuire, s'enfuir, dévorer, laisser.

NOMS une galette, une marmotte, un écureuil, un sanglier, un cerf, un loup, des amis, une maison, une porte, une poignée, du sucre, du beurre, des amandes, de la pâte, une pâte feuilletée, une moitié, un moule, un mélange, une fève, un four, une voix, la montagne, une odeur.

ADJECTIFS collant, attiré.

EXPRESSION sauve-qui-peut.

112

Organigramme du projet

Apprendre ensemble et vivre ensemble
- adhérer au projet de la classe
- participer à une ronde
- partager la galette

Mobiliser le langage dans toutes ses dimensions
- comprendre et jouer une histoire pour découvrir la fête des rois
- nommer les ingrédients et les ustensiles d'une recette de galette
- découvrir et suivre une recette
- raconter la recette et la dégustation à partir des photos

PRÉPARER LA FÊTE DES ROIS

Agir, s'exprimer et comprendre à travers l'activité physique
- danser ensemble sur LA BONNE GALETTE
- former une ronde

Agir, s'exprimer et comprendre à travers les activités artistiques
- laisser des traces **TPS**
- réaliser un quadrillage **PS**
- décorer des couronnes et tracer un quadrillage
- apprendre et chanter la chanson LA BONNE GALETTE

Construire les premiers outils pour structurer sa pensée
- trier des objets selon la couleur

Explorer le monde
- découvrir une fête calendaire
- observer le changement de matière lors de la cuisson
- réaliser la galette en respectant la recette

La galette

DÉCOUVERTE DE L'ALBUM SOURCE

1
- les *marottes des personnages*
- une bande de papier noir de format 25 x 65 cm

2
- les *mots illustrés* : une galette, un placard, du sucre, du beurre, des amandes, de la pâte feuilletée, un moule, une fève, un four, une marmotte, un sanglier, un cerf, un écureuil, un loup, toquer, dévorer
- la mascotte de la classe et son sac ou un sac à toucher

3
- les *marottes des personnages*
- les *éléments de l'album*
- un castelet (voir *Trucs & Astuces* page 25)
- un petit saladier transparent
- une petite cuillère en bois

---

1 Découvrir les marottes de l'histoire

☆ **Petit ou grand groupe en regroupement**

⏱ **10 minutes**

● L'enseignant accroche les marottes au tableau avec de la pâte à fixer et les cache avec une feuille noire tenue par un aimant en laissant dépasser les bâtonnets.

● À tour de rôle, les élèves tirent une marotte et la décrivent.

● L'enseignant nomme les personnages et leur demande de répéter.

2 Découvrir les mots de l'histoire

☆ **Petit ou grand groupe en regroupement**

⏱ **10 minutes**

● Par l'intermédiaire de la mascotte de la classe, l'enseignant apporte aux élèves des mots illustrés qui leur permettront de mieux comprendre l'histoire lue le lendemain.

● Les mots sont placés dans le sac de la mascotte ou un sac à toucher.

● À tour de rôle, les élèves piochent un mot illustré et tentent de le nommer.

● L'enseignant valide en lisant le mot.

● Il amène ensuite les élèves à faire appel à leur vécu en leur demandant s'ils connaissent le mot en question.

☺ *Ces mots peuvent être affichés dans la classe le temps du projet, puis stockés dans une boite à mots.*

DIFFÉRENCIATION En fonction du niveau des élèves, il est possible d'ajouter des mots ou de faire plusieurs séances de découverte du vocabulaire.

3 Écouter l'histoire racontée

☆ **Petit ou grand groupe en regroupement**

⏱ **10 minutes à réitérer**

● L'enseignant explique aux élèves qu'il va leur raconter une histoire à partir des personnages découverts précédemment.

● Il raconte alors l'histoire de la galette en faisant apparaitre les personnages et les éléments les uns après les autres. Au fur et à mesure du déroulement de l'histoire, les ingrédients sont placés dans le saladier.

☺ *Cette séance est réitérée. Les éléments et les personnages peuvent être laissés à la disposition des élèves lors de l'accueil.*

114

APPROPRIATION
DE L'ALBUM SOURCE

1 - l'album *La galette*

2 - les *mots illustrés* : une galette, un placard, du sucre, du beurre, des amandes, de la pâte feuilletée, un moule, une fève, un four, une marmotte, un sanglier, un cerf, un écureuil, un loup, une couronne
- les *illustrations de l'album*

3 - l'album *La galette*
- des fèves

---

1 Écouter la lecture de l'album

⭐ **Petit ou grand groupe en regroupement**
⏱ **10 minutes à réitérer**

- L'enseignant montre l'objet livre aux élèves. Il les laisse s'exprimer et les amène à remarquer que les personnages de la couverture sont les mêmes que ceux de l'histoire racontée précédemment.
- Il montre le titre et le lit.
- Il commence alors la lecture de l'album en changeant de voix pour les différents personnages. Pendant la lecture, il peut pointer du doigt sur l'image le personnage qui parle.
- À la fin de la lecture, il demande aux élèves s'ils ont apprécié l'histoire et quel est leur personnage préféré.

DIFFÉRENCIATION La dernière étape peut être menée lors d'une autre séance.

😊 *Cette séance est réitérée afin que les élèves s'approprient l'histoire.*

2 Associer deux représentations d'un même mot

⭐ **Petit ou grand groupe en regroupement**
⏱ **10 minutes**

- L'enseignant montre les mots et demande aux élèves de les nommer.
- Il montre ensuite les illustrations de l'album.
- Au fur et à mesure, les élèves associent les mots illustrés et les illustrations en les nommant.

3 Comprendre les ellipses spatiales et l'implicite **PS**

⭐ **Petit ou grand groupe en regroupement**
⏱ **10 minutes**

- L'enseignant commence par demander le nom de l'album étudié.
- Il montre la première double page. Il demande aux élèves où se trouvent les personnages et pourquoi le décor est vert.
- Il réitère la question pour la double page suivante.

- Il amène les élèves à comprendre que la marmotte entre et sort de sa maison et que c'est pour cela que le décor change. Pour illustrer son propos, il peut passer de l'intérieur à l'extérieur de la classe.
- Il montre alors les doubles pages suivantes et laisse les élèves verbaliser le changement de lieu.
- En arrivant à la dernière double page, il s'arrête sur la phrase : mais où est donc passée la fève ?
- Il demande aux élèves s'ils savent ce qu'est une fève et leur en montre.
- Il amène alors les élèves à émettre des hypothèses sur le devenir de la fève.

APPROPRIATION
DE L'ALBUM SOURCE

4
- 4 à 6 *images séquentielles*
- l'album *La galette*

5
- l'album *La galette*

6
- l'album *La galette*
- les *couronnes des personnages* (voir *Trucs & Astuces* page 24)
- les ingrédients issus des *illustrations de l'album*

---

4 Retrouver l'illustration qui correspond au texte entendu PS

☆ **Petit ou grand groupe en regroupement**

⏱ **10 minutes à réitérer**

- L'enseignant commence par demander aux élèves de chercher l'album qu'ils sont en train d'étudier et de le nommer.

- Il pose au sol ou affiche au tableau les illustrations afin que les élèves puissent les voir.

- Sans montrer les illustrations, il lit le texte en s'arrêtant à chaque double page dont l'illustration est sélectionnée. Les élèves montrent l'image qui correspond au texte lu.

- Une vérification est faite par la visualisation de l'image du livre.

5 Identifier les états mentaux du personnage principal PS

☆ **Petit ou grand groupe en regroupement**

⏱ **10 minutes**

- L'enseignant demande aux élèves de chercher l'album qu'ils sont en train d'étudier et de le nommer.

- Par son questionnement, il les amène à expliciter les états mentaux de la marmotte tout au long de l'histoire : *Que veut faire la marmotte ? Comment est-elle ? Est-elle contente ? Pourquoi ? Que se passe-t-il après ? Que ressent-elle à ce moment ?*

- Il est possible de s'appuyer sur les illustrations de l'album pour aider les élèves à répondre plus facilement.

6 Jouer les scènes de l'album PS

☆ **Petit groupe ou demi-classe en regroupement**

⏱ **10 minutes à réitérer**

- L'enseignant propose à un élève de retrouver l'album lu précédemment dans la bibliothèque et demande aux élèves s'ils se souviennent de son titre.

- Il montre les couronnes aux élèves, en leur expliquant qu'il va avoir besoin d'enfants pour jouer l'histoire. Il donne une couronne à chaque volontaire.

- Il commence la lecture sans montrer les illustrations. Les élèves dotés de la couronne du personnage nommé réalisent l'action lue.

- Une seconde lecture est faite avec d'autres volontaires.

- Ces outils sont mis à disposition des élèves à l'accueil afin qu'ils s'entraînent à raconter l'histoire en autonomie.

PROJET Préparer la fête des rois

Grand groupe en regroupement
10 minutes
- l'album *La galette*

👥 Adhérer au projet de la classe

- L'enseignant propose aux élèves de réaliser une galette comme les animaux de l'album.
- Par des questions, il les amène à verbaliser qu'ils ont besoin d'une recette pour réaliser la galette. Il leur demande de quel objet ils auront besoin lors de la dégustation.
- Si les enfants ne proposent pas d'eux-mêmes de fabriquer des couronnes, l'enseignant leur demande ce qui se passera pour la personne qui trouvera la fève dans la galette.
- Il introduit alors les termes de ROI et REINE et leur propose d'apprendre une chanson à chanter lors de la dégustation de la galette.
- Il entonne la chanson LA BONNE GALETTE qui sera apprise par les élèves par imprégnation tout au long du projet.
- Il leur demande si une galette suffit pour toute la classe. Les élèves proposent d'en réaliser deux.

Activité avec l'ATSEM de 4 à 6 élèves
10 minutes
- la galette issue des *illustrations de l'album*
- une feuille ronde de 20 cm de diamètre par élève

TPS
- de la gouache orange mélangée avec du sucre
- une fourchette par élève

PS
- des bandes jaunes et orange
- de la colle

🖌 Réaliser un quadrillage et laisser des traces

- L'adulte montre la galette de l'album et propose aux élèves d'en réaliser une en papier pour illustrer la chanson LA BONNE GALETTE.
- **TPS** Les élèves remplissent la feuille avec de la peinture orange mélangée avec du sucre. Ils laissent ensuite des traces dans la peinture avec une fourchette.
- **PS** Les élèves essayent de réaliser un quadrillage avec les bandes sur leur feuille ronde, puis ils les collent.

Activités avec l'ATSEM de 4 à 6 élèves
2 x 10 minutes
- une bande de 65 x 16 cm par élève
- des rouleaux
- de la peinture acrylique dorée et argentée

PS
- de la peinture acrylique bleue et violette
- des cotons-tiges

TPS
- des petits carrés de papier affiche de différentes couleurs
- de la colle

🖌 Décorer des couronnes et tracer un quadrillage

- Étape 1
  Les élèves remplissent la bande avec la peinture acrylique or ou argent au choix.
- Étape 2
  PS Sur plan vertical, les élèves tracent un quadrillage avec un coton-tige et de la peinture acrylique bleue ou violette.
  TPS Les élèves collent de petits carrés de papier affiche sur la bande.

Des triangles sont découpés dans les bandes pour leur donner une forme de couronne.

PROJET Préparer la fête des rois

Grand groupe en salle de motricité

15 minutes
- la chanson *LA BONNE GALETTE*
- un lecteur audio

MON CARNET DE SUIVI
Je participe à une ronde
page 21

Danser et chanter sur LA BONNE GALETTE

Au préalable, les élèves ont appris à faire une grande ronde. Si ce n'est pas le cas, un tracé circulaire est tracé au sol avec une craie ou du ruban adhésif coloré.

- L'enseignant demande aux élèves s'ils se souviennent de la chanson découverte précédemment.
- Il les laisse d'abord s'exprimer, puis leur fait écouter la chanson.
- Il les invite ensuite à se lever et à former une grande ronde en se servant du tracé au sol. L'ATSEM participe à la ronde pour aider l'enseignant. Un enfant est placé au centre de la ronde.
- L'enseignant lance ensuite la musique et invite les élèves à reproduire ses mouvements : frapper des mains sur QUI FERA LA BONNE GALETTE ? LA GALETTE, QUI LA MANGERA ? Pointer un doigt vers l'enfant placé au centre de la ronde sur CE SERA TOI, puis sur soi-même sur CE SERA MOI, ouvrir les deux mains sur CE SERA CELLE QUE TU CHOISIRAS. L'enfant au centre choisit un camarade qui le rejoint pour former une ronde à deux. Ils tournent sur ET VOILÀ LE ROI ET LA REINE ET VOILÀ LA REINE ET LE ROI pendant que le reste de la classe frappe dans les mains.

Petit ou grand groupe en regroupement

10 minutes
- la *recette de la galette des rois*
- les ingrédients et les ustensiles de la recette
- d'autres ingrédients et ustensiles intrus

Nommer les ingrédients et les ustensiles d'une recette

- L'enseignant montre les ingrédients et demande aux élèves s'ils vont avoir besoin de tous ces ingrédients. Il les laisse rechercher l'information sur la recette illustrée.
- Il procède de la même manière pour les ustensiles.

118

☆ **Activité dirigée en demi-classe**

⏱ **20 à 30 minutes**
- la *recette de la galette des rois* ☁
- les ingrédients
- les ustensiles
- un appareil photo
- 2 fèves

🧪 Réaliser la galette en respectant la recette

- Pour cette séance, il est possible de faire appel à un parent.
- L'enseignant montre la recette et demande aux élèves ce dont il s'agit.
- Il invite ensuite les élèves à suivre les étapes les unes après les autres.
- Ils réalisent alors la galette collectivement.

- Des photos sont prises pendant la réalisation.

☆ **Grand groupe sur tables**

⏱ **10 à 15 minutes**
- les deux galettes réalisées collectivement
- les couronnes réalisées par les élèves
- un appareil photo

👥 Partager la galette

- L'élève le plus jeune de la classe va sous la table.
- À l'aide des étiquettes de la classe, il choisit à qui est donnée chaque part.
- Les élèves qui reçoivent la fève mettent leur couronne sur la tête.
- Des photos sont prises.

☆ **Petit ou grand groupe en regroupement**

⏱ **10 minutes**
- les photos de la recette

💬 Raconter la recette et la dégustation à partir des photos

- L'enseignant montre les photos et amène les élèves à raconter ce qu'ils ont fait.
- Des phrases sont notées par l'enseignant et un affichage à destination des parents est réalisé.

COMPTINES ET CHANSONS
AUTOUR DE LA GALETTE

J'AIME LA GALETTE

J'aime la galette

Savez-vous comment ?

Quand elle est bien faite

Avec du beurre dedans

Tralalala lalala lalère

Tralalala lalala lala

LA BONNE GALETTE

Qui fera la bonne galette ?

La galette qui la mangera ?

Ce sera toi, ce sera moi,

Ce sera celle que tu choisiras !

1, 2, 3, 4, 5, 6

Et voilà le roi et la reine !

Et voilà la reine et le roi !

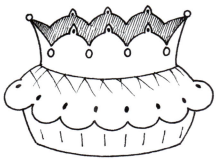

LA FÊTE DES ROIS
Christina Dorner

La galette est dans le four

La fève est dans la galette

La couronne est sur ma tête !

JE SUIS LA GALETTE

Je suis la galette, la galette, la galette

Je suis faite avec du blé

Ramassé dans le grenier

On m'a mise à refroidir

Mais j'ai mieux aimé courir

Attrape-moi, si tu peux !

Roule galette
© Flammarion jeunesse

ACTIVITÉS COMPLÉMENTAIRES

AUTRES PROJETS POSSIBLES
- réaliser des masques pour théâtraliser l'histoire (voir *Les animaux de la ferme* pages 183 à 194)
- réaliser un tapis à raconter de l'histoire (voir *Les trois petits cochons* pages 195 à 206)

TRACES À SUIVRE
Découvrir la notion de quadrillage
Tracer un quadrillage
pages 58 à 62

VERS L'AUTONOMIE
VERS L'AUTONOMIE
Représenter un quadrillage
page 121

AUTRES ACTIVITÉS POSSIBLES AUTOUR DE LA THÉMATIQUE
- jouer au *loto des ingrédients de la galette*
- identifier des *ingrédients intrus* dans la recette
- graver un quadrillage dans la pâte à modeler
- réaliser un quadrillage en collant des bandes de papier sur une feuille ronde
- réaliser un quadrillage avec de la peinture et une fourchette sur une feuille ronde
- réaliser un quadrillage avec du matériel (assiette en carton, boudins d'aluminium)

AUTRES ACTIVITÉS POSSIBLES AUTOUR DE L'ALBUM SOURCE
- écouter la *version sonore* de l'album
- coller de petits morceaux de papier coloré sur son *personnage* préféré
- associer l'animal et l'ingrédient qu'il apporte
- mettre en avant les états mentaux des personnages

AUTRES ACTIVITÉS POSSIBLES À PARTIR DE LIVRES EN RÉSEAU (VOIR PAGES 18 À 19)
- feuilleter et regarder des livres autour de la galette
- écouter la lecture d'albums sur la galette
- attribuer des personnages aux albums dont ils sont issus
- comparer les états mentaux de deux personnages autour d'une même problématique

RÉSEAU AUTOUR DE LA GALETTE

AUTRES ALBUMS UTILISABLES COMME ALBUM SOURCE

TPS PS
Crocolou aime la galette
Ophélie Texier
© Actes sud • 2013 • 7,80 €

Aujourd'hui, c'est la fête de l'Épiphanie. Crocolou se rend à la boulangerie avec sa sœur Marilou et sa maman pour acheter une galette. Qui aura la fève ?
Changer de voix pour distinguer les dialogues de la narration permet d'en faciliter la compréhension.

TPS PS
P'TIT LOUP est le roi de la galette
Éléonore Thuillier et Orianne Lallemand
© Auzou • 2015 • 4,95 €

C'est le jour de la galette des rois. P'tit Loup est chargé de la cuisiner. Qui aura la fève ?
Pas d'obstacle particulier pour cet album. Un changement de voix pour chaque personnage lors de la lecture permet d'en faciliter la compréhension.

TPS PS
L'ÂNE TROTRO Le roi de la galette
Bénédicte Guettier
© Gallimard jeunesse • 2013 • 5,60 €

Pour fêter les rois, Trotro a invité ses amis. Il a fait tout seul la galette, enfin presque tout seul… Am, stram, gram, c'est Boubou qui passe sous la table pour distribuer les parts. Mais qui va avoir la fève ?
Pas d'obstacle particulier pour cet album. Un changement de voix pour chaque personnage lors de la lecture permet d'en faciliter la compréhension.

TPS PS
T'choupi aime la galette
Thierry Courtin
© Nathan • 2016 • 5,70 €

T'choupi et sa famille sont réunis autour de la galette des rois. Qui aura la fève ? Qui sera le roi ? La reine ?
Pas d'obstacle particulier pour cet album. Un changement de voix pour chaque personnage lors de la lecture permet d'en faciliter la compréhension.

TPS PS
Petit Ours Brun mange la galette des rois
Marie Aubinais et Danièle Bour
© Bayard jeunesse • 2019 • 5,50 €

Petit Ours Brun et Petit Ours Gris vont manger la galette des Rois. Petit Ours Brun a distribué les parts. Qui aura la fève ?
Changer de voix pour distinguer les dialogues de la narration permet d'en faciliter la compréhension.

AUTRES LIVRES AUTOUR DE LA GALETTE

PS
Roule Galette
Natha Caputo et Pierre Belvès
© Flammarion jeunesse • 2018 • 12 €

Une galette s'enfuit de la maison en se laissant glisser par la fenêtre. Elle roule, roule, roule sur un chemin, chante et échappe à la convoitise du lapin, du loup et de l'ours. Mais quand le renard l'attire, le danger est redoutable.
Pour réellement comprendre cette histoire, les enfants devraient être en mesure d'appréhender la ruse du renard, ce qui est compliqué en PS.

PS
La petite galette ronde
Christina Dorner et Cécile Hudrisier
© Accès jeunesse • 2021 • 12 €

Roule, roule, roule… Qui arrivera à attraper et à croquer la délicieuse petite galette ronde ?
Pour réellement comprendre cette histoire, les enfants devraient être en mesure d'appréhender la ruse du renard, ce qui est compliqué en PS.

PS
J'aime la galette
Martine Bourre
© Didier Jeunesse • 2008 • 5,50 €

La comptine de la galette dans un petit théâtre aux illustrations poétiques.

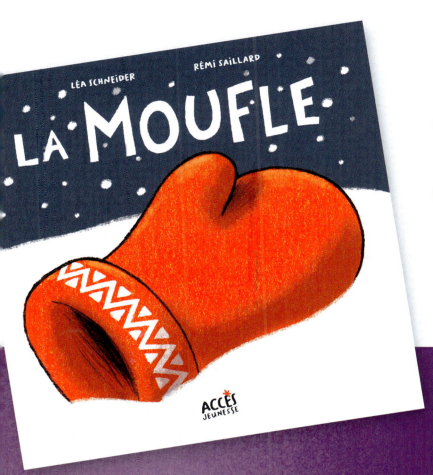

L'ALBUM SOURCE
La moufle

LE PROJET
Fabriquer un nichoir

PS janvier à mars

L'hiver

**124 Présentation de la thématique
Présentation de l'album source**

125 Organigramme du projet

126 Mise en situation
1 Observer l'hiver avec ses sens
2 Décrire l'hiver à travers les photos de la sortie
3 Décrire une moufle

127 Découverte de l'album source
1 Découvrir les personnages et les éléments de l'histoire
2 Découvrir les mots de l'histoire
3 Écouter l'histoire racontée

128 Appropriation de l'album source
1 Écouter la lecture de l'album
2 Jouer l'histoire avec son corps
3 Jouer l'histoire avec les personnages et les éléments de l'album
4 Caractériser le froid à travers les ressentis des personnages
5 Comprendre la fin de l'histoire
6 Comprendre les états mentaux des personnages

130 Projet
Adhérer au projet de la classe
Découper de petits morceaux de papier
Coller des papiers pour décorer le nichoir
Décorer le nichoir avec des points
Transvaser des graines
Remplir les nichoirs et les installer

132 Comptines et chansons

133 Activités complémentaires

134 Réseau

L'HIVER

Présentation de la thématique

RÉPARTITION DES APPRENTISSAGES

Pourquoi étudier l'hiver ?
Observer les manifestations des saisons au cours de l'année avec les élèves leur permet progressivement de se repérer dans le temps.

Quand étudier l'hiver ?
Il est judicieux d'étudier l'hiver lors de la période 3, qui est généralement la plus froide de l'année, de manière à ce que les élèves puissent appréhender le froid ressenti par les personnages de l'album. Bien qu'il s'agisse d'une version épurée du conte, l'album est plutôt recommandé pour les élèves de PS.

Présentation de l'album source

Une moufle est tombée dans la neige. Des animaux de plus en plus gros s'y glissent pour se protéger du froid, jusqu'à ce qu'un d'entre eux la fasse craquer...

Les intérêts de l'album source
L'album source met en scène des animaux attachants, ce que les élèves apprécient.

Il s'agit d'une histoire en randonnée, dont la structure répétitive permet aux élèves de s'approprier le texte et de le mémoriser facilement. Le vocabulaire employé est à la portée des jeunes élèves, ce qui ne l'empêche pas d'être riche au niveau du champ lexical du froid.

Le grand point fort de cette version du conte vient de sa structure binaire qui s'appuie sur l'alternance intérieur / extérieur permettant de bien mettre en évidence l'évolution de la situation à l'intérieur de la moufle à l'arrivée de chaque nouvel animal. Les illustrations de Rémi Saillard sont riches et permettent une réelle interprétation des émotions des personnages, ce qui est propice à la description et à la discussion en groupe.

Les obstacles de l'album source
Le principal obstacle de l'album source réside dans le passage de l'intérieur à l'extérieur de la moufle. Néanmoins, cet obstacle est minime comparé à d'autres versions de ce conte, car les décors de l'intérieur de la moufle et de l'extérieur ne changent pas d'une scène à l'autre. Le fait de jouer le conte en manipulant les personnages et en les faisant passer de l'extérieur à l'intérieur devrait en outre complètement effacer cet obstacle.

Une observation fine des illustrations avec les élèves devrait leur permettre de bien comprendre les buts, les ressentis et les émotions des personnages.

La souris trouve la moufle bien confortable, mais elle a toujours un peu froid.

– Bonjour souris,
bonjour hérisson,
bonjour lapin,
bonjour renard,
bonjour sanglier !
Pouvez-vous me faire une petite place ?
– Bien sûr ! Viens te réchauffer. Nous allons nous serrer.

Le vocabulaire autour de l'album et du projet

VERBES tomber, passer par, se glisser, se réchauffer, arriver, grelotter, se réfugier, se réchauffer, se serrer, apercevoir, glisser, survenir, s'approcher, claquer des dents, avoir froid, avoir chaud, entrer, profiter, éclater.

NOMS une moufle, un gant, l'hiver, le froid, la chaleur, la neige, une souris, un hérisson, un lapin, un renard, un sanglier, un ours, une fourmi, une oreille, un museau, un groin, un morceau.

ADJECTIFS petit, confortable, froid, glacé, gelé, givré.

ADVERBE discrètement.

EXPRESSIONS il n'y a plus de place, en mille morceaux.

La moufle
Léa Schneider et Rémi Saillard
© Accès jeunesse • 2020 • 12€

Organigramme du projet

Mobiliser le langage dans toutes ses dimensions
- mémoriser le vocabulaire du froid par le biais d'un conte patrimonial
- écouter, comprendre et jouer une histoire pour découvrir les caractéristiques de l'hiver
- rappeler les étapes du projet

Apprendre ensemble et vivre ensemble
- adhérer au projet de la classe

FABRIQUER UN NICHOIR

Agir, s'exprimer et comprendre à travers les activités artistiques
- découper de petits morceaux de papier
- coller des papiers pour décorer le nichoir
- décorer le nichoir avec des points

Explorer le monde
- découvrir la vie des oiseaux en hiver
- savoir ce que mangent les oiseaux
- découvrir les caractéristiques d'une saison
- transvaser des graines
- découvrir un objet et sa fonction

L'hiver

MISE EN SITUATION

1 - un appareil photo

2 - les photos de la sortie

3 - une paire de moufles
- une paire de gants
- un sac à toucher

1 Observer l'hiver avec ses sens
☆ **Grand groupe dans la cour ou en sortie près de l'école**
⏱ **30 minutes**

- L'enseignant demande aux élèves de s'habiller chaudement et leur propose de sortir pour observer l'hiver.
- Il les amène à décrire leur ressenti sur la température.
- Il leur demande ensuite d'écouter les bruits : entendent-ils des oiseaux ?
- Il les incite à rechercher des traces d'insectes et d'oiseaux. Le givre présent sur l'herbe ou les arbres est observé et touché.

- L'enseignant amène les élèves à verbaliser leurs sensations.
- Il prend des photos pour garder une trace de la sortie.

2 Décrire l'hiver à travers les photos de la sortie
☆ **Petit ou grand groupe en regroupement**
⏱ **10 minutes**

- L'enseignant montre les photos les unes après les autres et laisse les élèves s'exprimer.
- Il pose des questions pour les amener à décrire les caractéristiques de l'hiver : il fait froid, le ciel est gris, les animaux sont rares, l'herbe est gelée…

Les photos de la sortie peuvent être complétées par des photos de paysages d'hiver.

3 Décrire une moufle
☆ **Petit groupe ou demi-classe en regroupement**
⏱ **5 à 10 minutes**

- L'enseignant place au préalable le gant et la moufle dans le sac à toucher.
- Dans un premier temps, il propose à chaque élève de mettre sa main dans le sac, de décrire la texture de l'objet touché et d'imaginer ce dont il s'agit.
- Dans un second temps, deux élèves sortent les objets du sac. L'enseignant laisse les élèves s'exprimer, puis les amène à nommer les vêtements et à les comparer.

- Il leur demande également à quoi ils servent et pourquoi on en met.
- L'enseignant fait verbaliser la différence entre un gant et une moufle et leur point commun : ils servent à réchauffer et à ne pas avoir froid aux mains.

DIFFÉRENCIATION Il est possible d'ajouter une paire de mitaines pour diversifier le vocabulaire des élèves si leur niveau le permet.

DÉCOUVERTE
DE L'ALBUM SOURCE

1
- la *moufle* plastifiée
- les *personnages* plastifiés

2
- les *mots illustrés* : une moufle, une souris, un hérisson, un lapin, un renard, un sanglier, un ours, une fourmi, une oreille, un museau, un groin, des dents, la neige, se réchauffer, éclater, grelotter
- la mascotte de la classe et son sac ou un sac à toucher

3
- la *moufle* plastifiée
- les *personnages* plastifiés

---

1 Découvrir les personnages et les éléments de l'histoire

☆ **Petit ou grand groupe en regroupement**

⏲ **10 minutes**

- L'enseignant place la moufle et les personnages un à un au tableau. Dans un premier temps, il laisse les élèves s'exprimer.
- Dans un second temps, il les amène à nommer les personnages un à un.

- Si les élèves ne connaissent pas les mots, l'enseignant pourra les dire et leur demander de répéter.

2 Découvrir les mots de l'histoire

☆ **Petit ou grand groupe en regroupement**

⏲ **10 minutes**

- Par l'intermédiaire de la mascotte de la classe, l'enseignant apporte aux élèves des mots illustrés qui leur permettront de mieux comprendre l'histoire lue le lendemain.
- Les mots sont placés dans le sac de la mascotte ou un sac à toucher.
- À tour de rôle, les élèves piochent un mot illustré et tentent de le nommer.
- L'enseignant valide en lisant le mot.
- Il amène ensuite les élèves à faire appel à leur vécu en leur demandant s'ils connaissent le mot en question.

😊 *Ces mots peuvent être affichés dans la classe le temps du projet, puis stockés dans une boîte à mots.*

- Différentes activités peuvent être réalisées avec ces mots pour que les élèves les mémorisent : jeu de Kim, Memory, association d'un mot et d'une illustration du livre.

DIFFÉRENCIATION En fonction du niveau des élèves, il est possible d'ajouter des mots ou d'en mettre moins.

3 Écouter l'histoire racontée

☆ **Petit ou grand groupe en regroupement**

⏲ **10 minutes à réitérer**

- L'enseignant explique aux élèves qu'il va raconter une histoire à partir des personnages découverts précédemment.
- Il raconte alors l'histoire en faisant apparaître la moufle, puis chaque animal l'un après l'autre.

- Cette séance est réitérée et le matériel laissé à disposition des élèves.

APPROPRIATION
DE L'ALBUM SOURCE

1 - l'album **La moufle**

2 - un foulard par élève

3 - la *moufle* plastifiée
- les *personnages* plastifiés
- l'album **La moufle**

---

1 Écouter la lecture de l'album

☆ **Petit ou grand groupe en regroupement**

⏱ **10 minutes à réitérer**

- L'enseignant montre l'objet livre aux élèves.
- Il les laisse s'exprimer sur la couverture et les amène à remarquer qu'il s'agit de la même moufle que celle de l'histoire racontée précédemment.
- L'enseignant lit le titre en le montrant, puis commence la lecture de l'album en changeant de voix pour les différents personnages.

- À la fin de la lecture, il demande aux élèves s'ils ont apprécié l'histoire et quel est leur animal préféré.

DIFFÉRENCIATION En fonction de l'attention et du niveau des élèves, cette activité peut nécessiter deux séances.

2 Jouer l'histoire avec son corps

☆ **Grand groupe en salle de motricité**

⏱ **20 minutes à réitérer**

- Chaque élève reçoit un foulard.
- Dans un premier temps, les élèves manipulent le foulard librement. L'enseignant observe les élèves et relève les gestes intéressants en lien avec le vocabulaire de l'album : faire tomber le foulard, le glisser sur le visage, se couvrir avec.

- Dans un second temps, l'enseignant propose aux élèves de jouer l'histoire avec leur corps et le foulard, celui-ci représentant la moufle. Il raconte l'histoire et invite les élèves à mimer les différentes actions des animaux avec le foulard.
- Pour finir, l'enseignant amène les élèves à verbaliser en mettant l'accent sur les verbes de l'histoire.

3 Jouer l'histoire avec les personnages et les éléments de l'album

☆ **Petit groupe ou demi-classe en regroupement**

⏱ **10 minutes à réitérer**

- L'enseignant demande à un élève de retrouver dans la bibliothèque de la classe l'album lu précédemment et de rappeler son titre.
- Pendant qu'il lit le texte sans montrer les illustrations, il propose aux élèves de jouer l'histoire avec les éléments : ils font tomber la moufle dans la neige, puis y font entrer les animaux un par un.

- Cette séance est réitérée et le matériel laissé à disposition des élèves.

MON CARNET DE SUIVI
Je sais dire le titre d'une histoire étudiée en classe
page 10

128

4 - les *personnages* plastifiés
- l'album *La moufle*

5 - l'album *La moufle*

6 - l'album *La moufle*

4 Caractériser le froid à travers les ressentis des personnages

☆ **Petit groupe ou demi-classe en regroupement**

⏱ **10 minutes**

- Avant d'ouvrir le livre, l'enseignant demande aux élèves s'ils se souviennent des personnages et les amène à les nommer.
- Il montre ensuite chaque double page dont l'action se déroule à l'extérieur de la moufle et lit le texte correspondant.
- Il amène les élèves à caractériser l'animal qui apparait en mettant l'accent sur ce qui montre qu'il a froid, aussi bien dans l'image que dans le texte.

- Pour mieux comprendre les personnages et leur attitude, l'enseignant fait appel au vécu des élèves et leur demander s'ils ont déjà eu froid.

5 Comprendre la fin de l'histoire

☆ **Petit ou grand groupe en regroupement**

⏱ **10 minutes**

- L'enseignant commence par demander le nom de l'album étudié et propose à un élève de le chercher à l'espace bibliothèque.
- Il montre aux élèves la dernière double page et les laisse la décrire librement. Il leur demande alors pourquoi la moufle a éclaté, et les amène à imaginer ce que les animaux vont faire ensuite.
- Il montre alors la quatrième de couverture et laisse les élèves s'exprimer sur ce que fait la fourmi.

6 Comprendre les états mentaux des personnages

☆ **Petit ou grand groupe en regroupement**

⏱ **10 minutes**

- L'enseignant commence par demander aux élèves de nommer l'album qu'ils sont en train d'étudier en classe et de le chercher à la bibliothèque.
- Il les amène à verbaliser ce que veulent les animaux et pourquoi.
- Il montre alors les pages une et une et leur demande de se concentrer sur les émotions des personnages. Les élèves remarquent que le dernier animal entré dans la moufle est toujours content, mais que les premiers arrivés sont de plus en plus mécontents.

- L'enseignant interroge les élèves sur la raison de ce mécontentement. S'ils ne parviennent pas à l'expliquer, il peut s'assoir sur un banc déjà plein en poussant volontairement les élèves qui s'y trouvent. Les enfants verbalisent alors qu'ils sont trop serrés et font le lien avec l'histoire.

PROJET Fabriquer un nichoir

⭐ **Grand groupe en regroupement**
⏱ **5 à 10 minutes**
– un nichoir ou une photo de nichoir

Adhérer au projet de la classe

- L'enseignant demande aux élèves de nommer la saison en cours et de la caractériser : il fait froid. Si besoin, il rappelle la sortie et le froid ressenti.
- Il leur propose alors de faire quelque chose pour aider les oiseaux des environs à mieux supporter le froid.
- Il leur montre un nichoir et les laisse s'exprimer. Il leur demande s'ils savent ce dont il s'agit, puis les interroge sur l'utilité de cette petite maison.
- L'enseignant nomme l'objet et leur demande d'imaginer où le placer et ce qu'on peut y mettre.

⭐ **Activité semi-dirigée de 6 à 8 élèves**
⏱ **10 minutes**
- des bandes de papier de soie de 1,5 cm de large
- une paire de ciseaux par élève
- une barquette par élève

Découper de petits morceaux de papier

- Les élèves découpent de petits morceaux de papier dans des bandes de papier de soie et les mettent dans une barquette.
- Si besoin, l'adulte intervient pour corriger la tenue des ciseaux.

VERS L'AUTONOMIE
Découper librement du papier
page 138

MON CARNET DE SUIVI
Je tiens correctement mes ciseaux et je découpe librement
page 27

⭐ **Activité autonome de 6 à 8 élèves**
⏱ **10 minutes**
- une blouse par élève
- un sous-main par élève ou de quoi protéger la table
- une bouteille en plastique par élève
- les morceaux de papier de soie découpés précédemment
- du verni colle

Coller des papiers pour décorer le nichoir

- Chaque élève dispose d'une bouteille.
- Il la recouvre de morceaux de papier de soie à l'aide d'un pinceau et de verni colle.

MON CARNET DE SUIVI
Je sais réaliser un collage
page 26

130

Activité avec l'ATSEM
de 6 à 8 élèves
10 minutes
- une blouse par élève
- les nichoirs réalisés précédemment
- de la peinture acrylique de différentes couleurs
- des cotons-tiges
- des bouchons en liège

TRACES À SUIVRE
Les points
pages 64 à 67

🖌 Décorer le nichoir avec des points

- Les élèves tracent des points à l'aide d'un coton-tige.

Après l'activité, un trou est découpé par un adulte pour permettre aux oiseaux d'entrer dans le nichoir. Une ficelle est nouée autour du goulot pour permettre de l'accrocher.

Activité autonome
de 6 à 8 élèves
10 à 15 minutes
- un bac
- une barquette contenant des graines
- différents récipients
- une cuillère à café par élève
- une pelle et une balayette

🧪 Transvaser des graines

- À l'aide d'une cuillère, les élèves transvasent les graines dans les différents récipients.
- Quand ils ont terminé, ils remettent les graines dans la barquette de départ et ramassent celles qui sont tombées par terre avec une pelle et une balayette.

VERS L'AUTONOMIE
Transvaser avec une cuillère
page 239

MON CARNET DE SUIVI
Je manipule la matière : je transvase, je malaxe, je transporte, je mets en mouvement
page 46

Activité dirigée
de 6 à 8 élèves
10 à 15 minutes
- les nichoirs réalisés par les élèves
- des graines
- une cuillère à café
- un petit escabeau

🧪👥 Remplir les nichoirs et les installer

Pour cette séance, un parent peut accompagner la classe pour aider l'enseignant.

- Dans un premier temps, l'enseignant amène les élèves à rappeler le projet en cours : *pourquoi les nichoirs ont-ils été fabriqués ? Que faut-il mettre à l'intérieur ?*
- Les élèves mettent ensuite des graines dans leurs nichoirs à l'aide d'une cuillère.
- Dans un second temps, l'enseignant leur propose d'installer les nichoirs dans la cour ou dans un autre lieu proche de l'école. Il peut s'aider d'un escabeau si besoin.

Les nichoirs peuvent aussi être emportés par les élèves à la maison.

AUTOUR DES LIVRES TPS-PS L'HIVER

COMPTINES ET CHANSONS
AUTOUR DE L'HIVER

C'EST L'HIVER
Christina Dorner et Léa Schneider

C'est l'hiver, flocons, tombez !

Tombez, tombez sur ma main,

Tombez, tombez sur mon pied,

Tombez, tombez sur mon bras,

Tombez sur mon nez gelé !

VIVE LE VENT !

Vive le vent

Vive le vent d'hiver

Qui s'en va sifflant soufflant

Dans les grands sapins verts

Oh !

Vive le temps

Vive le temps

Vive le temps d'hiver

Boule de neige et jour de l'an

Et bonne année grand-mère.

IL FAIT FROID

Brrr ! Brrr ! Brrr !

Il fait froid ! Froid ! Froid !

Pour nous réchauffer, nous allons sauter !

Sur un pied,

Sur l'autre pied,

Puis sur les deux pieds !

Tournez, tournez, arrêtez.

Nous sommes réchauffés !!!

CLIC, CLAC DANS MES MAINS

Clic, clac dans mes mains

Ça les réchauffe, ça les réchauffe,

Clic, clac dans mes mains

Ça les réchauffe tellement bien !

ACTIVITÉS COMPLÉMENTAIRES

AUTRES PROJETS POSSIBLES
- réaliser une moufle et les différents personnages individuellement pour que les élèves puissent raconter l'histoire à la maison
- réaliser une fresque collective sur l'hiver
- réaliser un loto individuel des animaux du conte en utilisant différentes techniques plastiques (collage, encre, gouache…)

AUTRES ACTIVITÉS POSSIBLES AUTOUR DE LA THÉMATIQUE
- réaliser un paysage d'hiver avec des flocons, un bonhomme de neige
- réaliser des boules de graisse

AUTRES ACTIVITÉS POSSIBLES AUTOUR DE L'ALBUM SOURCE
- écouter la *version sonore* de l'album
- ordonner les *images séquentielles* de l'album
- jouer au jeu de Kim des personnages de l'histoire
- décorer les personnages en collant de petits morceaux de papier de la couleur de l'animal
- décorer une moufle avec des lignes horizontales
- décorer une moufle avec des empreintes en faisant rouler de petites voitures dans la peinture
- identifier des intrus parmi les personnages de l'histoire

AUTRES ACTIVITÉS POSSIBLES À PARTIR DE LIVRES EN RÉSEAU (VOIR PAGES 18 À 19)
- décrire des illustrations pour imaginer une histoire
- écouter une histoire racontée
- écouter la lecture d'albums sur l'hiver
- attribuer des personnages aux albums dont ils sont issus
- attribuer des éléments aux albums dont ils sont issus (moufle, écharpe, chaussettes, pelote…)
- mettre en évidence une problématique commune

RÉSEAU AUTOUR DE L'HIVER

AUTRES ALBUMS UTILISABLES COMME ALBUM SOURCE

TPS PS
Juste un petit bout !
Émile Jadoul
© L'école des loisirs • 2004 • 11,20€

Il fait froid ! Avec sa longue écharpe, Léa la poule a bien chaud. L'oiseau et le lapin lui demandent un petit bout de son écharpe. Léa les accueille bien volontiers. Mais les 3 amis feront-ils une place au renard ?
Le texte et les illustrations sont à la portée des élèves. Il est possible de changer de voix pour chaque personnage afin de faciliter la compréhension des élèves.

PS
À trois on a moins froid
Elsa Devernois et Michel Gay
© L'école des loisirs • 1993 • 11,70€

C'est l'hiver, il fait très froid. Le chauffage ne marche plus chez Kipic, le hérisson, ni chez Casse-Noisette, l'écureuil. Ils vont alors se réfugier chez Touffu, le lapin angora.
Le texte est un peu long pour les élèves. Certains mots doivent leur être expliqués en amont. Cet album peut être raconté dans un premier temps.

PS
Ma maison
Émile Jadoul
© Casterman • 2007 • 9,95€

Dans cette version du conte la moufle est remplacée par la chaussette du loup.
L'obstacle principal de cet album réside dans le changement d'échelle à la fin de l'histoire : la chaussette jusque-là très grande devient d'un coup toute petite.

TPS PS
Bien au chaud pour l'hiver
Tomoko Ohmura
© L'école des loisirs • 2017 • 12,20€

Différents animaux se préparent à un long sommeil pendant l'hiver.
L'obstacle principal de l'album réside dans l'implicite de la situation évoquée, à savoir l'hibernation, que l'adulte doit donc expliquer.

PS
Non
Claudia Rueda
© Rue du monde • 2011 • 16€

Une maman ourse tente de convaincre son ourson de se mettre à l'abri pour l'hiver, mais il ne veut pas l'écouter.
Un très beau livre pour parler de l'hibernation avec tendresse. Le texte et les illustrations sont à la portée des élèves. L'obstacle principal de l'album réside dans l'implicite de la situation évoquée, à savoir l'hibernation, que l'adulte doit donc expliquer.

PS
Par une journée d'hiver
Ruth Krauss et Marc Simont
© Kaléidoscope • 2015 • 12€

C'est l'hiver, il neige, les animaux dorment. Soudain, ils se réveillent, attirés par l'odeur du printemps. Un beau livre pour parler de l'hibernation et des premiers signes du printemps.
Le texte et les illustrations sont à la portée des élèves. L'obstacle principal de l'album réside dans l'implicite de la situation évoquée, à savoir l'hibernation, que l'adulte doit donc expliquer.

AUTRES ALBUMS SUR L'HIVER

TPS
Coucou ! L'hiver
© 1 2 3 Soleil • 2017 • 5,95€

Un livre cartonné à flaps dans lequel un animal est caché sur chaque double page et laisse apparaitre un indice.
Des phrases interrogatives très simples et des réponses qui sont à la portée des plus petits.

TPS PS
L'ÂNE TROTRO
Où sont les fleurs en hiver ?
Bénédicte Guettier
© Gallimard jeunesse • 2013 • 5,60€

Trotro aime beaucoup les fleurs. Mais c'est l'hiver, et il n'y en a plus ! Trotro ne peut même pas les arroser, l'eau a gelé dans l'arrosoir.
Pas de réelle difficulté dans cet album bien adapté aux tout-petits.

TPS PS
Petit Ours Brun joue dans la neige
Marie Aubinais et Danièle Bour
© Bayard jeunesse • 2017 • 3,90€

Petit ours brun découvre la neige avec ses cinq sens.
Pas de réelle difficulté dans cet album bien adapté aux tout-petits.

PS
T'choupi fait un bonhomme de neige
Thierry Courtin
© Nathan • 2016 • 5,70€

T'choupi fait un bonhomme de neige. Heureusement que papa pense à le prendre en photo !
Le texte étant essentiellement écrit en dialogues, il faut changer de voix pour chaque personnage pour faciliter la compréhension.

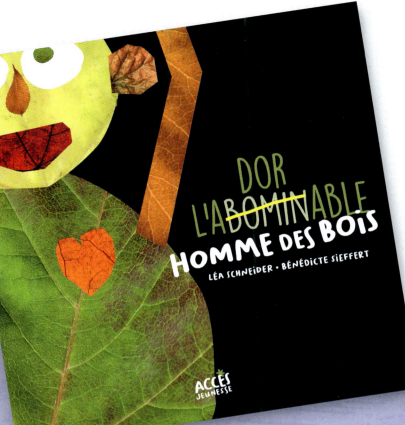

L'ALBUM SOURCE
L'abominable homme des bois

LE PROJET
Fabriquer un jeu de dé individuel et y jouer

TPS-PS novembre à juin

Le schéma corporel

136 Présentation de la thématique
Présentation de l'album source

137 Organigramme du projet

138 Mise en situation
1 Découvrir et répéter une comptine
2 Répéter et connaitre la comptine
3 Décrire des feuilles

139 Découverte de l'album source
1 Découvrir et décrire le personnage de l'histoire
2 Découvrir les noms de l'histoire
3 Découvrir les verbes de l'histoire

140 Appropriation de l'album source
1 Écouter l'histoire racontée et la lecture de l'album
2 Jouer l'histoire entendue
3 Raconter l'histoire **PS**
4 S'approprier les mots de l'histoire
5 Mémoriser le nom des parties du corps
6 Ordonner des images séquentielles **PS**

142 Projet
- Adhérer au projet de la classe
- Remplir une surface
- Nommer les parties du corps et reconstituer un personnage
- Réaliser des fonds en expérimentant différents verbes d'action
- Jouer au jeu créé

144 Comptines et chansons

145 Activités complémentaires

146 Réseau

LE SCHÉMA CORPOREL

Présentation de la thématique

Pourquoi étudier le schéma corporel ?

Le schéma corporel est la conscience et la connaissance que possède un enfant de son corps. Il est, selon Wallon, « *un élément de base, indispensable à la formation de la personnalité de l'enfant* ».

Dès deux ans, les enfants ont acquis la marche. Ils explorent les autres mouvements qu'ils sont capables d'effectuer, s'intéressent aux différentes possibilités que leur corps leur propose et prennent conscience des différentes parties de leur corps. Il est donc essentiel de traiter cette thématique afin que les élèves puissent faire évoluer la perception qu'ils ont de leur corps.

Le schéma corporel est étudié à travers différentes activités de motricité globale, de motricité fine, de jeux d'imitation, de reconstitution, d'assemblage, de représentations et d'activités langagières par le biais d'albums.

Quand étudier le schéma corporel ?

Le schéma corporel peut être étudié à tout moment de l'année en PS et en TPS.
C'est souvent en période 3 ou 4 de TPS et de PS que la programmation générale de l'année permet de le placer le plus facilement.

☁ RÉPARTITION DES APPRENTISSAGES

Présentation de l'album source

Cet album propose de faire disparaitre une à une chaque partie du corps d'un personnage par des actions variées.

Les intérêts de l'album source

Dans cet album, l'enfant est amené à toucher les parties du corps de l'homme des bois une à une en effectuant un geste différent pour chacune. Grâce à l'action du jeune lecteur, le personnage disparait au fur et à mesure de l'histoire, puis réapparait. Il y a donc une grande interaction entre le livre et le lecteur, ce que les jeunes enfants adorent.
Le personnage principal, bien qu'appelé « abominable » au début de l'histoire, ne fait pas vraiment peur et est en réalité plutôt attachant.
L'album utilise un vocabulaire à la portée des tout-petits et permet de travailler à la fois les noms des différentes parties du corps et les verbes d'action.
Les textures utilisées pour les illustrations invitent naturellement à travailler sur les feuilles mortes, sources de nombreuses exploitations à l'école maternelle.

Les obstacles de l'album source

L'album source est facile à comprendre pour les élèves. La principale difficulté réside dans le fait que les différentes parties touchées disparaissent les unes après les autres, ce qui induit une légère ellipse d'une page à l'autre. Il est donc intéressant de faire remarquer aux élèves la partie disparue à la page précédente en observant une à une chaque illustration.
Les termes ABOMINABLE et ADORABLE nécessitent également d'être expliqués collectivement pour permettre une meilleure compréhension de la chute.
Enfin, les différents verbes utilisés ne sont pas forcément tous connus des élèves et méritent d'être travaillés lors de différentes activités motrices et plastiques.

L'abominable homme des bois
Léa Schneider et Bénédicte Sieffert
© Accès jeunesse • 2020 • 12€

Le vocabulaire autour de l'album et du projet

VERBES attraper, apparaitre, disparaitre, pincer, frotter, tapoter, tirer, souffler, gratter, taper, chatouiller, gratouiller, secouer.

NOMS un nez, un œil, des yeux, une bouche, une oreille, des cheveux, une tête, une main, un bras, une jambe, un ventre, un cœur, un bisou, un dé.

ADJECTIFS abominable, adorable, magique.

Organigramme du projet

Apprendre ensemble et vivre ensemble
- adhérer au projet de la classe
- jouer à un jeu de société à deux

Mobiliser le langage dans toutes ses dimensions
- écouter, comprendre et raconter une histoire pour découvrir les noms des parties du corps
- mémoriser les noms des parties du corps

FABRIQUER UN JEU DE DÉ INDIVIDUEL ET Y JOUER

Agir, s'exprimer et comprendre à travers les activités artistiques
- remplir une surface
- réaliser des fonds en expérimentant différents verbes d'action

Construire les premiers outils pour structurer sa pensée
- jouer avec un dé et lire le résultat du dé

Explorer le monde
- reconstituer un personnage
- nommer les parties du corps

137

Le schéma corporel

MISE EN SITUATION

 1 - la *comptine de l'homme des bois* ☁

2 - un grand tapis
  - des cerceaux
  - des bancs

3 - des feuilles séchées plastifiées

---

1 Découvrir et répéter une comptine

☆ **Petit ou grand groupe en regroupement**

⏱ **5 à 10 minutes**

- L'enseignant commence par dire une première fois la comptine *L'homme des bois* ☁.
- Il demande aux élèves ce qu'ils ont entendu et compris.
- Il les amène ensuite à répéter la comptine en montrant les différentes parties du corps.

2 Répéter et connaitre la comptine

☆ **Grand groupe en salle de motricité**

⏱ **20 minutes**

- En guise de mise en train, l'enseignant nomme des parties du corps et demande aux élèves de les bouger.
- Il propose ensuite le jeu de l'homme des bois : la moitié de la classe se promène et se réfugie sur un tapis lorsque l'homme des bois récite sa comptine. L'autre moitié récite la comptine avec l'enseignant.
- Le jeu est réalisé deux fois, puis les groupes sont inversés.
- Le tapis peut ensuite être remplacé par des bancs ou des cerceaux.
- Pour le retour au calme, l'enseignant nomme les différentes parties du corps à masser.

3 Décrire des feuilles

☆ **Petit groupe ou demi-classe en regroupement**

⏱ **5 à 10 minutes**

- L'enseignant distribue une feuille d'arbre à chaque élève.
- Chacun est amené à décrire sa feuille en parlant de sa couleur, de sa forme et de sa taille.

- Les feuilles sont ensuite échangées et les élèves verbalisent à nouveau.

DIFFÉRENCIATION L'enseignant peut verbaliser à la place des élèves qui ne parlent pas encore.

L'HOMME DES BOIS

Je suis l'homme des bois

Une tête, un ventre et deux bras.

Deux mains, deux jambes, deux pieds plats.

Je suis l'homme des bois !

Si on me cherche, me voilà !

DÉCOUVERTE
DE L'ALBUM SOURCE

1 - l'*homme des bois et caches*

2 - un sac à toucher
- les *mots illustrés* : un nez, un œil, des yeux, une bouche, une oreille, des cheveux, une tête, une main, un bras, une jambe, un ventre, un cœur

3 - les *mots illustrés* : attraper, souffler, frotter, tapoter, pincer, tirer, gratter, taper, chatouiller, gratouiller, secouer, apparaitre, disparaitre
- un foulard par enfant

---

1 Découvrir et décrire le personnage de l'histoire

☆ **Petit ou grand groupe en regroupement**
⏱ **5 à 10 minutes**

- L'enseignant place au tableau l'abominable homme des bois avec les caches.
- Il invite les élèves à enlever les caches au fur et à mesure, à décrire ce qui se trouve en dessous et à émettre des hypothèses sur ce qui est représenté.

- Pour finir, l'enseignant enlève le dernier grand cache afin de dévoiler le personnage entier.
- Il amène les élèves à décrire le personnage découvert.

DIFFÉRENCIATION L'enseignant peut varier le nombre de caches ainsi que les éléments à dévoiler en fonction du niveau des élèves.

2 Découvrir les noms de l'histoire

☆ **Petit ou grand groupe en regroupement**
⏱ **5 à 10 minutes**

- Par l'intermédiaire de la mascotte de la classe, l'enseignant apporte aux élèves des mots illustrés qui leur permettront de mieux comprendre l'histoire lue le lendemain.
- Les mots sont placés dans le sac de la mascotte ou un sac à toucher.
- À tour de rôle, les élèves piochent un mot illustré et tentent de le nommer.

- L'enseignant valide en lisant le mot.
- Il amène ensuite les élèves à faire appel à leur vécu en leur demandant s'ils connaissent le mot en question.

😊 *Ces mots peuvent être affichés dans la classe le temps du projet, puis stockés dans une boite à mots.*

DIFFÉRENCIATION En fonction du niveau des élèves, il est possible d'ajouter des mots.

3 Découvrir les verbes de l'histoire

☆ **Grand groupe en salle de motricité**
⏱ **10 à 15 minutes**

- Pour la mise en train, l'enseignant distribue à chacun un foulard avec lequel les élèves jouent librement.
- L'enseignant leur demande ensuite de se déplacer en réalisant différentes actions l'une après l'autre sur différentes parties du corps : frotter, tapoter, chatouiller, gratter, taper, pincer.
- Il montre les gestes à réaliser et se déplace avec les élèves.
- Il leur demande ensuite de faire apparaitre et disparaitre leur foulard derrière une partie de leur corps.
- Pour le retour au calme, l'enseignant propose aux élèves d'inspirer et de souffler lentement. Il les amène à mettre la main devant leur bouche pour sentir la chaleur de l'air expiré.
- Pour finir, il montre les mots illustrés des verbes et leur demande de les mimer.

😊 *Ces actions peuvent être reprises à des moments de transition, en demandant aux élèves de tapoter une main sur l'autre, de les frotter...*

APPROPRIATION
DE L'ALBUM SOURCE

1
- l'*homme des bois* ☁ plastifié
- l'album **L'abominable homme des bois**

2
- l'*homme des bois* ☁ plastifié
- une barquette
- 3 autres albums non connus des élèves

3
- un dessin au tableau de l'abominable homme des bois
- une petite éponge pour effacer
- l'album **L'abominable homme des bois**

---

1 Écouter l'histoire racontée et la lecture de l'album

☆ **Petit groupe ou demi-classe en regroupement**

⏱ **10 minutes à réitérer**

● Dans un premier temps, l'enseignant raconte l'histoire avec l'homme des bois placé au tableau avec de la pâte à fixer ou des aimants. Un élève différent retire chaque partie du corps évoquée.

● Dans un second temps, il présente l'objet livre aux élèves et attire leur attention sur le personnage de la couverture.

● Les élèves font le rapprochement avec le personnage découvert précédemment.

● L'enseignant lit l'album en montrant les illustrations et en dramatisant la lecture. À chaque double page, il invite un élève à réaliser l'action demandée.

● En fin de séance, l'enseignant interroge les élèves sur la signification du titre et explique les termes ABOMINABLE et ADORABLE.

● Cette séance est réitérée afin que les élèves s'approprient l'histoire.

● Lorsqu'elle est bien connue des élèves, l'enseignant fait des erreurs lors de la lecture : il change le nom du personnage, fait disparaitre les parties dans le désordre, fait apparaitre un nouveau personnage… Il laisse intervenir les élèves au fur et à mesure pour corriger les erreurs.

DIFFÉRENCIATION L'enseignant veille à proposer des erreurs plus ou moins identifiables en fonction du niveau des élèves.

2 Jouer l'histoire entendue

☆ **Petit groupe ou demi-classe en regroupement**

⏱ **5 à 10 minutes à réitérer**

● L'enseignant commence par demander à un élève de retrouver l'album étudié parmi d'autres livres et de le nommer.

● Il propose alors aux élèves de faire disparaitre l'abominable homme des bois comme dans l'histoire.

● Pour cela, il lit l'album phrase après phrase et les élèves viennent à tour de rôle au tableau : un premier effectue l'action sur l'abominable homme des bois au niveau de la partie nommée, puis un autre vient la retirer et la poser dans une barquette.

☺ *Ce matériel peut être laissé à disposition des élèves lors de l'accueil.*

3 Raconter l'histoire PS

☆ **Petit groupe ou demi-classe en regroupement**

⏱ **5 à 10 minutes**

● L'enseignant propose aux élèves de raconter l'histoire en effaçant progressivement l'abominable homme des bois dessiné au tableau.

● Il lit la première phrase de l'album et invite un élève à effacer le nez du personnage.

● Il demande alors si quelqu'un est capable de dire la phrase suivante. Lorsqu'elle a été verbalisée et validée, un autre élève efface les yeux.

● Les parties du visage sont effacées avec le doigt, le reste du corps avec l'éponge, jusqu'à ce que l'homme des bois disparaisse complètement.

DIFFÉRENCIATION Si les élèves ne réussissent pas à retrouver les phrases de l'album, leur montrer les illustrations du livre et les aider à trouver le bon verbe.

140

4
- l'album
L'abominable homme des bois
- les *mots illustrés* : un nez, un œil, des yeux, une bouche, une oreille, des cheveux, une tête, une main, un bras, une jambe, un ventre, un cœur

5
- un poste permettant d'écouter de la musique
- de la musique entrainante

6
- 4 *images séquentielles*

4 S'approprier les mots de l'histoire

☆ **Petit ou grand groupe en regroupement**

⏱ **5 à 10 minutes**

- L'enseignant montre les mots illustrés un à un et demande aux élèves de les nommer. Il les affiche au tableau ou les pose au sol afin que tous puissent les voir.
- Il lit alors l'album. Les élèves viennent retourner les mots illustrés au fur et à mesure qu'ils les entendent dans le texte et que l'abominable homme des bois disparait.

DIFFÉRENCIATION Les élèves de PS peuvent nommer les parties du corps avant de les retourner.

5 Mémoriser le nom des parties du corps

☆ **Grand groupe en salle de motricité**

⏱ **15 minutes**

- Dans un premier temps, l'enseignant propose aux élèves de mimer le réveil et la toilette du matin en nommant bien les parties du corps. Il réalise les gestes en même temps que les élèves.
- Dans un second temps, il propose de jouer au jeu des statues : lorsqu'ils entendent la musique, les élèves se déplacent dans la salle. Ils se figent lorsque la musique s'arrête.
- Une fois que les élèves ont compris le principe du jeu, l'enseignant leur impose des positions en nommant les parties du corps qui doivent toucher le sol : les pieds, les mains, la tête, les genoux…
- L'enseignant termine par une séance de relaxation en décrivant et mimant le moment du coucher.

DIFFÉRENCIATION L'enseignant accompagne les élèves qui n'osent pas participer au jeu. Un élève peut prendre la place de l'enseignant si le niveau le permet.

6 Ordonner des images séquentielles PS

☆ **Petit groupe ou demi-classe en regroupement**

⏱ **10 minutes à réitérer**

- L'enseignant place les images au sol. Les élèves les décrivent une à une et remarquent qu'elles sont mélangées.
- Il les amène à raconter l'histoire pour remettre les images dans l'ordre au tableau.

- Une vérification peut être effectuée avec l'album.

PROJET Fabriquer un jeu de dé individuel et y jouer

Grand groupe en regroupement
5 minutes
- un *puzzle de l'homme des bois*
- un *dé*

👥 Adhérer au projet de la classe

- L'enseignant propose aux élèves de fabriquer un jeu à emporter à la maison, constitué d'un puzzle plastifié de l'abominable homme des bois et d'un dé.
- Il leur explique le principe du jeu, puis décrit les étapes du projet avec l'aide des élèves : mémoriser le nom des parties du corps, peindre un puzzle de l'abominable homme des bois, peindre la pochette de transport pour le jeu et apprendre à jouer avec un dé.

Activité avec l'ATSEM de 4 à 6 élèves
10 minutes
- un *homme des bois à peindre* par élève
- de l'encre orange, verte et jaune dans des pots
- des éponges fixées dans des pots de yaourt à boire

🖌 Remplir une surface

- Les élèves rappellent à l'ATSEM les couleurs que peuvent prendre les feuilles. Ils remplissent ensuite les différentes parties du corps du personnage.

DIFFÉRENCIATION En fonction du niveau des élèves et de la tenue de leur outil, il est possible de leur proposer des outils plus précis comme le pinceau, ou des craies grasses de gros calibres taillées.

😊 Une fois sèches, les productions sont plastifiées et découpées. Une feuille A3 noire par élève est également plastifiée et un morceau de velcro est collé sur chaque partie du corps ainsi que sur la feuille noire plastifiée.

Activité dirigée de 6 à 8 élèves
10 à 15 minutes
- le puzzle plastifié de l'abominable homme des bois de chaque élève
- l' *homme des bois* plastifié placé dans un sac à toucher
- l'album *L'abominable homme des bois*

💬🧪 Nommer les parties du corps et reconstituer un personnage

- Dans un premier temps, l'enseignant sort une pièce du sac à toucher, demande aux élèves de la nommer et les amène à effectuer l'action permettant de faire disparaître la partie correspondante.
- Dans un deuxième temps, l'enseignant cite une phrase de l'album et les élèves font disparaître la bonne partie de l'abominable homme des bois en effectuant le geste correspondant.
- Dans un troisième temps, les élèves reconstituent seuls le puzzle complet avec le livre pour modèle.

MON CARNET DE SUIVI
Je situe et je nomme les parties du corps humain
page 42

142

⭐ **Activité avec l'ATSEM de 4 à 5 élèves**

⏱ **20 minutes**

- une blouse par élève
- une feuille de format raisin par verbe d'action
- un grand carton de format 60 x 75 dont les bords ont été repliés
- 4 balles de pingpong
- un morceau d'éponge par élève
- un bouchon en liège par élève
- un râteau ou une fourchette par élève
- de la gouache bleue, rouge et jaune

🖌 Réaliser des fonds en expérimentant différents verbes d'action

● Par groupes de quatre à cinq, les élèves réalisent différents fonds à la peinture en expérimentant un verbe d'action différent : ils frottent avec une éponge, tapotent avec des bouchons en liège, grattent la feuille avec un râteau, soufflent sur une balle de pingpong, secouent le carton dans lequel se trouvent les balles et finissent par chatouiller une feuille avec leurs doigts.

● L'adulte amène les élèves à verbaliser leurs actions.

DIFFÉRENCIATION Cette activité peut être réalisée sur deux séances.

😊 *Chaque production est pliée en deux et agrafée afin de constituer une pochette de transport pour le jeu.*

⭐ **Activité dirigée de 2 à 4 élèves**

⏱ **10 minutes**

- le puzzle plastifié de l'abominable homme des bois de chaque élève
- un dé par élève

💬 👥 Jouer au jeu créé

● L'enseignant pose le matériel et laisse les élèves s'exprimer.

● Il explique alors la règle du jeu : à tour de rôle, les élèves lancent le dé.

● Ils reconstituent leur personnage en prenant la pièce obtenue sur le dé.

● S'ils obtiennent la face avec le personnage en entier, ils prennent la partie de leur choix. S'ils tombent sur la face noire, ils enlèvent une partie déjà fixée.

● Le premier à constituer son personnage en entier a gagné.

● Il est important que les élèves verbalisent le résultat obtenu sur le dé en nommant la partie du corps reconnue.

DIFFÉRENCIATION Si les élèves ne connaissent pas le nom de la partie du corps, l'enseignant ou un autre élève peut la nommer pour que le joueur répète. Les plus performants peuvent citer les phases de l'album avant de supprimer la partie.

143

AUTOUR DES LIVRES TPS-PS LE SCHÉMA CORPOREL

COMPTINES ET CHANSONS
AUTOUR DU SCHÉMA CORPOREL

LA FOURMI

La fourmi m'a piqué la main
La coquine la coquine
La fourmi m'a piqué la main
La coquine elle avait faim

La fourmi m'a piqué le nez
La coquine la coquine
La fourmi m'a piqué le nez
La coquine voulait un baiser

La fourmi m'a piqué le menton
La coquine la coquine
La fourmi m'a piqué le menton
La coquine voulait un bonbon

UN PETIT POUCE QUI MARCHE

Un petit pouce qui marche (3x)
Et ça suffit pour être heureux

Deux petits pouces
qui marchent (3x)
Et ça suffit pour être heureux

Un bras qui marche (3x)
Et ça suffit pour être heureux

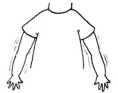

Deux bras qui marchent (3x)
Et ça suffit pour être heureux

Deux petits pouces, les deux bras
et la tête qui marchent (3x)
Et ça suffit pour être heureux !

JEAN PETIT QUI DANSE

Jean Petit qui danse (x2)

De son doigt il danse (x2)

De son doigt, doigt, doigt (x2)

Ainsi danse Jean Petit

*Il s'agit d'une chanson à accumulation :
à chaque partie du corps ajoutée (sa main, son bras, son pied,
sa tête, son corps), la chanson est reprise depuis le début.*

SAVEZ-VOUS PLANTER LES CHOUX ?

REFRAIN
Savez-vous planter les choux ?
À la mode, à la mode
Savez-vous planter les choux ?
À la mode de chez nous

COUPLET
On les plante avec le doigt
À la mode, à la mode
On les plante avec le doigt
À la mode de chez nous

*La chanson est reprise depuis le début.
À chaque couplet, on plante avec une autre partie du corps :
le pied, la main, le nez, le coude, la tête...*

ACTIVITÉS COMPLÉMENTAIRES

AUTRES PROJETS POSSIBLES
- réaliser un jeu de loto des parties du corps
- réaliser un sac à raconter de l'histoire

SCIENCES À VIVRE MATERNELLE
Contours et silhouettes
page 22

AUTRES ACTIVITÉS POSSIBLES AUTOUR DE LA THÉMATIQUE
- réaliser un puzzle de l'enfant avec sa photo découpée
- jouer à *Jacques a dit* pour identifier une partie du corps et la bouger
- réaliser un bonhomme en pâte à modeler **PS**
- représenter un bonhomme **PS**
- reconstituer un personnage à partir de jeux de la classe **PS**
- reconstituer des personnages à l'aide de partie du corps de différents personnages **PS**

VERS L'AUTONOMIE
Prendre conscience des différentes parties du corps humain
Représenter un personnage avec des objets
page 228

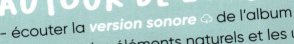

AUTRES ACTIVITÉS POSSIBLES AUTOUR DE L'ALBUM SOURCE
- écouter la *version sonore* de l'album
- ramasser des éléments naturels et les utiliser pour reconstituer l'homme des bois **PS**
- replacer les *images séquentielles* dans l'ordre de l'histoire pendant que l'enseignant raconte **PS**
- reconstituer le corps de l'homme des bois à partir de sa tête et de pièces de jeux **PS**
- réaliser une production individuelle en land art
- représenter un personnage avec des feuilles **PS**

VERS LA MUSIQUE
Comment tu joues ?
pages 168 à 17

AUTRES ACTIVITÉS POSSIBLES À PARTIR DE LIVRES EN RÉSEAU (VOIR PAGES 18 À 19)
- décrire des illustrations pour imaginer une histoire
- écouter la lecture d'albums sur le schéma corporel
- attribuer des personnages aux albums dont ils sont issus
- comparer deux personnages

AUTOUR DES LIVRES TPS-PS LE SCHÉMA CORPOREL

RÉSEAU
AUTOUR DU SCHÉMA CORPOREL

AUTRES ALBUMS UTILISABLES COMME ALBUM SOURCE

TPS PS
Gros cornichon
Édouard Manceau
© Seuil jeunesse • 2014 • 11,90€
Page après page, le lecteur chatouille les différentes parties du corps d'un monstre, qui se déconstruit petit à petit.
Le principal obstacle de cet album vient du nom du personnage, difficile à expliquer.

PS
La promenade de Flaubert
Antonin Louchard
© Thierry Magnier • 2015 • 8,90€
Flaubert se promène. Le vent se lève. Il perd son chapeau, ses lunettes, sa tête, ses bras, ses jambes !
Le texte est simple, mais les illustrations engendrent de l'implicite qu'il faut expliciter avec les élèves.

ALBUMS POUR TRAVAILLER SUR LES PARTIES DU VISAGE

TPS PS
Bonne nuit, Petit Monstre Vert
Ed Emberley
© L'école des loisirs • 2013 • 11,80€
Petit monstre vert disparait au fur et à mesure de l'histoire pour aller se coucher.
Un album pour travailler les parties du visage et les couleurs.
Cet album fait peur aux plus jeunes. Il est peut-être préférable d'observer et de décrire au préalable des monstres rigolos. Certains mots doivent être expliqués à l'aide des illustrations.

PS
Va-t'en, Grand Monstre Vert !
Ed Emberley
© L'école des loisirs • 1996 • 12,20€
Grand monstre vert apparait puis disparait au fil des pages. Un album pour travailler sur les parties du visage, mais aussi sur les couleurs et les adjectifs.
Cet album fait peur aux plus jeunes. Il est peut-être préférable d'observer et de décrire au préalable des monstres rigolos. Certains mots doivent être expliqués à l'aide des illustrations.

TPS PS
Loup
Olivier Douzou
© Rouergue • 2000 • 11,90€
Au fil des pages, un loup apparait. Un album pour travailler sur les parties du visage.
Cet album est bien adapté aux petits, mais la chute est à expliquer lors d'un échange langagier.

PS
Le livre des monstres
Christina Dorner et Édouard Manceau
© Accès jeunesse • 2020 • 12€
Grâce aux actions du jeune lecteur, des monstres attachants apparaissent et disparaissent au fil des pages. Un livre à compter rigolo pour apprendre à nommer les parties du visage.
Cet album propose de compter jusqu'à 10, ce qui est difficile en PS. Étant donné sa longueur, sa lecture peut nécessiter plusieurs séances.

AUTRES ALBUMS, IMAGIERS ET JEUX AUTOUR DU SCHÉMA CORPOREL

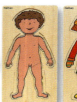

TPS PS
Toutes les couleurs
Alex Sanders
© L'école des loisirs • 1998 • 10,70€
À force de jouer dehors, ce petit lapin a le derrière tout vert, la bouche toute rouge, les pieds marron et les bras tout jaune ! Pour le nettoyer, vive le bleu de l'eau du bain !
Pas de réel obstacle dans cet album parfaitement adapté aux tout-petits.

TPS
KIDIDOC
Mon imagier du corps
Nathalie Choux
© Nathan • 2011 • 8,40€
Un imagier animé clairement illustré, solide et parfaitement adapté aux tout-petits.
Pas de réel obstacle dans cet imagier, si ce n'est que les illustrations, par leur nature, sont plus difficiles à identifier que des photos.

PS
Puzzle découverte du corps : le garçon et la fille
© Nathan • 34,50€
Deux puzzles-encastrements pour construire le schéma corporel.
Le nombre de pièces est important. À utiliser idéalement en séance de langage.

146

L'ALBUM SOURCE
Habille-toi, on y va !

LE PROJET
Écrire un livre collectif sur le modèle d'un album

TPS-PS novembre à juin

Les vêtements

148 Présentation de la thématique
    Présentation de l'album source

149 Organigramme du projet

150 Mise en situation
1 Découvrir et nommer les vêtements
2 Mémoriser les noms des vêtements
3 Découvrir les mots de l'histoire

151 Découverte de l'album source
1 Écouter la lecture de l'album
2 Manipuler librement l'album
3 Nommer les vêtements de l'album

152 Appropriation de l'album source
1 Associer deux représentations d'un même vêtement
2 Jouer avec les éléments de l'histoire
3 Jouer avec le personnage à habiller
4 Comprendre les humeurs du personnage de l'album PS
5 Dire les noms des vêtements
6 Raconter l'histoire collectivement PS

154 Projet
- Adhérer au projet de la classe
- Réaliser les vêtements
- Réaliser sa page
- Dicter une phrase PS
- Lire le livre de la classe et choisir un titre

156 Comptines et chansons

157 Activités complémentaires

158 Réseau

LES VÊTEMENTS

Présentation de la thématique

RÉPARTITION DES APPRENTISSAGES

Pourquoi étudier les vêtements ?
L'acquisition du vocabulaire des vêtements est nécessaire aux élèves aussi bien dans le cadre scolaire qu'au sein des foyers, car il est utilisé quotidiennement à différents moments de la journée. Ce vocabulaire peut être mobilisé de façon active par l'enfant, notamment lorsqu'il choisit ses vêtements, s'habille, habille une poupée ou lorsqu'il en voit dans une vitrine ou dans un livre.

Quand étudier les vêtements ?
Il paraît judicieux de les étudier après le schéma corporel afin de pouvoir réinvestir le vocabulaire du corps.
C'est souvent en période 3 ou 4 de TPS et de PS que la programmation générale de l'année permet de les placer le plus facilement. Il est possible de choisir les albums à exploiter en fonction de la saison et des vêtements qui correspondent.

Présentation de l'album source

Dans cet album, une petite fille ne veut pas s'habiller. À chaque proposition de son parent, elle enfile un vêtement différent, ce qui rend son accoutrement final assez loquace.

Les intérêts de l'album source
Cet album fait écho au vécu de l'enfant, car il évoque un moment de son quotidien : l'habillage. Les élèves s'identifient donc facilement au personnage principal, qui est un enfant comme eux et vit un rituel similaire au leur.
Cet album est à la frontière entre l'imagier et l'histoire, car les mots dits par les personnages sont représentés à côté du texte correspondant. En outre, la structure répétitive du livre favorise l'appropriation et la mémorisation du texte. Très vite, les enfants sont donc capables de dire les dialogues tout seuls : pour cela, il leur faudra uniquement avoir compris la structure de l'album, identifié les vêtements illustrés et avoir mémorisé leurs noms.
Enfin, l'humour de la chute est à leur portée, car, malgré leur jeune âge, ils sont capables de comprendre qu'une culotte ne se met pas sur la tête et qu'un maillot de bain ne se met pas par-dessus une doudoune.

Les obstacles de l'album source
L'album source s'appuie sur un dialogue entre deux personnages. L'obstacle principal réside dans le fait que le personnage du parent n'est pas visuellement présent. Mettre en scène l'album permettra aux enfants de surmonter cette difficulté.
L'autre difficulté vient des noms des vêtements, qui ne sont pas tous connus de la plupart des élèves. C'est pourquoi il est nécessaire de travailler sur le vocabulaire des vêtements avec l'album, mais aussi avec des vrais vêtements et des photos de vêtements.

Habille-toi, on y va !
Bénédicte Sieffert
© Accès jeunesse • 2020 • 12€

Le vocabulaire autour de l'album et du projet

VERBES enlever, s'habiller, se vêtir, mettre, enfiler, avoir envie, vouloir, préférer, attendre.

NOMS un pyjama, une culotte, une chaussette, un collant, une jupe, une robe, un pantalon, un teeshirt, un chemisier, une chemise, un pull, un gilet, un manteau, une doudoune, des chaussures, des bottes, des sandales, une écharpe, un bonnet, des gants, un maillot de bain.

ADVERBES ET LOCUTIONS ADVERBIALES aujourd'hui, tout de suite, voilà, plutôt, pas besoin, pas la peine.

Organigramme du projet

Apprendre ensemble et vivre ensemble
- adhérer au projet de la classe
- travailler en équipe, coopérer

Mobiliser le langage dans toutes ses dimensions
- mémoriser le vocabulaire des vêtements
- écouter et comprendre une histoire
- s'approprier la structure d'une histoire
- dicter une phrase à l'adulte en respectant un modèle syntaxique donné **PS**
- choisir un titre collectivement

ÉCRIRE UN LIVRE COLLECTIF SUR LE MODÈLE DE L'ALBUM

Agir, s'exprimer et comprendre à travers les activités artistiques
- expérimenter et réinvestir différentes techniques plastiques
- associer deux images identiques

Explorer le monde
- se repérer dans l'espace d'une page

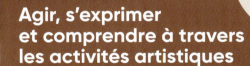

Les vêtements

MISE EN SITUATION

1/2
- la mascotte de la classe
- une valise étiquetée avec la photo de la mascotte et son nom
- des vêtements

3
- les *mots illustrés* : un pyjama, une culotte, des chaussettes, des collants, une jupe, une robe, un pantalon, un teeshirt, une chemise, un chemisier, un pull, un gilet, un manteau, une doudoune, des chaussures, des bottes, des sandales, une écharpe, un bonnet, des gants, un maillot de bain
- la valise avec les vêtements

1 Découvrir et nommer les vêtements

☆ **Petit ou grand groupe en regroupement**
⏱ **10 minutes**

- L'enseignant fait remarquer aux élèves que la mascotte de la classe a apporté une valise.
- Il les amène à décrire la valise et leur fait remarquer la photo sur l'étiquette.
- Il les invite ensuite à ouvrir et à observer le contenu de la valise.
- À tour de rôle, les élèves viennent chercher un vêtement, le nomment et habillent progressivement la mascotte.
- Le groupe peut aider un élève si celui-ci ne connait pas le nom du vêtement.

2 Mémoriser les noms des vêtements

☆ **Petit ou grand groupe en regroupement**
⏱ **10 minutes**

- L'enseignant place la mascotte au creux de son oreille et lui fait murmurer le nom d'un vêtement. Un élève cherche le vêtement dont il est question dans la valise.

DIFFÉRENCIATION Si le niveau le permet, un élève peut prendre la place de l'adulte et nommer un vêtement présent dans la valise. Il est possible d'ajouter des vêtements.

3 Découvrir les mots de l'histoire

☆ **Petit ou grand groupe en regroupement**
⏱ **10 minutes**

- Par l'intermédiaire de la mascotte de la classe, l'enseignant apporte aux élèves des mots illustrés qui leur permettront de mieux comprendre l'histoire lue le lendemain.
- Les mots sont placés dans le sac de la mascotte ou un sac à toucher.
- À tour de rôle, les élèves piochent un mot illustré et tentent de le nommer.

- L'enseignant valide en lisant le mot.
- Il amène ensuite les élèves à faire appel à leur vécu en leur demandant s'ils connaissent le mot en question.
- Par l'intermédiaire de la mascotte, l'enseignant nomme un des mots et les élèves viennent le montrer à tour de rôle.

☺ *Ces mots peuvent être affichés dans la classe le temps du projet, puis stockés dans une boite à mots.*

DIFFÉRENCIATION En fonction du niveau des élèves, il est possible d'ajouter des mots.

DÉCOUVERTE
DE L'ALBUM SOURCE

🖊️ **1/2** – l'album *Habille-toi, on y va!*

3 – le *diaporama de l'album* ☁️
Habille-toi, on y va!

---

1 Écouter la lecture de l'album

⭐ **Petit ou grand groupe en regroupement**

⏱️ **10 minutes à réitérer**

- L'enseignant montre l'album aux élèves et les incite à décrire la couverture.
- Il lit l'histoire en montrant les images simultanément et en dramatisant.

- Cette séance est répétée pour que les élèves s'approprient l'histoire.
- Lors de la seconde lecture, l'enseignant demande aux élèves ce dont ils se souviennent de l'histoire. En faisant appel à leur vécu, il les amène à trouver qui parle à Chloé : son papa ou sa maman.

DIFFÉRENCIATION En TPS, il peut amener directement la réponse.

2 Manipuler librement l'album

⭐ **Activité individuelle à la bibliothèque**

⏱️ **5 minutes**

- Le livre est laissé à la disposition des élèves.
- Ils le feuillètent et tentent de dire le texte de l'album.
- L'enseignant peut aider les élèves à trouver les noms des vêtements s'ils ne s'en souviennent pas.

3 Nommer les vêtements de l'album

⭐ **Petit ou grand groupe en regroupement**

⏱️ **10 minutes**

- L'enseignant montre les diapositives les unes après les autres.

- Il dit le début de chaque phrase et amène les élèves à nommer le vêtement représenté pour la compléter.

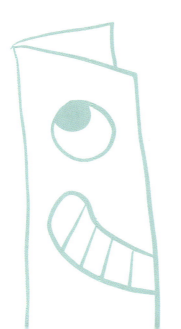

AUTOUR DES LIVRES TPS-PS LES VÊTEMENTS — **151**

APPROPRIATION
DE L'ALBUM SOURCE

1 TPS – le jeu de *Loto des vêtements*
1 PS – le jeu de *Memory des vêtements*

2/3 – le *personnage à habiller*
– les *vêtements*
– l'album *Habille-toi, on y va !*

---

1 Associer deux représentations d'un même vêtement

☆ **Activité dirigée de 4 à 6 élèves**
⏱ **10 minutes**

- **TPS** L'enseignant donne une planche à chaque élève et les aide à nommer les vêtements qui s'y trouvent.
- Les élèves placent sur leur planche les cartes comportant les mêmes vêtements.

DIFFÉRENCIATION Pour faciliter le jeu, il est aussi possible de proposer un loto avec des représentations identiques sur les planches et les cartes.

- **PS** L'enseignant pose les cartes sur la table face visible. Il amène les élèves à nommer les vêtements et à remarquer que les cartes sont en deux exemplaires.
- Il leur propose alors d'associer les cartes deux à deux, à tour de rôle, en nommant le vêtement de chaque carte, sur le principe du jeu de Memory.

☺ *Cette séance peut être réitérée en modifiant les cartes choisies.*

DIFFÉRENCIATION Pour les plus performants, il est possible de proposer plus de cartes.

2 Jouer avec les éléments de l'histoire

☆ **Activité dirigée de 6 à 8 élèves**
⏱ **5 à 10 minutes**

- L'enseignant pose le matériel sur la table et laisse les élèves s'exprimer librement.
- Il lit l'histoire, étape par étape, pendant qu'ils habillent à tour de rôle le personnage, en ajoutant chacun un vêtement.
- Il insiste sur le nom des vêtements. S'il pense que c'est nécessaire, il propose aux élèves de répéter.
- Progressivement, un élève peut prendre la place de l'enseignant.

DIFFÉRENCIATION En fonction du niveau des élèves, il est possible de lire deux étapes à la suite en demandant à l'élève de mettre plusieurs vêtements et / ou de citer des vêtements qui ne sont pas présents sur la petite fille.

3 Jouer avec le personnage à habiller

☆ **Activité libre à l'accueil**
⏱ **5 minutes à réitérer**

- Les élèves disposent du matériel avec lequel ils jouent librement à l'accueil.
- L'enseignant peut intervenir s'il le souhaite pour amener les élèves à verbaliser ce qu'ils sont en train de faire.
- L'album est également laissé à disposition pour permettre aux élèves de s'en inspirer ou ce se remémorer l'ordre des vêtements.

4 - l'album *Habille-toi, on y va!* **5/6** - la valise et les vêtements de la mascotte

4 Comprendre les humeurs du personnage de l'album PS

⭐ **Petit ou grand groupe en regroupement**

⏱ **10 minutes**

- L'enseignant demande aux élèves de chercher l'album étudié dans la bibliothèque de la classe et leur demande d'en donner le titre.
- Il montre la première illustration et les amène à décrire l'humeur du personnage : *comment est-elle ? Contente ? Fâchée ? Pourquoi ? Que fait-elle ?*

- Ce procédé est repris pour un autre passage de l'histoire.
- L'enseignant leur demande ensuite de citer les vêtements de Chloé sur la dernière page de l'album et leur demander d'expliquer pourquoi elle sourit.

5 Dire les noms des vêtements

⭐ **Petit ou grand groupe en regroupement**

⏱ **10 minutes**

- L'enseignant demande à un élève de mettre un vêtement. Celui-ci décline la proposition en disant non, je préfère… et en donnant le nom d'un autre vêtement pris dans la valise.
- Progressivement, un élève peut prendre la place de l'enseignant.

6 Raconter l'histoire collectivement PS

⭐ **Petit ou grand groupe en regroupement**

⏱ **10 minutes à réitérer**

- L'enseignant propose aux élèves d'essayer de raconter l'histoire avec les vrais vêtements présents dans la valise.
- Il commence par rappeler aux élèves qu'il faut deux personnes : le parent et l'enfant.
- Dans un premier temps, l'enseignant peut jouer le parent.
- Cette activité est reprise plusieurs fois jusqu'à ce que les élèves connaissent bien l'histoire.

DIFFÉRENCIATION L'album peut être utilisé comme support en TPS.

PROJET Écrire un livre collectif sur le modèle d'un album

★ **Grand groupe en regroupement**
⏱ **5 minutes**

👥 Adhérer au projet de la classe

- L'enseignant propose aux élèves de créer un livre collectif ressemblant à **Habille-toi, on y va!**
- Il leur explique que chaque élève choisira deux vêtements : un qu'il ne veut pas mettre et un qu'il veut mettre.
- Les vêtements seront décorés et collés sur chaque page.

★ **Activité avec l'ATSEM de 4 à 6 élèves**
⏱ **10 minutes**
- une blouse par élève
- une feuille de format raisin par groupe
- les *gabarits des vêtements* ☁

FONDS 1 ET 6
- des cotons-tiges
- de l'encre de différentes couleurs dans des bouchons

FOND 2
- des craies plates bleues

FOND 3
- de petits morceaux de laine de différentes couleurs
- de la colle

FOND 4
- un rouleau par élève
- une barquette avec un peu d'eau par élève
- de gros pinceaux et différentes couleurs d'encre

FOND 5
- des bandes de papier de différentes couleurs

🖌 Réaliser les vêtements

- Chaque groupe réalise un fond dans lequel des vêtements seront découpés.

FOND 1 Réaliser des points avec de l'encre et un coton-tige.
FOND 2 Frotter avec une craie plate.
FOND 3 Coller de petits morceaux de laine.
FOND 4 Remplir la feuille avec de l'eau à l'aide des rouleaux, puis réaliser des tâches d'encre sur la feuille mouillée à l'aide des pinceaux.

PS FOND 5 Coller des bandes de papier horizontales.

PS FOND 6 Sur plan vertical, tracer des lignes verticales avec des cotons-tiges et de l'encre.

154

**Activité dirigée
de 4 à 6 élèves**

⏱ **10 minutes**
- un *bonhomme* par élève
- la photo de la tête de chaque élève
- les différents vêtements découpés dans les fonds réalisés précédemment
- de la colle

📅 💬 Réaliser sa page

- Chaque élève choisit et nomme deux vêtements parmi ceux proposés.
- Il colle la photo de sa tête et un vêtement sur le bonhomme, puis ajoute un vêtement à gauche de la feuille.

DIFFÉRENCIATION En PS, les élèves les plus performants peuvent dessiner le bonhomme.

**Activité dirigée
individuelle**

⏱ **3 minutes**
- les productions de l'activité précédente

💬 Dicter une phrase PS

- Les élèves dictent une phrase sur le modèle de l'album :
- .... (Prénom de l'élève), mets ton .... Non, je mets......
- L'enseignant écrit la phrase sur le fond devant eux avec un marqueur noir.

**Petit ou grand groupe
en regroupement**

⏱ **10 minutes**
- les productions reliées en livre

💬 Lire le livre de la classe et choisir un titre

- Des vêtements auront été collés sur la couverture, ainsi qu'une photo de la mascotte sur la dernière de couverture.
- L'enseignant lit le livre aux élèves.
- À la fin de la lecture, il leur demande d'imaginer un titre à leur histoire.
- Pour finir, les enfants s'intéressent à la dernière page sur laquelle a été collée une photo de la mascotte. Ceux qui le souhaitent peuvent s'exprimer et imaginer une façon drôle de mettre un ou plusieurs vêtements à la mascotte.
- 😊 *À tour de rôle, les élèves pourront emporter le livre chez eux pour le montrer à leur famille.*

COMPTINES ET CHANSONS
AUTOUR DES VÊTEMENTS

PROMENONS-NOUS DANS LES BOIS

Promenons-nous dans les bois
Pendant que le loup n'y est pas
Si le loup y était
Il nous mangerait
Mais comme il n'y est pas
Il n'nous mangera pas
Loup y es-tu ?
Qu'entends-tu ?
Que fais-tu ?
Je mets ma culotte…

La chanson est reprise depuis le début. À chaque reprise, un autre vêtement est nommé jusqu'à ce que le loup soit complètement habillé et crie :

J'arrive !

SAVEZ-VOUS VOUS HABILLER ?
Christina Dorner
sur l'air de Savez-vous planter les choux

Savez-vous vous habiller,
À la mode, à la mode ?
Savez-vous vous habiller,
À la mode de chez nous ?

D'abord on met son teeshirt
À la mode, à la mode,
D'abord on met son teeshirt
À la mode de chez nous !

Puis on met son pantalon
À la mode, à la mode,
Puis on met son pantalon
À la mode de chez nous !

On n'oublie pas son manteau
À la mode, à la mode,
On n'oublie pas son manteau
À la mode de chez nous !

QUE VAIS-JE METTRE DANS MA VALISE ?
(version 1)
Christina Dorner

Un bonnet pour ma tête,
Pour mes yeux des lunettes.
Sur mon dos, un manteau,
Un short ou un pantalon,
Ça dépend de la saison !

QUE VAIS-JE METTRE DANS MA VALISE ?
(version 2)
Christina Dorner

Un bonnet ou un chapeau ?

Des lunettes ou une casquette ?

Un teeshirt ou un gros pull ?

Un short ou un pantalon ?

Ça dépend de la saison !

ACTIVITÉS COMPLÉMENTAIRES

AUTRES PROJETS POSSIBLES
- réaliser un imagier collectif des vêtements
- fabriquer un Memory individuel à partir de vêtements découpés dans des productions plastiques
- réaliser un jeu de loto à partir de vêtements découpés dans des productions plastiques

AUTRES ACTIVITÉS POSSIBLES AUTOUR DE LA THÉMATIQUE
- jouer à un jeu de Kim des vêtements
- décorer des vêtements avec des traits verticaux, des traits horizontaux, des empreintes de bouchons
- habiller un personnage avec des vêtements découpés par l'adulte dans des catalogues

À L'ÉCOLE DU LANGAGE
Loup y es-tu ?
pages 92 à 107

TRACES À SUIVRE
Les rayures
Garde-robe à rayures
pages 42 à 51

AUTRES ACTIVITÉS POSSIBLES AUTOUR DE L'ALBUM SOURCE
- écouter la *version sonore* de l'album
- placer les *images séquentielles* dans l'ordre pendant que l'enseignant lit l'album
- rechercher les vêtements de Chloé dans des catalogues de vêtements

AUTRES ACTIVITÉS POSSIBLES À PARTIR DE LIVRES EN RÉSEAU (VOIR PAGES 18 À 19)
- observer des imagiers sur les vêtements
- décrire des illustrations pour imaginer une histoire
- écouter la lecture d'albums sur les vêtements
- attribuer des personnages aux albums dont ils sont issus
- attribuer des vêtements aux albums dont ils sont issus
- comparer les vêtements mis par les personnages de deux albums différents
- comparer deux personnages

RÉSEAU
AUTOUR DES VÊTEMENTS

AUTRES ALBUMS UTILISABLES COMME ALBUM SOURCE

TPS PS
Si le loup y était
Philippe Jalbert
© Milan jeunesse • 2004 • 13,90 €

Un livre animé à toucher qui reprend la célèbre chanson *Promenons-nous dans les bois*. Cet album plaît énormément aux enfants, ce qui explique son énorme succès.
Pas de réel obstacle dans cet album, mais il y a peu de vêtements nommés.

TPS PS
Je m'habille et je te croque
Bénédicte Guettier
© L'école des loisirs • 2000 • 5 €

Le loup-garou s'habille. À chaque page il enfile un nouveau vêtement.
Cet album n'existe plus qu'en format poche, ce qui rend difficile l'exploitation en grand groupe. Il reste utilisable en petit groupe ou avec un diaporama des illustrations.

TPS PS
Le vent m'a pris
Rascal
© L'école des loisirs • 2004 • 9,20 €

À chaque double page, un vêtement s'envole. Le lecteur découvre d'où ils viennent à la fin.
Le principal obstacle vient du fait qu'on ne sait pas qui parle au début de l'histoire. Cet obstacle disparaît après explicitation de ce point et de nouvelles lectures.

TPS PS
L'ÂNE TROTRO s'habille
Bénédicte Guettier
© Gallimard jeunesse • 2013 • 5,60 €

Un matin d'été, l'âne Trotro a décidé de s'habiller tout seul. Il risque juste d'avoir un peu chaud avec son manteau, son écharpe et ses gants sous le soleil…
La difficulté principale de cet album consiste à comprendre que l'on s'habille différemment selon la saison.

AUTRES ALBUMS SUR LES VÊTEMENTS

TPS PS
Les habits de Lulu
Alex Sanders
© L'école des loisirs • 2014 • 11 €

Lulu s'habille, mais il ne met pas les vêtements sur la bonne partie du corps. Il demande au lecteur si la partie est la bonne puis rectifie sur la page suivante.
Il faut créer des échanges langagiers autour des trois dernières illustrations qui comportent de l'implicite.

PS
Pareil !
Nadine Brun-Cosme et Elo
© Sarbacane • 2019 • 11,90 €

Max et Melo ont reçu chacun un paquet contenant des vêtements. Ils les essaient et les comparent : pareil ? Pas pareil ?
La difficulté principale de cet album réside dans la compréhension du but des personnages, qu'il est bon de verbaliser.

PS
Cocotte tricote
Christine Beigel et Christine Destours
© Didier jeunesse • 2019 • 11,90 €

Cet hiver, il fait froid. Heureusement, Cocotte tricote : un bonnet vert pour la vache, des chaussettes bleues pour le pingouin…
La principale difficulté de cet album réside dans les représentations des vêtements, qui peuvent être difficiles à identifier.

PS
Le slip du roi
Matthias Malingrëy
© L'agrume • 2019 • 12 €

Un roi se fait habiller contre son gré : slip, chaussettes, collants, chemise, gilet, bottines, perruque, manteau, sceptre, couronne.
L'humour est le principal obstacle de ce livre. Le vocabulaire choisi correspond aux attributs royaux.

IMAGIERS SUR LES VÊTEMENTS

TPS PS
Tous les habits
Pierrick Bisinski et Alex Sanders
© L'école des loisirs • 2009 • 10,70 €

Un imagier cartonné composé d'illustrations de vêtements.
Pas de réelle difficulté, si ce n'est le nom de certains vêtements, mais les illustrations permettent de les identifier.

TPS
KIDIDOC
Mon imagier des vêtements
Nathalie Choux
© Nathan • 2011 • 8,40 €

Un imagier des vêtements animé clairement illustré et solide.
Pas de réelle difficulté, si ce n'est le nom de certains vêtements, mais les illustrations permettent de les identifier.

PS
KIDIDOC
Mon imagier-jeu des vêtements
Nathalie Choux
© Nathan • 2019 • 11,50 €

Un imagier animé clairement illustré et solide avec beaucoup de vêtements classés selon l'activité ou le temps qu'il fait.
Pas de réelle difficulté, si ce n'est le nom de certains vêtements, mais les illustrations permettent de les identifier.

PS
Tu t'habilles comment ?
Judith Gueyfier
© Rue du monde • 2019 • 8,50 €

Un imagier qui illustre les tenues adéquates pour différentes situations : aller à la mer, à la montagne, faire du sport…
Les vêtements ne sont pas clairement nommés, il faut donc décrire chaque tenue avec les élèves.

L'ALBUM SOURCE
Toc toc toc ! Es-tu prêt ?

LE PROJET
Fabriquer des chapeaux pour Carnaval

TPS-PS février - mars

Carnaval

160 Présentation de la thématique
Présentation de l'album source

161 Organigramme du projet

162 Mise en situation
1 Découvrir des objets qui caractérisent une fête
2 Découvrir des déguisements
3 Se déguiser

163 Découverte de l'album source
1 Découvrir les mots de l'album
2 Décrire les personnages de l'album **PS**
3 Écouter l'histoire racontée

164 Appropriation de l'album source
1 Écouter la lecture de l'album et émettre des hypothèses
2 Identifier et nommer les personnages de l'histoire **PS**
3 S'approprier le vocabulaire de l'histoire
4 S'approprier le vocabulaire de l'histoire
5 S'approprier le vocabulaire de l'histoire
6 Théâtraliser l'histoire **PS**

166 Projet
- Adhérer au projet de la classe
- Décrire des chapeaux **PS**
- Décorer le chapeau
- Trier en fonction de la couleur ou de la forme
- Réaliser des correspondances terme à terme
- Dicter un mot ou une phrase **PS**

168 Comptines et chansons

169 Activités complémentaires

170 Réseau

AUTOUR DES LIVRES TPS-PS CARNAVAL **159**

CARNAVAL

Présentation de la thématique

⬇ RÉPARTITION DES APPRENTISSAGES

Pourquoi étudier Carnaval ?

Carnaval constitue une thématique intéressante car il s'agit d'une fête calendaire parfois peu connue des élèves de cet âge. Du point de vue du développement de l'enfant, il faut savoir que beaucoup de petits n'osent pas ou ont peur de se déguiser. Étudier des albums où des personnages se déguisent permet de dédramatiser et de rendre ludique le fait de porter des costumes, ce que les enfants finissent par adorer.

Quand étudier Carnaval ?

Carnaval peut être étudié en période 3 et 4 lors de la fête de Carnaval, aussi bien en TPS qu'en PS. Il est judicieux d'avoir étudié les vêtements au préalable pour réinvestir le vocabulaire.

Présentation de l'album source

Qui se cache derrière le paravent ?
Un album sur les déguisements pour découvrir les attributs de quelques personnages archétypaux.

Les intérêts de l'album source

La structure répétitive de l'album permet aux élèves de s'approprier le texte et de le mémoriser facilement. Des indices leur permettent d'émettre des hypothèses sur l'identité de chaque personnage et apportent un côté ludique à l'album.
Le texte est à la portée des élèves, tant au niveau de la difficulté des mots utilisés que de sa longueur. Le champ lexical utilisé est riche et peut être réinvesti facilement.
Les déguisements choisis sont variés. Certains sont connus des élèves, d'autres moins, ce qui permet de faire appel à leur vécu tout en élargissant leurs connaissances et leur vocabulaire.
Les personnages sont des enfants, ce qui permet aux jeunes lecteurs de s'y identifier.
Enfin, les illustrations épurées amènent l'enfant à se focaliser sur l'essentiel : les personnages et leurs attributs.

Les obstacles de l'album source

Le fait qu'un personnage soit caché derrière le paravent constitue le principal obstacle de l'album. Il faut en effet que l'enfant imagine ce personnage qu'il ne voit pas. Lorsque l'enfant entend les noms des attributs du personnage, il doit se constituer une image mentale du personnage caché. L'enseignant aide les élèves à surmonter cet obstacle en mettant en scène les personnages lors de la découverte de l'histoire. Il facilite également la compréhension du dialogue en changeant de voix pour chaque personnage et en théâtralisant.
Le vocabulaire de l'album peut également constituer un obstacle, c'est pourquoi il est conseillé de le travailler en amont de la lecture.
Enfin, le thème traité étant peu connu des jeunes élèves, il peut constituer un obstacle, vite surmonté par l'attrait des activités proposées.

Toc toc toc ! Es-tu prêt ?
Christina Dorner et Édouard Manceau
© Accès jeunesse • 2020 • 12 €

Le vocabulaire autour de l'album et du projet

VERBES toquer, mettre, prendre, se déguiser, fêter, se cacher.

NOMS un déguisement, un paravent, une Indienne, une coiffe, des plumes, un clown, un nez rouge, un nœud papillon, une princesse, une couronne, une robe, un pirate, un chapeau, un cache-œil, un sabre, une fée, des ailes, une baguette magique, un magicien, un chapeau claque, une sorcière, un chapeau pointu, un balai, Zorro, un masque, une cape, une épée, un défilé, Carnaval, des confettis, des serpentins.

ADJECTIFS déguisé, pointu, plat, magique, volant.

Organigramme du projet

Apprendre ensemble et vivre ensemble
- accepter de se déguiser et de jouer avec les autres
- participer à la fête de Carnaval de l'école

Mobiliser le langage dans toutes ses dimensions
- mémoriser le vocabulaire des déguisements
- décrire des personnages archétypaux et leurs attributs **PS**
- écouter, comprendre et théâtraliser une histoire pour découvrir la fête de Carnaval
- dicter un mot ou une phrase **PS**

FABRIQUER DES CHAPEAUX POUR CARNAVAL

Construire les premiers outils pour structurer sa pensée
- trier selon la couleur **TPS** ou la forme **PS**
- réaliser des correspondances terme à terme

Agir, s'exprimer et comprendre à travers les activités artistiques
- remplir une surface avec un ballon et de la peinture

Explorer le monde
- découvrir une fête calendaire

161

AUTOUR DES LIVRES TPS-PS CARNAVAL

Carnaval

MISE EN SITUATION

1
- un sac à toucher
- des confettis, des serpentins, un chapeau conique, un masque, un nez rouge

2/3 - différents déguisements dans un panier

😊 *Il est possible de demander aux parents de prêter des déguisements le temps du projet.*

---

1 Découvrir des objets qui caractérisent une fête
⭐ **Petit ou grand groupe en regroupement**
⏱ **5 à 10 minutes**

• L'enseignant demande à différents élèves de sortir chacun un objet du sac et de le nommer.

• Si personne ne connait le mot, c'est l'enseignant qui l'introduit.
• Pour finir, il leur demande s'ils ont déjà vu ces objets et, si oui, à quelle occasion.
• Il les interroge également sur leur utilité.

2 Découvrir des déguisements
⭐ **Petit ou grand groupe en regroupement**
⏱ **5 à 10 minutes**

• L'enseignant montre les déguisements les uns après les autres et demande aux élèves de les décrire et de les nommer.
• Il les amène à faire appel à leur vécu en leur demandant s'ils se sont déjà déguisés, en quoi et quand.

3 Se déguiser
⭐ **Activité autonome à l'accueil**
⏱ **15 minutes**

• Les déguisements sont laissés à disposition des élèves dans un espace dédié de la classe.
• Les élèves se déguisent à leur guise. Si besoin, un adulte peut les aider à enfiler les costumes.

DÉCOUVERTE
DE L'ALBUM SOURCE

1
- un sac à toucher
- les *mots illustrés* : un nez rouge, un nœud papillon, une robe, une couronne, un cache-œil, un sabre, une baguette magique, des ailes, un chapeau claque, un chapeau pointu, un balai, une cape, un masque, une épée

2
- un sac à toucher
- les *marottes des personnages*

3
- les *marottes des personnages*
- une feuille A3 verte pliée en trois pour représenter le paravent

---

1 Découvrir les mots de l'album

⭐ **Petit ou grand groupe en regroupement**

⏱ **5 à 10 minutes**

- Par l'intermédiaire de la mascotte de la classe, l'enseignant apporte aux élèves des mots illustrés qui leur permettront de mieux comprendre l'album lu le lendemain.
- Les mots sont placés dans le sac de la mascotte ou un sac à toucher.
- À tour de rôle, les élèves piochent un mot illustré et tentent de le nommer.
- L'enseignant valide en lisant le mot.
- Il amène ensuite les élèves à faire appel à leur vécu en leur demandant s'ils connaissent le mot en question.

😊 *Ces mots peuvent être affichés dans la classe le temps du projet, puis stockés dans une boite à mots.*

DIFFÉRENCIATION En fonction du niveau des élèves, il est possible d'ajouter des mots.

2 Décrire les personnages de l'album PS

⭐ **Petit ou grand groupe en regroupement**

⏱ **10 minutes**

- L'enseignant place les marottes dans un sac à toucher.

- Les élèves les sortent l'une après l'autre, décrivent les différents personnages et les nomment s'ils les connaissent.
- Sinon, c'est l'enseignant qui apporte le vocabulaire manquant.

3 Écouter l'histoire racontée

⭐ **Petit ou grand groupe en regroupement**

⏱ **10 minutes à réitérer**

- L'enseignant raconte l'histoire à l'aide des marottes des personnages.
- Il théâtralise et change sa voix pour chaque personnage afin de faciliter la compréhension des élèves.

😊 *Au fur et à mesure de leur apparition, les marottes peuvent être plantées dans un boudin de pâte à modeler placé devant le paravent.*

- Cette séance est réitérée deux ou trois fois afin que les élèves s'approprient l'histoire.

😊 *Les marottes peuvent être laissées à disposition des élèves afin qu'ils jouent l'histoire librement.*

AUTOUR DES LIVRES TPS-PS CARNAVAL **163**

APPROPRIATION
DE L'ALBUM SOURCE

1 - l'album *Toc toc toc ! Es-tu prêt ?*

2 - l'album *Toc toc toc ! Es-tu prêt ?*
- les *marottes des personnages*

3 - l'album *Toc toc toc ! Es-tu prêt ?*
- un nez rouge, une baguette magique, une cape, une couronne, un nœud papillon, un chapeau pointu, un masque, une épée, des chapeaux

---

1 Écouter la lecture de l'album et émettre des hypothèses

☆ **Petit ou grand groupe en regroupement**

⏱ **10 minutes à réitérer**

● L'enseignant montre l'objet livre aux élèves.

● Dans un premier temps, il les laisse s'exprimer librement en veillant à ce qu'ils prononcent le mot LIVRE.

● Dans un second temps, il attire leur attention sur le personnage de la couverture et leur demande s'ils l'ont déjà vu.

● Il lit alors l'album en montrant les illustrations et en dramatisant.

● Après chaque indice, il laisse les élèves émettre des hypothèses sur le personnage caché derrière le paravent.

● Cette séance est réitérée deux ou trois fois afin que les élèves s'approprient l'histoire.

2 Identifier et nommer les personnages de l'histoire **PS**

☆ **Petit ou grand groupe en regroupement**

⏱ **2 x 10 minutes**

● Lors d'une première séance, l'enseignant lit l'album.

● Au cours de la lecture, les élèves montrent l'illustration qui correspond au personnage caché derrière le paravent.

● La validation se fait en observant l'illustration suivante.

● Lors d'une seconde séance, l'enseignant choisit un personnage sans dire aux élèves duquel il s'agit.

● Ces derniers essaient d'identifier le personnage en question grâce aux indices formulés par l'enseignant : *j'ai un nez rouge. Qui suis-je ?*

DIFFÉRENCIATION Si le niveau des élèves le permet, un élève peut prendre la place de l'enseignant.

MON CARNET DE SUIVI
Je sais nommer les personnages d'une histoire
page 10

3 S'approprier le vocabulaire de l'histoire

☆ **Petit ou grand groupe en regroupement**

⏱ **10 minutes**

● L'enseignant commence par demander aux élèves de nommer l'album étudié et propose à un élève de le retrouver parmi d'autres albums.

● Sans montrer les illustrations, il commence à lire l'album et demande aux élèves de chercher au fur et à mesure de la lecture les objets cités dans le texte.

😊 *La même activité peut être réalisée avec les mots illustrés.*

164

4 — une valise contenant des masques, des chapeaux, des nez rouges, des baguettes magiques, des capes, des serpentins, des couronnes
- 7 cerceaux
- les *mots illustrés* correspondants

5 — le jeu de *loto des déguisements*
- des jetons ou des bouchons

6 — un nez rouge, une baguette magique, une cape, une couronne, un nœud papillon, un chapeau pointu, un masque, une épée, des chapeaux

4 S'approprier le vocabulaire de l'histoire

☆ **Demi-classe en salle de motricité**
⏱ **15 minutes**

- Dans un premier temps, l'enseignant montre aux élèves les mots illustrés les uns après les autres. Il leur demande de les nommer et en place un dans chaque cerceau.
- Au signal, les élèves prennent un objet dans la valise et s'assoient près du cerceau comportant le mot illustré correspondant.
- Pour la validation, les élèves montrent chacun leur objet et le groupe valide ou non la réponse.
- L'activité est répétée plusieurs fois.
- Dans un second temps, tous les élèves sont assis en cercle et disposent chacun d'un objet. L'enseignant nomme un objet, ceux qui l'ont se lèvent et marchent dans la salle. Progressivement, un élève peut prendre la place de l'enseignant.

DIFFÉRENCIATION Proposer plus ou moins de mots et d'objets en fonction du niveau des élèves.

5 S'approprier le vocabulaire de l'histoire

☆ **Activité dirigée de 4 élèves**
⏱ **5 à 10 minutes**

- L'enseignant donne une planche à chaque élève.
- Dans un premier temps, chacun nomme les personnages présents sur sa planche.
- L'enseignant montre les cartes et demande aux élèves de nommer les accessoires qui y sont représentés.
- Dans un second temps, une partie de loto est réalisée.
- L'enseignant montre une carte.

- Les élèves dont la planche comporte le personnage correspondant aux accessoires de la carte posent un jeton dessus.
- Le premier à avoir recouvert sa planche gagne la partie.

6 Théâtraliser l'histoire PS

☆ **Activité dirigée de 6 à 8 élèves**
⏱ **10 à 15 minutes**

- L'enseignant propose aux élèves de théâtraliser l'histoire.
- Pour cela, il donne à chacun des éléments de déguisement: un nez rouge, une épée, une cape…
- Les élèves jouent et verbalisent. L'enseignant intervient si nécessaire.

PROJET Fabriquer des chapeaux pour Carnaval

Grand groupe en regroupement

5 minutes
- l'album *Toc toc toc ! Es-tu prêt ?*
- des *photos de Carnaval*

Adhérer au projet de la classe

- L'enseignant demande aux élèves de rappeler de quoi parle l'album *Toc toc toc ! Es-tu prêt ?*
- Il leur montre ensuite les photos et les laisse s'exprimer.
- Il les amène à parler de leur vécu : *ont-ils déjà fêté Carnaval ? Comment se sont-ils déguisés ? Qu'ont-ils mangé à cette occasion ?...*
- Il leur explique qu'ils vont réaliser des chapeaux pour fêter Carnaval à l'école.

Petit ou grand groupe en regroupement

10 minutes
- des *photos de chapeaux*
- les *marottes des personnages*

Décrire des chapeaux PS

- Dans un premier temps, l'enseignant montre des photos de chapeaux et demande aux élèves de les décrire. Il apporte le vocabulaire nécessaire : chapeau pointu, chapeau claque, chapeau melon, chapeau haut-de-forme…
- Il explique qu'un chapeau claque est un chapeau haut-de-forme qui s'aplatit pour réaliser différents tours de magie.
- Dans un second temps, il montre les photos des chapeaux présents dans l'album et demande quels sont les personnages de l'album qui les portent.
- Il note leurs hypothèses au tableau.
- Une vérification est effectuée en montrant les marottes.

Activité avec l'ATSEM de 4 à 6 élèves

10 minutes
- une blouse par élève
- un *chapeau* en papier cartonné par élève
- 2 petites barquettes contenant de la gouache jaune et un ballon
- 2 petites barquettes contenant de la gouache bleue et un ballon
- 2 petites barquettes contenant de la gouache rouge et un ballon

Décorer le chapeau

- Chaque élève choisit le type de chapeau qu'il souhaite réaliser, puis le décore.
- Les élèves réalisent des empreintes de ballon sur l'ensemble du chapeau en changeant régulièrement de couleur.

DIFFÉRENCIATION Il est possible de tenir la main de l'élève afin qu'il ressente le geste à réaliser.

⭐ **Activité avec l'ATSEM de 6 à 8 élèves**

⏱ **5 à 10 minutes**
- une grande barquette contenant des formes réalisées à la perforatrice
- une petite barquette au nom de chaque élève

Trier en fonction de la couleur ou de la forme

- L'enseignant place au centre de la table la barquette contenant différentes formes réalisées à la perforatrice.
- **TPS** Les élèves sélectionnent les formes de couleur dorée et les placent dans leur barquette.
- **PS** Les élèves choisissent une forme. Ils placent dans leur barquette uniquement des éléments de cette forme.

⭐ **Activité avec l'ATSEM de 6 à 8 élèves**

⏱ **10 minutes**
- les chapeaux peints précédemment avec 15 à 20 croix tracées au crayon par l'adulte
- les formes sélectionnées précédemment par chaque élève
- de la colle

Réaliser des correspondances terme à terme

- L'enseignant donne à chaque élève son chapeau.
- Les élèves collent une forme sur chaque croix.

⭐ **Activité individuelle**

⏱ **2 minutes par élève**
- la photo de chaque élève avec son chapeau sur la tête
- le cahier de vie de chaque élève
- un feutre de couleur

💬 Dicter un mot ou une phrase PS

- L'enseignant montre à chaque élève sa photo avec son chapeau sur la tête.
- Il l'invite à décrire le chapeau réalisé et à rappeler le personnage qui le porte dans l'album.
- Si l'élève en est capable, il explique comment il a réalisé le chapeau.
- L'enseignant colle la photo dans le cahier de vie et note les propos de l'enfant en dessous.

AUTOUR DES LIVRES TPS-PS CARNAVAL

COMPTINES ET CHANSONS
AUTOUR DE CARNAVAL

J'AI UN GROS NEZ ROUGE

J'ai un gros nez rouge

Des traits sur les yeux

Un chapeau qui bouge

Un air malicieux

Deux grandes savates

Un grand pantalon

Et quand je me gratte

Je saute au plafond !

CARNAVAL
Christina Dorner

sur l'air de Pomme de reinette

Toi la princesse, moi le pirate

Mettons nos costumes !

Lui magicien et elle cowboy

Vive le carnaval !

TOUT EST PRÊT
Christina Dorner

Les serpentins, les confettis,

Des beignets pour tous les amis !

Les costumes, les déguisements,

Le carnaval commence maintenant !

MES DÉGUISEMENTS
Christina Dorner

Abracadabra,
je suis un panda !

Abrocodobro,
je suis en Zorro !

Abrékédébré,
me voilà en fée !

Abroucoudoubrou,
pourquoi pas en loup !

ACTIVITÉS COMPLÉMENTAIRES

AUTRES PROJETS POSSIBLES
- réaliser un imagier des déguisements à partir de photos des élèves et des différents albums lus

AUTRES ACTIVITÉS POSSIBLES AUTOUR DE LA THÉMATIQUE
- fabriquer des baguettes magiques avec des baguettes chinoises et des étoiles pour compléter un déguisement
- réaliser une tête de clown avec une assiette en carton pour la tête, un nœud papillon accordéon (peinture et empreintes de bouchon en liège), de la laine pour les cheveux, un chapeau en papier et des formes pour représenter les éléments du visage
- dicter une phrase à l'enseignant à écrire sous une photo de l'élève déguisé

AUTRES ACTIVITÉS POSSIBLES AUTOUR DE L'ALBUM SOURCE
- écouter la *version sonore* de l'album
- ordonner des *images séquentielles*
- réaliser un *puzzle de la couverture*
- choisir un déguisement et coller les *attributs* du personnage choisi sur sa photo en noir et blanc

AUTRES ACTIVITÉS POSSIBLES À PARTIR DE LIVRES EN RÉSEAU (VOIR PAGES 18 À 19)
- identifier, rechercher des livres sur Carnaval
- reconnaitre un album à partir de son titre
- feuilleter et regarder des albums sur Carnaval
- écouter la lecture d'albums sur Carnaval
- rechercher et comparer des éléments dans des livres autour de Carnaval
- attribuer des personnages aux albums dont ils sont issus
- attribuer des éléments aux albums dont ils sont issus
- mettre en évidence les caractéristiques de la fête de Carnaval
- comparer un même personnage dans deux albums différents

RÉSEAU
AUTOUR DE CARNAVAL

AUTRES ALBUMS UTILISABLES COMME ALBUM SOURCE

TPS PS
L'âne Trotro se déguise
Bénédicte Guettier
© Gallimard jeunesse • 2014 • 5,60 €

Aujourd'hui, Trotro a décidé de se déguiser en tigre.
Changer de voix pour les différents personnages facilite la compréhension.

TPS PS
T'choupi se déguise
Thierry Courtin
© Nathan • 2017 • 5,70 €

T'choupi décide de se déguiser en clown et fait un spectacle devant ses parents.
Changer de voix pour les différents personnages facilite la compréhension.

PS
P'tit Loup se déguise
Eléonore Thuillier et Orianne Lallemand
© Auzou • 2020 • 4,95 €

Pour la fête de l'école, P'tit Loup veut être habillé en chevalier ! Avec l'aide de Papa et Maman, il confectionne une épée en carton et une cape. Le voilà prêt à parader aux côtés de Mia, déguisée en princesse.
Changer de voix pour les différents personnages facilite la compréhension.

AUTRES ALBUMS SUR CARNAVAL

TPS PS
Petit ours brun se déguise
Marie Aubinais et Danièle Bour
© Bayard jeunesse • 2021 • 5,50 €

Aujourd'hui, Petit Ours Brun est un chevalier ! Avec son amie Petite Ourse Miel, Petit Ours Brun prend son épée et part à la chasse au dragon !
Changer de voix pour les différents personnages facilite la compréhension.

TPS PS
Lise fête le carnaval
Kathleen Amant
© Mijade • 2011 • 5,20 €

Pour carnaval, Lise se déguise en clown. Elle se rend au défilé avec son papa.
Pas de réelles difficultés.

PS
Raspoutine se déguise
Jean Leroy et Ella Charbon
© L'école des loisirs • 2016 • 10,20 €

Il ne reste qu'un habit de reine pour le rat Raspoutine. Il se rend très vite compte qu'être reine peut avoir des avantages…
Certains mots doivent être expliqués avant la lecture. Le changement de voix pour les différents personnages facilite la compréhension.

PS
Chapeau !
Dominique Maes
© Mijade • 2019 • 5,20 €

En soulevant les chapeaux, le lecteur découvre les accessoires liés à un métier ou à un déguisement.
Le texte est abordable. Il faut simplement expliquer le terme imaginé afin que les élèves comprennent la dernière double page.

PS
**Lina :
Un déguisement épatant !**
Barroux
© Flammarion jeunesse • 2019 • 8 €

C'est l'anniversaire de Marguerite ! Lina veut trouver un déguisement pour se rendre à sa fête.
Certains mots doivent être expliqués pour que les enfants comprennent le texte.

PS
Mascarade !
Dominique Maes
© Mijade • 2009 • 5,20 €

En soulevant les masques, le lecteur découvre tout ce que l'on peut cacher dessous. Un livre sur les rôles que l'on peut jouer en se déguisant.
Certains mots et émotions doivent être expliqués pour que les enfants comprennent le texte.

LES IMAGIERS SOURCES
Mon imagier des animaux
Mon imagier des fruits et légumes

LE PROJET
Créer un imagier collectif des objets de la classe

PS janvier à juin

Les imagiers

172 Présentation de la thématique
Présentation des imagiers sources

173 Organigramme du projet

174 Découverte des imagiers sources
1 Trouver un point commun entre différents objets
2 Feuilleter collectivement un imagier
3 Identifier des intrus
4 Associer deux images identiques
5 Associer deux représentations d'un même mot
6 Associer deux représentations d'un même mot

176 Appropriation des imagiers sources
1 Attribuer un objet à l'imagier correspondant
2 Classer selon des catégories
3 Déterminer l'appartenance d'un objet à une catégorie

177 Projet
- Adhérer au projet de la classe
- Nommer des objets de la classe
- Associer un objet et sa représentation
- Classer des objets selon leur fonction
- Identifier des intrus
- Réaliser un fond
- Utiliser des objets et nommer les actions réalisées
- Associer différentes représentations d'un objet de la classe
- Nommer des objets sous dictée à l'adulte

180 Comptines et chansons

181 Activités complémentaires

182 Réseau

LES IMAGIERS

Présentation de la thématique

RÉPARTITION DES APPRENTISSAGES

Pourquoi étudier les imagiers ?

Les imagiers constituent un type d'écrit à part entière. Le dictionnaire les définit comme étant des livres d'images utilisés pour développer le langage des jeunes enfants. Par leur manipulation, les élèves prennent conscience que les imagiers comportent des images et ne racontent pas d'histoire. Ce type d'écrit permet aux élèves de s'approprier le livre en tant qu'objet en se focalisant sur des images avant de se concentrer sur le sens d'un texte ou d'une histoire. En outre, ils aident l'enfant à construire le concept d'objet. Les jeunes enfants aiment observer les imagiers en leur permettant d'apprendre des mots nouveaux, mais aussi parce qu'ils adorent exercer leur savoir en nommant les représentations qu'ils sont capables d'identifier. De plus, les imagiers développent l'esprit de l'enfant car ils lui permettent d'observer des catégorisations et d'essayer de les comprendre.

Quand étudier les imagiers ?

Les imagiers peuvent être présentés dès la période 1 de TPS et de PS, notamment celui des fruits et légumes qui est intéressant à feuilleter lors de la semaine du gout.
En revanche, les activités et le projet sont plutôt adaptés aux élèves de PS et peuvent être proposés à partir de la période 3.

Présentation des imagiers sources

Mon imagier des animaux. Mon imagier des fruits et légumes.
Deux imaJeux pour découvrir les animaux et leurs lieux de vie ainsi que les fruits et légumes.

Les intérêts des imagiers sources

Les imagiers choisis se veulent ludiques et attrayants.
Leur grand point fort réside dans le fait que chaque imagier permet d'observer une grande catégorie au sein de laquelle ont été placés les différents éléments dont elle est constituée : les animaux sont catégorisés en fonction de leur lieu de vie, tandis que les fruits et légumes sont classés selon la façon dont ils poussent.
S'ajoutent à cela des petites devinettes qui permettent aux élèves de s'interroger sur les éléments qu'ils observent. Ces devinettes permettent également de découvrir la structure syntaxique particulière de ce type d'énoncé et de rendre la lecture ludique afin qu'elle soit source de jeu et de réflexion.

Les obstacles des imagiers sources

Les imagiers ne posent généralement pas de problème de compréhension car il n'y a pas de sens à attribuer au texte, celui-ci étant une simple succession de mots illustrés. La principale difficulté des imagiers illustrés réside dans les illustrations, qui offrent une vision stylisée de la réalité et en sont déjà une forme d'interprétation. Il est néanmoins important de confronter les enfants à des supports illustrés dès le plus jeune âge pour développer leur capacité à comprendre le sens et la fonction des images.
La grande difficulté de ces deux imagiers réside dans le nombre d'illustrations qu'ils comportent. Nommer l'ensemble de ces illustrations en une fois n'est donc pas adapté en début d'année de TPS ou de PS. Le mieux consiste à feuilleter l'imagier pour observer les catégories représentées ou à observer chaque double page individuellement pour en nommer les éléments, sans vouloir faire les deux simultanément, ce qui serait contreproductif. Il est plus intéressant de montrer aux élèves que l'imagier peut être un moyen de chercher, de retrouver un objet, un animal ou autre.

Mon imagier des animaux
Christina Dorner et Bénédicte Sieffert
© Accès jeunesse • 2020 • 12€

Mon imagier des fruits et légumes
Léa Schneider et Bénédicte Sieffert
© Accès jeunesse • 2020 • 12€

Le vocabulaire autour des imagiers

VERBES ouvrir, feuilleter, tourner les pages, chercher, classer, rechercher, observer, écouter, coller.

NOMS un imagier, un livre, un objet, un intrus, une photographie, une illustration, un animal, un fruit, un légume, les animaux de l'imagier, les fruits et légumes de l'imagier, les noms des objets de la classe.

172

Organigramme du projet

Apprendre ensemble et vivre ensemble
- adhérer au projet de la classe

Mobiliser le langage dans toutes ses dimensions
- découvrir un type d'écrit : l'imagier
- mémoriser le vocabulaire des objets de la classe
- associer un objet et sa représentation
- associer différentes représentations d'un même objet
- nommer des objets sous dictée à l'adulte

CRÉER UN IMAGIER COLLECTIF DES OBJETS DE LA CLASSE

Construire les premiers outils pour structurer sa pensée
- classer selon des catégories
- déterminer l'appartenance d'un objet à une catégorie
- identifier des critères de classement

Agir, s'exprimer et comprendre à travers les activités artistiques
- réaliser un fond

Explorer le monde
- utiliser un appareil photo
- classer des objets selon leur fonction
- identifier des intrus
- utiliser des objets et nommer les actions réalisées

173

AUTOUR DES LIVRES TPS-PS LES IMAGIERS

Les imagiers

Ces 6 activités sont effectuées avec l'imagier des animaux et avec celui des fruits et légumes.

DÉCOUVERTE DES IMAGIERS SOURCES

1
- des animaux en plastique
puis
- des fruits et légumes en plastique
- un sac à toucher

2/3
- *Mon imagier des animaux*
puis
- *Mon imagier des fruits et légumes*

3
- 24 illustrations d'*animaux et intrus*
puis
- 24 illustrations de *fruits, légumes et intrus*
- un cerceau

---

1 Trouver un point commun entre différents objets

☆ **Petit ou grand groupe en regroupement**
⏱ **2 x 5 à 10 minutes**

● L'enseignant montre aux élèves le sac à toucher et leur demande de deviner ce qui se trouve à l'intérieur.

● Il leur propose de venir à tour de rôle piocher un objet dans le sac, puis de le nommer. Les autres élèves peuvent aider à nommer l'objet. Si personne n'est en mesure de le faire, c'est l'enseignant qui apporte le mot manquant.

● À la fin de la séance, l'enseignant montre l'ensemble des objets aux enfants et les amène à trouver leur point commun : ce sont tous des animaux.

2 Feuilleter collectivement un imagier

☆ **Petit ou grand groupe en regroupement**
⏱ **2 x 5 à 10 minutes**

● L'enseignant montre le livre aux élèves.

● Dans un premier temps, il les laisse s'exprimer, puis lit le titre de l'imagier et les titres de chaque double page.

● Dans un second temps, il explique que ce livre ne raconte pas une histoire, mais qu'il s'agit d'une suite d'images d'animaux. Il informe les élèves que ce type de livre s'appelle un imagier.

● Il amène les élèves à faire le lien avec les animaux de la séance précédente et leur demande de les retrouver au fur et à mesure qu'il tourne les pages.

3 Identifier des intrus

☆ **Petit ou grand groupe en regroupement**
⏱ **2 x 5 à 10 minutes**

● L'enseignant montre les différentes images et amène les élèves à les nommer.

● Il distribue alors une image à chacun. À tour de rôle, les élèves nomment et placent leur image dans le cerceau s'il s'agit d'un animal et hors du cerceau dans le cas contraire.

● L'enseignant feuillète alors l'imagier et les élèves valident la présence de chaque image du cerceau en nommant l'animal représenté.

DIFFÉRENCIATION L'enseignant aide à nommer les animaux s'ils ne sont pas connus des élèves.

VERS L'AUTONOMIE
Identifier un intrus parmi des objets identiques
page 70

4
- jeu de *loto des animaux*
puis
- jeu de *loto des fruits et légumes*

5
- 12 *illustrations d'animaux*
- 12 *photos d'animaux*
puis
- 12 *illustrations de fruits et légumes*
- 12 *photos de fruits et légumes*

6
- un *plateau de jeu*
- 4 *illustrations d'animaux*
- 4 *photos d'animaux*
puis
- 4 *illustrations de fruits et légumes*
- 4 *photos de fruits et légumes*

4 Associer deux images identiques

☆ **Activité dirigée de 4 élèves**
⏱ **10 minutes**

- Chaque élève dispose d'une planche et nomme les animaux qui y sont représentés.
- L'enseignant montre ensuite une carte. L'élève dont la planche comporte l'animal représenté le nomme et y pose la carte.

5 Associer deux représentations d'un même mot

☆ **Activité avec l'ATSEM de 4 à 6 élèves**
⏱ **5 à 10 minutes**

- Les photos sont posées sur la table.
- L'adulte montre les illustrations une à une.
- Les élèves identifient la photo qui correspond à l'illustration montrée et nomment l'animal représenté.

6 Associer deux représentations d'un même mot

☆ **Activité dirigée de 4 à 6 élèves**
⏱ **10 minutes**

- L'enseignant montre les cartes et demande aux élèves de les nommer.
- Il leur propose ensuite de jouer au Memory : les cartes sont placées face cachée sur le plateau de jeu. L'un après l'autre, chaque joueur retourne deux cartes. Si elles correspondent au même animal, il les garde. Sinon, il les repose à la même place.

DIFFÉRENCIATION Il est envisageable de proposer progressivement plus de cartes.

AUTOUR DES LIVRES TPS-PS LES IMAGIERS **175**

APPROPRIATION
DES IMAGIERS SOURCES

1
- *Mon imagier des animaux*
- *Mon imagier des fruits et légumes*
- des fruits et des légumes
- des animaux en plastique
- un tapis
- un sac à toucher

2
- une grande barquette avec l'*étiquette fruits et légumes* ☁
- une grande barquette avec l'*étiquette animaux* ☁
- une petite barquette par élève contenant des *images à classer* ☁ ainsi que des animaux et des fruits et légumes en plastique
- un *classement selon l'imagier* ☁ par élève
- des *étiquettes à classer* ☁ dans une barquette par élève
- de la colle

3
- un jeu de *loto des animaux et des fruits et légumes* ☁
- un *dé animaux-fruits et légumes* ☁
- des jetons

---

1 Attribuer un objet à l'imagier correspondant
☆ **Demi-classe au regroupement**
⏱ **10 minutes**

● Au préalable, l'enseignant place les imagiers sur le tapis et les objets dans le sac à toucher.

● Il demande à chaque élève de prendre un objet dans le sac, de le nommer et de le placer devant l'imagier correspondant.

● En fin de séance, les imagiers sont feuilletés pour procéder à une vérification. Lorsque les élèves reconnaissent un objet, ils le nomment.

2 Classer selon des catégories
☆ **Activité autonome de 3 à 4 élèves**
⏱ **15 minutes**

● Dans un premier temps, les deux grandes barquettes sont placées au centre de la table.

● Chaque élève place les images et objets de sa barquette dans la grande barquette correspondante.

● Dans un second temps, les élèves reçoivent une feuille avec l'image de chaque imagier. Ils collent les animaux sur la page de l'imagier des animaux et les fruits et légumes sur la page de l'imagier des fruits et légumes.

3 Déterminer l'appartenance d'un objet à une catégorie
☆ **Activité dirigée de 4 élèves**
⏱ **5 à 10 minutes**

● Chaque élève dispose d'une planche avec des animaux et des fruits et légumes.

● Pour commencer, les élèves nomment les images de leur planche.

● Les élèves lancent ensuite le dé à tour de rôle. S'ils tombent sur une face avec les animaux, ils posent un jeton sur un animal de leur planche, s'ils tombent sur une face avec des fruits et légumes, ils posent un jeton sur un fruit ou un légume.

PROJET Créer un imagier collectif des objets de la classe

☆ **Petit ou grand groupe en regroupement**
⏱ **5 à 10 minutes**
- le tableau
- une craie

Adhérer au projet de la classe

- L'enseignant propose aux élèves de créer un imagier sur les objets de la classe.
- Il leur demande quels sont les objets qui pourraient se trouver dans le livre créé.
- Une liste est écrite au tableau sous la dictée des élèves.
- La liste est complétée au fur et à mesure des propositions des élèves, aidés par les questions de l'enseignant.

☆ **Petit ou grand groupe en regroupement**
⏱ **10 à 15 minutes**
- un sac à toucher
- des objets de la classe dont ceux listés par les élèves, par exemple : un pinceau, un flacon de peinture, une blouse, une paire de ciseaux, de la colle, de la pâte à modeler, un rouleau, un sous-main, une feuille, un crayon de couleur, un feutre, les Lego®, une voiture, une assiette en plastique, une poupée, un cerceau, une blouse...

Nommer des objets de la classe

- L'enseignant demande aux élèves de sortir les objets du sac un à un et de les nommer.
- Il sélectionne ensuite quatre à six objets et demande aux élèves de fermer les yeux. Pendant ce temps, il dissimule un des objets derrière son dos. Les élèves identifient et nomment l'objet caché.
- Cette activité est reprise plusieurs fois avec différents objets.

☆ **Activité avec l'ATSEM de 6 à 8 élèves**
⏱ **10 minutes**
- des objets de la classe
- des *illustrations d'objets de la classe* ☁

Associer un objet et sa représentation

- Les élèves nomment les objets que l'enseignant a préalablement posés sur la table.
- Il donne ensuite une image à chacun.
- Chaque élève nomme l'image et l'associe à l'objet correspondant.

PROJET Créer un imagier collectif des objets de la classe

⭐ **Petit ou grand groupe en regroupement**

⏱ **10 minutes**
- des objets de la classe dans une caisse

🧪 Classer des objets selon leur fonction

- L'enseignant amène les élèves à rappeler la séance précédente.
- Il sort les objets de la caisse un à un et propose aux élèves de les nommer, puis demande lesquels pourraient aller ensemble dans l'imagier.
- Pour les aider, il leur fait verbaliser la fonction de ces objets.
- Si les élèves ne trouvent pas, il peut leur proposer des catégories d'objets : ceux pour peindre, pour dessiner, pour modeler, pour coller et découper, pour jouer.

⭐ **Activité avec l'ATSEM de 6 à 8 élèves**

⏱ **10 minutes**
- une boite de mouchoirs vide
- une barquette
- des *photos d'objets de la classe* ☁
- des *photos d'objets intrus* ☁

🧪 Identifier des intrus

- L'enseignant place les photos dans une boite de mouchoirs vide.
- Il demande aux élèves de les sortir une à une et de les nommer.
- Si les photos montrent des objets de la classe, les élèves les mettent dans la barquette, sinon ils les placent à côté.
- Si nécessaire, ils peuvent vérifier en cherchant l'objet correspondant dans la classe.

⭐ **Activité avec l'ATSEM de 6 à 8 élèves**

⏱ **10 minutes**
- une blouse par élève
- une feuille de format raisin par groupe
- des galets de peinture
- des pinceaux brosses
- un pot d'eau pour 2 élèves

🖌 Réaliser un fond

- L'ATSEM montre aux élèves comment utiliser les galets de peinture.
- Chacun choisit ensuite une couleur.
- Par groupes de trois ou quatre, les élèves remplissent une feuille collectivement.
- L'ATSEM peut tourner la feuille afin qu'elle soit peinte en totalité.

178

⭐ **Activité dirigée de 6 à 8 élèves ou grand groupe en regroupement**

⏱ **10 minutes**
- les objets de la classe dans une caisse
- un appareil photo

🧪 Utiliser des objets et nommer les actions réalisées

- L'enseignant demande à chaque élève de choisir un objet de la caisse, de montrer comment l'utiliser et de nommer sa fonction : *les ciseaux, c'est pour découper*.
- L'enseignant prend une photo de chaque élève en train d'utiliser un des objets.

⭐ **Activité dirigée de 4 à 6 élèves**

⏱ **10 minutes**
- 1/6 du fond réalisé précédemment par élève
- les *photos d'objets de la classe*
- les *illustrations d'objets de la classe*
- les photos des élèves qui utilisent ces objets
- de la colle

💬 Associer différentes représentations d'un objet de la classe

- L'enseignant demande à chaque élève de retrouver la photo sur laquelle il utilise un objet, ainsi que les deux autres représentations de cet objet.
- Les élèves collent les trois images sur leur fond.
- **PS** Ils terminent en nommant les objets et leur action.

😊 *Les productions sont ensuite assemblées de façon à ce que les pages qui concernent une même catégorie soient face à face ou se suivent.*

⭐ **Activité dirigée de 4 à 6 élèves ou grand groupe en regroupement**

⏱ **10 minutes**
- les productions précédentes rassemblées sous forme de livre
- un marqueur noir

MON CARNET DE SUIVI
Je connais le nom des outils et objets de la classe
page 47

💬 Nommer des objets sous dictée à l'adulte

- L'enseignant montre aux élèves le livre formé à partir de leurs productions.
- Il leur demande de chercher un titre à l'ouvrage. Pour leur donner des idées, il peut proposer à un élève de chercher un imagier de la bibliothèque.
- L'enseignant demande ensuite aux élèves de nommer les objets et les actions au fur et à mesure de leur apparition dans le livre. Il note sur les pages les mots dictés.

AUTOUR DES LIVRES TPS-PS LES IMAGIERS **179**

COMPTINES ET CHANSONS
AUTOUR DES LÉGUMES ET DES ANIMAUX

TOUS LES LÉGUMES

Tous les légu-mes
Au clair de lu-ne
Étaient en train de s'amuser hé !
Ils s'amusaient hé !
Tant qu'ils pouvaient hé !
Et les passants les regardaient

Les cornichons
Tournaient en rond
Les artichauts
Faisaient des petits sauts
Les salsifis
Valsaient sans bruit
Et les choux-fleurs
Se dandinaient avec ardeur !

DANS CE JARDIN

Dans ce jardin si petit,
Je sèmerai du persil, des radis,
Des salsifis, des soucis.

Dans ce jardin très très long,
Je sèmerai des ognons, des potirons,
Des melons, des pois tout ronds.

Dans ce jardin toujours beau,
Je sèmerai des poireaux, des haricots,
et aussi des coquelicots.

LA LICORNE
Jean Broussolle

Y'avait des gros crocodiles

Et des orangs-outangs,

 Des affreux reptiles

Et des gros moutons blancs,

Des chats, des rats, des éléphants,

Il n'y manquait personne,
À part les deux mignonnes,
Les jolies licornes !

LA DOUCHE DE L'ÉLÉPHANT
Christina Dorner

Dans la savane, vane, vane
L'hippopotame, tame, tame
N'est pas content, tent, tent
Car l'éléphant, phant, phant
L'éclabousse, bousse, bousse
Avec la mousse, mousse, mousse
Quand il se douche, douche, douche !

ACTIVITÉS COMPLÉMENTAIRES

AUTRES PROJETS POSSIBLES
- réaliser un imagier des jouets
- réaliser un imagier à toucher
- réaliser un imagier des vêtements

AUTRES ACTIVITÉS POSSIBLES AUTOUR DE LA THÉMATIQUE
- classer des objets en fonction de leur appartenance à un imagier
- classer en collant ensemble les objets d'une même catégorie
- associer des représentations d'un même objet (photos, illustrations)
- jouer à un Memory des objets (photos, illustrations)
- ranger un objet de la classe dans l'espace auquel il appartient
- identifier un objet intrus dans un espace de la classe

VERS L'AUTONOMIE
Associer deux objets identiques
page 78
Associer un objet et sa photo
page 79

AUTRES ACTIVITÉS POSSIBLES AUTOUR DES IMAGIERS SOURCES
- identifier des intrus parmi les illustrations d'une *page de l'imagier*

AUTRES ACTIVITÉS POSSIBLES À PARTIR DE LIVRES EN RÉSEAU (VOIR PAGES 18 À 19)
- observer des imagiers autour d'un thème
- identifier, rechercher des livres sur un même thème
- comparer des illustrations d'illustrateurs différents

RÉSEAU AUTOUR DES IMAGIERS

IMAGIERS SUR DES THÈMES DONNÉS

TPS
Mes premiers animaux à toucher
Virginie Graire
© Auzou éveil • 2015 • 15,95 €
Un imagier cartonné de grande taille. Sur chaque double page, deux animaux parmi d'autres sont caractérisés par une phrase très simple et peuvent être touchés.
Pas de réel obstacle dans ces imagiers, si ce n'est que les illustrations, par leur nature, sont plus difficiles à identifier que des photos.

TPS
KIDIDOC
Mon imagier...
Nathalie Choux
© Nathan • 8,40 €
Une collection d'imagiers animés très solides qui plaisent beaucoup aux jeunes enfants.
Pas de réel obstacle dans ces imagiers, si ce n'est que les illustrations, par leur nature, sont plus difficiles à identifier que des photos.

TPS
MINI IMAGIER
L'imagier de... de Petit Ours Brun
Danièle Bour
© Bayard jeunesse • 4,90 €
Une collection de mini imagiers avec peu de mots illustrés sur un sujet donné.
Pas de réel obstacle dans ces imagiers, si ce n'est que les illustrations, par leur nature, sont plus difficiles à identifier que des photos.

TPS
Les belles couleurs
Amandine Laprun
© Nathan • 2021 • 8,90 €
Une collection d'imagiers cartonnés animés sur la nature avec une image en noir et blanc par double page. La même image en couleur peut être découverte grâce à la tirette.
Très solides, ils sont bien adaptés aux classes de TPS.

TPS PS
Mon mini imagier...
© Larousse des petits • 6,95 €
Une collection d'imagiers proposant une photographie par page sur 256 pages.
Les représentations étant des photographies, elles ne posent pas de problème d'identification.

PS
PETIT DOUX
Mon imagier...
Louison Nielman et Elsa Fouquier
© Fleurus • 2019 • 11,90 €
Une collection d'imagiers à flaps joliment illustrés.
Pas de réel obstacle dans ces imagiers, si ce n'est que les illustrations, par leur nature, sont plus difficiles à identifier que des photos.

PS
Mon imagier animé
© Gallimard jeunesse • 8,90 €
Une collection d'imagiers avec des animations et des questions.
Relativement fragiles, ils sont plutôt adaptés aux classes de PS.

PS
10 véhicules et leurs cousins 10 animaux et leurs voisins
Cléa Dieudonné
© L'agrume • 2016 • 11,90 €
Deux imagiers illustrés bien conçus : sur la page de gauche, un véhicule ou un animal, sur la page de droite et son rabat, des mots cousins.
Certains mots choisis sont assez spécifiques et donc difficiles à mémoriser. Les illustrations très graphiques peuvent aussi poser des problèmes d'identification.

IMAGIERS GÉNÉRAUX

TPS
Mon grand imagier à toucher
Xavier Deneux
© Milan • 2016 • 18,90 €
Un imagier cartonné à toucher sur la journée, le repas, les transports et les animaux.

TPS PS
L'imagier du Père Castor
A. Telier
© Flammarion jeunesse • 2007 • 12 €
470 illustrations réparties en 10 thèmes : objets animaux, plantes, engins... Un classique.

TPS PS
Le grand imagier photos des petits
© Larousse • 2017 • 13,50 €
Un imagier avec des photos regroupant un grand nombre d'objets reconnaissables par les petits.

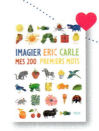

PS
IMAGIER
Mes 200 premiers mots
Eric Carle
© Mijade • 2019 • 16 €
Un imagier très complet illustré par l'illustrateur Eric Carle.

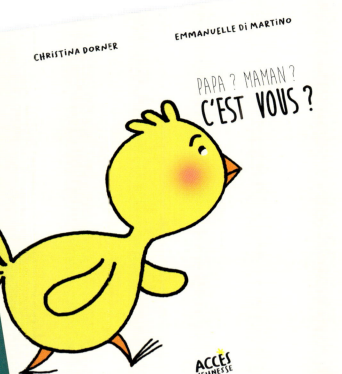

L'ALBUM SOURCE
Papa ? Maman ? C'est vous ?

LE PROJET
Fabriquer des masques pour raconter et théâtraliser une histoire

TPS-PS mars à juin

Les animaux de la ferme

184 Présentation de la thématique
Présentation de l'album source

185 Organigramme du projet

186 Découverte de l'album source
1 Jouer avec des figurines d'animaux de la ferme
2 Observer et décrire les animaux de l'histoire
3 Émettre des hypothèses en s'appuyant sur les illustrations **PS**

187 Appropriation de l'album source
1 Écouter l'histoire racontée **TPS**
2 Écouter la lecture de l'album
3 Jouer avec les marottes des personnages
4 Identifier les personnages de l'histoire parmi d'autres animaux
5 Bruiter l'histoire avec les cris des animaux
6 Décrire et nommer les animaux **PS**
7 S'approprier les mots de l'histoire
8 S'approprier le nom des animaux de la ferme
9 Commencer à raconter l'histoire

190 Projet
Adhérer au projet de la classe
Réaliser les masques des animaux
Réaliser le masque du poussin
Jouer l'histoire à l'aide des masques
Jouer l'histoire devant un public
Exprimer son ressenti sur le projet

192 Comptines et chansons
193 Activités complémentaires
194 Réseau

LES ANIMAUX DE LA FERME

Présentation de la thématique

⌂ RÉPARTITION DES APPRENTISSAGES

Pourquoi étudier les animaux de la ferme ?
Les animaux font partie des personnages préférés des enfants, qui ont tendance à penser qu'ils sont imaginaires. À trois ans, ils ont certainement déjà rencontré quelques animaux domestiques, mais peu connaissent déjà les autres animaux. Cette thématique constitue par conséquent une première ouverture au monde animal.

Quand étudier les animaux de la ferme ?
Les périodes 4 ou 5 se prêtent bien à l'étude des animaux de la ferme, aussi bien en TPS qu'en PS, car elles sont propices à des sorties à l'extérieur, notamment à la ferme.

Présentation de l'album source

Un poussin cherche ses parents.
Dans sa quête, il rencontre différents animaux qui lui présentent leur famille.
Une histoire en randonnée pour apprendre les noms des animaux de la ferme de façon ludique.

Les intérêts de l'album source
L'album source fait appel à l'affectif car il met en scène un personnage qui cherche sa maman. Cela fait écho au vécu des enfants (ils ont une maman) et à leur ressenti (comment se sentiraient-ils à la place du poussin ?)
La structure répétitive de l'album permet aux élèves de s'approprier le texte et de le mémoriser facilement : le poussin pose toujours la même question aux animaux qu'il rencontre, seule la réponse change puisque les animaux se présentent en disant leur nom. Cela permet aux élèves de découvrir et de mémoriser les noms des différents animaux de la ferme et de leurs petits.
De plus, le fait que les animaux interpelés par le poussin soient d'abord présentés de dos permet aux élèves d'émettre des hypothèses sur leur identité.

Les obstacles de l'album source
La seule difficulté de l'album réside dans le vocabulaire employé, les noms des petits des animaux étant difficiles à mémoriser par certains élèves. Cette difficulté ne constitue néanmoins pas un réel obstacle à la compréhension, puisque les petits sont représentés sur les illustrations. Pour faciliter la compréhension, l'enseignant peut les pointer sur l'illustration lorsqu'ils sont nommés.

Le vocabulaire autour de l'album et du projet

VERBES sortir, chercher.

NOMS une coquille, des parents, un papa, une maman, un lapin, un lapereau, un chien, un chiot, un cochon, un porcelet, un mouton, un agneau, une vache, un taureau, un veau, un cheval, des chevaux, un poulain, une poule, un coq, une ferme, un fermier.

ADJECTIF seul.

ADVERBE partout.

Papa ? Maman ? C'est vous ?
Christina Dorner et Emmanuelle Di Martino
© Accès jeunesse • 2020 • 12€

Organigramme du projet

Mobiliser le langage dans toutes ses dimensions
- mémoriser le vocabulaire des animaux de la ferme
- décrire des animaux **PS**
- écouter, comprendre, mémoriser, raconter et théâtraliser une histoire
- exprimer son ressenti sur le projet

Apprendre ensemble et vivre ensemble
- adhérer au projet de la classe
- participer à un projet collectif
- travailler en équipe, coopérer

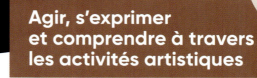

FABRIQUER DES MASQUES POUR RACONTER ET THÉÂTRALISER UNE HISTOIRE

Agir, s'exprimer et comprendre à travers les activités artistiques
- réaliser les masques avec différentes techniques plastiques
- jouer avec sa voix pour bruiter les cris des animaux
- interpréter un rôle de manière expressive

Explorer le monde
- découvrir les animaux de la ferme
- découvrir la notion d'espèce
- découvrir un animal ovipare : le poussin
- identifier des cris d'animaux

Les animaux de la ferme

DÉCOUVERTE
DE L'ALBUM SOURCE

1
- une ferme
- des figurines d'animaux

2
- une boite à chaussures
- les *marottes des personnages* ou des figurines des animaux de l'album

3
- l'album *Papa ? Maman ? C'est vous ?*

---

1 Jouer avec des figurines d'animaux de la ferme

☆ Activité de 2 à 3 élèves à l'accueil

⏱ 10 minutes

• L'enseignant installe la ferme avec les figurines dans la classe.

• Il laisse les élèves jouer librement et intervient de temps en temps pour les amener à nommer les animaux et introduire les noms de ceux qu'ils ne connaissent pas.

2 Observer et décrire les animaux de l'histoire

☆ Petit ou grand groupe en regroupement

⏱ 5 à 10 minutes

• L'enseignant montre la boite à raconter aux élèves.

• À tour de rôle, ils en sortent les animaux les uns après les autres et les nomment.

• S'ils ne les connaissent pas, l'enseignant intervient.

3 Émettre des hypothèses en s'appuyant sur les illustrations **PS**

☆ Petit ou grand groupe en regroupement

⏱ 10 minutes

• L'enseignant montre l'album aux élèves et lit son titre. Il leur explique qu'ils vont essayer d'imaginer l'histoire en s'aidant des illustrations.

• Il lit la première double page de l'album ainsi que les paroles du poussin. À chaque fois que les animaux sont vus de dos, il demande aux élèves s'il s'agit des parents du poussin, et comment ils s'appellent.

• La vérification se fait en lisant les réponses des animaux.

APPROPRIATION
DE L'ALBUM SOURCE

1
- un castelet (voir *Trucs & Astuces* page 25)
- les *marottes des personnages* ou des figurines des animaux de l'album

2
- l'album ***Papa ? Maman ? C'est vous ?***

3
- les *marottes des personnages*
- l'album ***Papa ? Maman ? C'est vous ?***

---

1 Écouter l'histoire racontée TPS
⭐ **Petit ou grand groupe en regroupement**
⏱ **10 minutes à réitérer**

- L'enseignant raconte l'histoire aux élèves à l'aide des marottes.

- Il la théâtralise en changeant de voix pour chaque personnage et en jouant les émotions du poussin.

2 Écouter la lecture de l'album
⭐ **Petit ou grand groupe en regroupement**
⏱ **10 minutes à réitérer**

- L'enseignant montre l'album aux élèves et les laisse s'exprimer.
- Il lit le titre en le montrant du doigt, puis lit l'intérieur en tournant les pages simultanément et en dramatisant.
- Lorsque la lecture est terminée, il amène les élèves à faire le lien entre le livre et les marottes.
- Cette séance est répétée pour que les enfants s'approprient l'histoire.
- Lorsqu'ils connaissent bien l'album, l'enseignant fait volontairement des erreurs lors de la lecture. Il peut par exemple se tromper sur le nom des animaux ou leurs cris.
- Au départ, il montre les illustrations de l'album pour aider la classe, puis il peut répéter l'activité sans les images.
- Il laisse les élèves intervenir à tour de rôle pour corriger les erreurs, vérifiant ainsi leur degré de compréhension de l'histoire.

3 Jouer avec les marottes des personnages
⭐ **Activité de 2 à 3 élèves à l'accueil**
⏱ **10 minutes**

- Les élèves disposent des marottes avec lesquelles ils jouent librement à l'accueil.
- S'il le souhaite, l'enseignant peut intervenir pour les amener à verbaliser ce qu'ils sont en train de faire.
- L'album est laissé aux élèves pour qu'ils puissent s'y référer.

APPROPRIATION
DE L'ALBUM SOURCE

4
- les *marottes des personnages*
- des marottes d'autres animaux

5
- l'album *Papa ? Maman ? C'est vous ?*
- les *marottes des personnages*

6 - les *mots illustrés* : un poussin, une poule / un coq, un lapin, un chien, un cochon, un mouton, une vache, un cheval

---

4 Identifier les personnages de l'histoire parmi d'autres animaux

☆ **Petit groupe ou demi-classe en regroupement**

⏱ **10 minutes**

● L'enseignant place tous les animaux au sol.

● Les élèves sélectionnent ceux qui figurent dans l'album étudié et les accrochent au tableau.

● Les intrus sont ainsi mis en évidence.

DIFFÉRENCIATION Le nombre d'intrus peut varier en fonction du niveau des élèves.

5 Bruiter l'histoire avec les cris des animaux

☆ **Petit ou grand groupe en regroupement**

⏱ **10 minutes à réitérer**

● L'enseignant propose aux élèves de bruiter l'histoire.

● Pour cela, il tourne les pages en montrant les illustrations. Les élèves émettent le cri de l'animal représenté.

● La séance se termine par un jeu : un élève émet un cri, ses camarades identifient la marotte de l'animal correspondant et le nomment.

● Ce jeu peut être réitéré.

DIFFÉRENCIATION Cette activité peut nécessiter plusieurs séances en fonction de l'attention et du niveau des élèves.

6 Décrire et nommer les animaux PS

☆ **Petit ou grand groupe en regroupement**

⏱ **10 minutes à réitérer**

● L'enseignant montre aux élèves les images des animaux une à une.

● Ils les nomment et les décrivent : taille, couleur, présence de plumes ou de poils.

DIFFÉRENCIATION En fonction du niveau des élèves, il est possible d'ajouter les mots illustrés des bébés animaux. Cette activité peut nécessiter plusieurs séances jusqu'à ce que tous les élèves soient capables de nommer les différents animaux.

7
- les *marottes des personnages*
- les *mots illustrés* : un poussin, une poule / un coq, un lapin, un chien, un cochon, un mouton, une vache, un cheval

8
- le *jeu des animaux de la ferme*
- des jetons
- les figurines des animaux

9
- les *marottes des personnages*

7 S'approprier les mots de l'histoire

⭐ **Petit groupe ou demi-classe en regroupement**

⏱ **10 minutes**

- Dans un premier temps, l'enseignant montre les mots illustrés aux élèves et les amène à les décrire et à les nommer.
- Il montre les marottes et explicite la différence entre le singulier et le pluriel du mot cheval.
- Les élèves essaient alors d'associer une photo et une illustration.

- Dans un second temps, l'enseignant demande aux élèves de fermer les yeux et inverse deux images.
- Les élèves nomment les associations erronées et les corrigent.

DIFFÉRENCIATION En fonction du niveau des élèves, l'activité peut être réalisée avec plus ou moins d'animaux.

8 S'approprier le nom des animaux de la ferme

⭐ **Activité dirigée de 4 à 6 élèves**

⏱ **5 à 10 minutes**

- L'enseignant présente la planche de jeu aux élèves et les laisse s'exprimer.
- Il montre ensuite une figurine. Les élèves nomment l'animal et cherchent sa photo sur la planche. Lorsqu'ils trouvent une photo de l'animal, ils posent un jeton dessus.
- Cette activité est reproduite avec les différents animaux.
- Un élève peut prendre la place de l'enseignant.
- Dans un second temps, l'enseignant nomme un animal et les élèves le retrouvent sur la planche de jeu. Puis, à tour de rôle, chaque élève nomme un animal et les autres placent un jeton dessus.

9 Commencer à raconter l'histoire

⭐ **Activité dirigée de 4 à 6 élèves**

⏱ **10 minutes**

- L'enseignant propose aux élèves de raconter l'histoire.
- Il tient les marottes et les amène à dire les paroles des animaux.

- Il peut les guider en introduisant l'exercice avec la phrase : *Papa ? Maman ? C'est vous ?*

DIFFÉRENCIATION Lorsqu'ils racontent l'histoire, les élèves peuvent uniquement dire le nom de la famille, celui des petits étant plus difficile à retenir.

PROJET Fabriquer des masques pour théâtraliser une histoire

Grand groupe en regroupement
5 minutes

👥 Adhérer au projet de la classe

- Maintenant que les élèves connaissent bien l'histoire de **Papa ? Maman ? C'est vous ?**, l'enseignant leur propose de la raconter et de la théâtraliser pour la faire découvrir à une autre classe de l'école.

Activités avec l'ATSEM de 6 à 8 élèves
2 × 10 minutes

- une assiette en carton non vernie ou un *disque* ☁ découpé dans du papier cartonné blanc dans lequel sont percés deux yeux par élève
- de la gouache de différentes couleurs
- des *oreilles, cornes et museaux* ☁ imprimés sur du papier coloré
- des gommettes

🖌 Réaliser les masques des animaux

- Chaque élève choisit un animal parmi ceux de l'histoire.
- L'adulte donne à chacun le matériel nécessaire à la réalisation de son masque.
- Les élèves peuvent également être répartis en fonction du masque choisi.
- Cette activité peut être réalisée sur deux séances en fonction de l'animal choisi.

😊 *Un manche est réalisé avec une baguette chinoise ou un bâton.*

Activité avec l'ATSEM de 6 à 8 élèves
10 minutes

- une assiette en carton non vernie ou un *disque* ☁ découpé dans du papier cartonné blanc dans lequel sont percés deux yeux par élève
- de petits morceaux de papier crépon jaune
- de la colle

🖌 Réaliser le masque du poussin

- Chaque élève reçoit une assiette, l'encolle et la recouvre de petits morceaux de papier jaune.
- Le bec pourra être ajouté individuellement par collage à l'accueil.

😊 *Un manche est réalisé avec une baguette chinoise ou un bâton.*

Petit groupe ou demi-classe en regroupement

10 minutes
- les masques réalisés

💬 Jouer l'histoire à l'aide des masques

- L'enseignant propose aux élèves de jouer l'histoire à l'aide des masques.
- Les rôles sont répartis entre les différents élèves.
- L'enseignant leur montre comment tenir les masques et les amène à dire le texte de leur personnage.
- Un second passage est réalisé avec d'autres élèves.
- Cette séance est réitérée afin que les élèves s'habituent à jouer les différents personnages.

DIFFÉRENCIATION Les noms des petits peuvent être dits par l'enseignant si les élèves ne les connaissent pas, notamment en TPS.

Grand groupe en salle de motricité

10 minutes
- les masques réalisés
- un appareil pour filmer

💬 🎵 Jouer l'histoire devant un public

- L'enseignant propose aux élèves qui le souhaitent de raconter l'histoire devant une autre classe de l'école ou devant les parents.
- Si les élèves ne sont pas à l'aise devant un grand public, la représentation peut avoir lieu devant un petit groupe et être filmée. C'est alors la vidéo qui est montrée aux autres classes ou aux parents.

Grand groupe

10 minutes
- la vidéo réalisée

💬 Exprimer son ressenti sur le projet

- L'enseignant propose aux élèves de visualiser la vidéo de leur représentation.
- Les élèves peuvent s'exprimer sur ce qu'ils ont vu, sur le projet, sur leur ressenti.
- En fonction du niveau des élèves, l'enseignant les guide par des questions : *Est-ce que le film vous a plu ? Est-ce que ce projet vous a plu ? Qu'est-ce que vous avez aimé faire ? Est-ce que vos parents ont aimé ? Qu'ont-ils dit ?*

COMPTINES ET CHANSONS
AUTOUR DES ANIMAUX DE LA FERME

UN PETIT COCHON

Un petit cochon
Pendu au plafond
Tirez-lui le pied
Il donnera du lait.
Tirez-lui la queue
Il pondra des œufs.
Tirez-la plus fort
Il donnera de l'or.
Combien en voulez-vous ?
Trois ! Un, deux, trois !

DANS LA FERME DE MATHURIN

Dans la ferme de Mathurin, i a i a o
Y'a des centaines de canards, i a i a o
Y'a des COIN par-ci, y'a des COIN par-là
Y'a des COIN y'a des COIN
Y'a des COIN COIN COIN, COIN
Dans la ferme de Mathurin,
chacun son refrain

*Ce texte est repris en changeant d'animal
et de cri à chaque répétition : moutons et BÊÊ,
cochons et GROIN, chevaux et HIII,
vaches et MEUH, chiens et OUAFF.*

LE ROCK-AND-ROLL DES GALLINACÉS

Dans ma bassecour il y a
Des poules, des dindons, des oies
Il y a même des canards
Qui barbotent dans la mare

Alors cot cot cot codec.
Cot, cot, cot, codec (x2)
C'est le rock-and-roll des gallinacés.

Dans ma bassecour il y a
Des pigeons, des canetons
Il y a même les dindons
Qui se cachent dans les buissons

Ça fait cot cot cot codec.
Cot, cot, cot, codec (x2)
C'est le rock-and-roll des gallinacés.

L'APPEL DES ANIMAUX
Régis Morse

Le matin,
dans la grange,
le fermier fait l'appel.

Coq, es-tu là ?
Cocorico ! Cocorico !

Poule, es-tu là ?
Cot cot cot !

Canard, es-tu là ?
Coin coin coin !

Chien, es-tu là ?
Ouaf ouaf ouaf !

Chat, es-tu là ?
Miaou miaou miaou !

Cochon, es-tu là ?
Groin groin groin !

Mouton, es-tu là ?
Bê bê bê !

Vache, es-tu là ?
Meuh meuh meuh !

Cheval, es-tu là ?
Hiii hiii hiii !

Âne, es-tu là ?
Hi-han hi-han hi-han !

Loup, es-tu là ?
Ouh ouh ouh !
Ahhh !

Vers la musique
Paroles de Régis Morse
et musique d'Amélie Denarié
Illustration Christian Voltz
© ACCÈS Éditions 2019

ACTIVITÉS COMPLÉMENTAIRES

AUTRES PROJETS POSSIBLES
- réaliser un imagier à toucher des animaux de la ferme
- réaliser une histoire sonore de l'album
- réaliser des cartes d'identité des animaux de la ferme
- réaliser un livre documentaire des animaux de la ferme

AUTRES ACTIVITÉS POSSIBLES AUTOUR DE LA THÉMATIQUE
- jouer au jeu de Memory de la ferme
- identifier les cris des animaux
- jouer à un loto sonore des animaux
- reconstituer des puzzles d'animaux de la ferme
- associer les petits et leurs parents
- identifier des intrus parmi les animaux de la ferme
- mimer le déplacement et reproduire les cris des animaux de la ferme
- mettre en place un coin ferme dans la classe avec des animaux

SCIENCES À VIVRE MATERNELLE
Tableau de famille
page 74

MON CARNET DE SUIVI
J'associe des individus d'une même espèce
page 44

VERS LA MUSIQUE
Les cris des animaux
pages 30 à 35

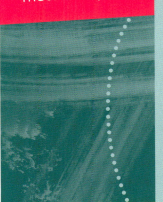

AUTRES ACTIVITÉS POSSIBLES AUTOUR DE L'ALBUM SOURCE
- écouter la *version sonore* de l'album
- montrer les animaux rencontrés au fur et à mesure de la lecture
- identifier des livres documentaires sur les animaux présents dans l'album
- identifier des intrus parmi les animaux de l'histoire
- réaliser son animal préféré en peinture
- observer et reproduire le déplacement des animaux

AUTRES ACTIVITÉS POSSIBLES À PARTIR DE LIVRES EN RÉSEAU (VOIR PAGES 18 À 19)
- écouter la lecture d'albums sur les animaux de la ferme
- attribuer un personnage à un album
- identifier des livres sur le thème de la ferme
- rechercher des éléments dans des livres autour des animaux de la ferme et les comparer
- observer et découvrir des imagiers autour d'un thème
- rechercher des informations dans un livre documentaire
- comparer un même personnage dans deux albums différents

RÉSEAU
AUTOUR DES ANIMAUX DE LA FERME

AUTRES ALBUMS UTILISABLES COMME ALBUM SOURCE

TPS
Mais ils sont où ?
Charly Delwart et Elo
© Marcel et Joachim • 2019 • 13 €

Il est où le chat ? Il est où le lapin ? Sur le principe du coucou caché qui fait tant rire les bébés, une première histoire pour découvrir cinq animaux de la ferme.
L'humour avec lequel le texte est écrit peut poser une légère difficulté.

TPS PS
Le tout petit fermier
Jean Leroy et Matthieu Maudet
© L'école des loisirs • 2009 • 8,70 €

Les animaux de la ferme sont placés l'un devant l'autre du plus grand au plus petit. Qui cachent-ils ?
Pas de réelle difficulté dans cet album, qui permet de nommer les animaux et leurs cris et de travailler sur devant/derrière.

TPS PS
Maman, c'est toi ?
Michaël Escoffier et Matthieu Maudet
© L'école des loisirs • 2019 • 10 €

Avec son chapeau qui lui tombe sur les yeux, il ne voit pas devant lui. Maman c'est toi ? Bêêêê ! répond le mouton. Meuhh ! répond la vache.
Pas de réelle difficulté dans cet album, qui permet de nommer les animaux et leurs cris.

PS
Petit chat perdu
Natacha et Albertine Deletaille
© Flammarion jeunesse • 2018 • 5,25 €

Petit chat perdu a un peu faim. Qui va pouvoir l'aider ? Une histoire en randonnée pour découvrir les animaux de la ferme, leurs cris et ce qu'ils mangent.
Changer de voix pour distinguer les paroles de chaque personnage.

PS
Trotro et Zaza à la ferme
Bénédicte Guettier
© Gallimard jeunesse • 2019 • 5,50 €

« Cocorico », entend Zaza. « Poule », cit-elle. « Non, c'est un coq, corrige Trotro, on dit poule pour la maman et poussin pour le petit. »
Changer de voix pour distinguer les dialogues de la narration.

IMAGIERS SUR LA FERME

TPS
KIDIDOC
Mon imagier de la ferme
Nathalie Choux
© Nathan • 2011 • 8,40 €

Un imagier animé clairement illustré, solide et parfaitement adapté aux tout petits.
Pas de réel obstacle, si ce n'est que les illustrations, par leur nature, sont plus difficiles à identifier que des photos.

TPS PS
MES PREMIERS ANIMALIERS SONORES
Les animaux de la ferme
© Auzou • 2018 • 9,95 €

Un imagier sonore sur cinq animaux de la ferme. Pour chacun, une phrase descriptive et un bouton pour entendre son cri.
Les photographies sont grandes. Les cris sont précédés d'une musique.

PS
100 mots de la ferme
Olivier Latyk
© Nathan • 2018 • 13,90 €

100 mots de la ferme regroupés par milieu : animaux, lieux (bassecour, étable, pré), aliments, objets et outils, fruits et légumes…
À utiliser en petit groupe.

PS
PETIT DOUX
Mon imagier de la ferme
Louison Nielman et Elsa Fouquier
© Fleurus • 2019 • 11,90 €

Un bel imagier qui regroupe les images par lieu : étable, pré, bassecour, moulin, verger…
Certains mots choisis sont un peu compliqués. À utiliser en petit groupe.

PS
Les animaux de la ferme
François Delebecque
© Les Grandes Personnes • 2010 • 16,50 €

Un imagier à volets sur lesquels sont dessinées des silhouettes et sous lesquels se trouve une photo en couleur.
La mise en page peut donner l'impression que certains animaux font partie de la même espèce alors que ce n'est pas le cas.

DOCUMENTAIRES SUR LA FERME

TPS PS
MES PREMIERS DOCS SONORES
À la ferme
Charlie Pop
© Gründ • 2016 • 14,95 €

Un documentaire sonore à volets pour se familiariser avec les sons de la ferme.
À utiliser en petit groupe.

TPS PS
MON PREMIER DOC ANIMÉ
Les animaux de la ferme
Camille Tisserand
© Milan • 2019 • 12,90 €

Un documentaire pour découvrir quelques caractéristiques des animaux de la ferme.
Bien adapté aux plus jeunes

TPS PS
LES DOCS EMBOÎTÉS
Les animaux de la ferme
Philippe Jalbert
© Seuil jeunesse • 2017 • 12,50 €

Un documentaire avec des images en relief pour découvrir les animaux de la ferme.
Parfaitement adapté aux tout-petits.

PS
MES TOUT PREMIERS DOCS
La ferme
Jeanne Boyer et Ilaria Falorsi
© Milan • 2018 • 5,95 €

Un documentaire expliquant avec simplicité les premières notions sur la ferme.
À utiliser en petit groupe.

PS
MES PREMIÈRES DÉCOUVERTES
Les animaux de la ferme
© Gallimard jeunesse • 2013 • 11,70 €

Un documentaire avec volets transparents pour découvrir les animaux de la ferme, leur lieu de vie, leur régime alimentaire…
À utiliser en petit groupe.

L'ALBUM SOURCE
Les trois petits cochons

LE PROJET
Réaliser un tapis à raconter du conte

PS avril à juin

Les trois petits cochons

196 Présentation de la thématique
Présentation de l'album source

197 Organigramme du projet

198 Découverte de l'album source
1 Observer et décrire les éléments de l'histoire
2 S'approprier le vocabulaire de l'histoire
3 Écouter l'histoire racontée

199 Appropriation de l'album source
1 Écouter la lecture de l'album
2 Courir pour échapper au loup
3 Caractériser les personnages de l'histoire
4 Décrire la fabrication des maisons
5 Construire des maisons en briques
6 S'approprier le vocabulaire des maisons
7 Attribuer la bonne illustration au texte lu
8 Ordonner des images séquentielles de l'histoire
9 Raconter l'histoire à l'aide des éléments de l'histoire

202 Projet
 Adhérer au projet de la classe et lister les éléments du tapis
 Décorer les trois maisons et peindre le fond
 Réaliser les personnages
 Reconstituer le titre de l'histoire
 Raconter l'histoire avec le tapis

204 Comptines et chansons

205 Activités complémentaires

206 Réseau

LES TROIS PETITS COCHONS

Présentation de la thématique

Pourquoi étudier *Les trois petits cochons* ?

Ce conte figure parmi les plus célèbres contes patrimoniaux destinés aux enfants. À ce titre, l'étudier permet d'enrichir la culture littéraire des élèves et de leur donner des références communes et universelles.

Ce conte est particulièrement intéressant pour construire l'archétype du loup et confronter les enfants au sentiment de peur, qu'ils découvrent ainsi en toute sécurité pour pouvoir mieux l'appréhender et le surmonter dans la vraie vie.

Quand étudier *Les trois petits cochons* ?

Ce conte peut être étudié en période 4 ou 5 de PS, au moment où les élèves sont prêts à écouter un récit un peu plus long. Il s'agit ici d'une première approche de la structure du conte qu'ils rencontreront par la suite dans leur scolarité.

Présentation de l'album source

Les trois petits cochons devenus grands décident de construire chacun sa maison. Le premier décide de construire une maison en paille, le second une maison en bois, le troisième une maison en briques.
Laquelle résistera au loup ?

Les intérêts de l'album source

Cet album reprend le conte des trois petits cochons sans omettre aucune étape : contrairement à beaucoup d'autres versions, les ellipses spatiales et temporelles sont réduites au maximum afin de faciliter la compréhension de la trame narrative. Les personnages ne sont représentés qu'une seule fois sur une même double page, ce qui est important car peu d'élèves de trois ans ont conscience de la permanence des personnages.
En outre, le texte est volontairement concis et le vocabulaire soigneusement choisi pour être compréhensible, mais riche. La structure répétitive du texte permet aux élèves de le mémoriser et de se l'approprier facilement.
Enfin, les illustrations sont épurées pour se focaliser sur le déroulement de l'histoire. Leur grand point fort réside dans l'utilisation de vrais matériaux pour la réalisation des maisons et dans la touche d'humour caractéristique des livres de Christian Voltz. Elles montrent aussi distinctement les outils nécessaires aux fabrications des maisons, ce qui permet de travailler cet aspect de façon approfondie avec les élèves.

Les obstacles de l'album source

L'histoire elle-même n'est pas compliquée à comprendre. Néanmoins, la dramatisation prend ici une grande importance pour permettre aux élèves de bien comprendre le but et les états des différents personnages. Changer de voix pour chacun permettra en outre de capter et de maintenir l'attention des élèves.
L'utilisation du passé simple peut constituer un obstacle à la compréhension, mais il peut être contourné grâce à la dramatisation, d'autant plus que les verbes utilisés ont volontairement été choisis pour ne pas présenter trop de difficulté, car il est bon que les élèves commencent à se familiariser progressivement avec ce temps particulier.

Le vocabulaire
autour de l'album et du projet

VERBES quitter, construire, fabriquer, observer, frapper, souffler, s'envoler, courir, se réfugier, ouvrir, manger, grimper, entrer, décider, se bruler, s'échapper, revenir.

NOMS un cochon, un loup, une maison, de la paille, du bois, une brique, une porte, une fenêtre, un toit, une cheminée, une marmite, un feu, une idée, une queue, la peur, une faucille, une scie, un marteau, des clous, une brouette, un seau, une pelle, du ciment, une truelle.

ADJECTIFS petit, grand, rapide, solide, fragile, long, travailleur, apeuré, fort, malin.

Les trois petits cochons
Christina Dorner et Christian Voltz
© Accès jeunesse • 2020 • 12€

Organigramme du projet

Apprendre ensemble et vivre ensemble
- participer à un projet collectif
- travailler en équipe, coopérer

Mobiliser le langage dans toutes ses dimensions
- mémoriser le vocabulaire des maisons
- écouter, comprendre et raconter un conte patrimonial à partir d'un tapis à raconter
- identifier, caractériser et nommer les personnages de l'histoire
- décrire la fabrication des maisons
- reconstituer le titre de l'histoire
- raconter l'histoire avec le tapis

Agir, s'exprimer et comprendre à travers l'activité physique
- courir pour échapper au loup

RÉALISER UN TAPIS À RACONTER DU CONTE

Agir, s'exprimer et comprendre à travers les activités artistiques
- décorer les trois maisons et le loup par collage de matériaux
- peindre un fond

Explorer le monde
- découvrir et nommer des matériaux : paille, bois, brique
- prendre conscience de l'effet du souffle
- reconstituer les corps des trois petits cochons
- construire des maisons en briques

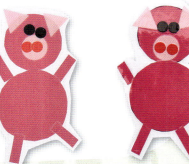

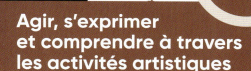

Les trois petits cochons

DÉCOUVERTE DE L'ALBUM SOURCE

1
- les *marottes des personnages* ☁
- un sac à toucher contenant de la paille
- un sac à toucher contenant des brindilles ou des buchettes en bois
- un sac à toucher contenant des morceaux de brique

2
- les *mots illustrés* ☁ : un cochon, un loup, de la paille, une maison, du bois, une brique, une marmite, une cheminée, un toit, du feu, une porte, une fenêtre
- les *marottes des personnages* ☁
- les *éléments de l'album* ☁

3
- les *marottes des personnages* ☁
- les *maisons des cochons* ☁

1 Observer et décrire les éléments de l'histoire

☆ Petit ou grand groupe en regroupement
⏱ 5 à 10 minutes

- Dans un premier temps, l'enseignant invite les élèves à mettre la main dans les trois sacs et à émettre des hypothèses sur leur contenu.
- Dans un second temps, un élève extrait une partie du contenu d'un sac. Les élèves sont amenés à nommer les différents matériaux.

- Pour terminer, l'enseignant montre les marottes des personnages de l'histoire et demande aux élèves de les nommer.

- Si certains élèves font le rapprochement avec l'histoire des trois petits cochons, les laisser s'exprimer sur le conte.

2 S'approprier le vocabulaire de l'histoire

☆ Petit ou grand groupe en regroupement
⏱ 2 x 10 minutes

- L'enseignant montre les mots illustrés un à un. Les élèves les nomment.
- Il place les marottes et les éléments de l'album dans un sac à toucher. À tour de rôle, les élèves tirent un élément du sac, le nomment et l'attribuent à un des mots illustrés.

- Il leur demande ensuite de fermer les yeux et inverse deux associations faites précédemment. Les élèves identifient les erreurs en nommant les éléments déplacés.

DIFFÉRENCIATION En fonction du niveau des élèves, il est possible d'ajouter des mots.

😊 Une deuxième séance peut être réalisée avec les mots illustrés des verbes de l'album en demandant aux élèves de les nommer et de les mimer.

3 Écouter l'histoire racontée

☆ Petit ou grand groupe en regroupement
⏱ 10 minutes

- L'enseignant raconte 'histoire aux élèves à l'aide des marottes et des trois maisons placées au tableau avec de la pâte à fixer.

- À la fin de la séance, il leur demande quel a été leur passage préféré.
- Cette séance est répétée pour que les élèves se familiarisent avec l'histoire.
- Le matériel est laissé à disposition des élèves afin qu'ils se l'approprient.

DIFFÉRENCIATION En fonction du niveau des élèves, il est possible de passer directement à la lecture de l'album, en montrant ou non les illustrations.

APPROPRIATION
DE L'ALBUM SOURCE

1 - l'album **Les trois petits cochons**

2 - des tapis
- un foulard

3 - l'album **Les trois petits cochons**
- les *marottes des personnages*

---

1 Écouter la lecture de l'album

☆ **Petit ou grand groupe en regroupement**

⏱ **10 minutes à réitérer**

- L'enseignant montre l'album aux élèves et les laisse s'exprimer.

- Il lit le titre en le montrant du doigt et commence la lecture en tournant les pages simultanément. Il dramatise en changeant de voix, en mimant le souffle du loup et en exagérant la peur des trois petits cochons.
- Cette séance est réitérée afin que les élèves s'approprient l'album.
- Lorsque les élèves connaissent bien l'histoire, l'enseignant introduit volontairement des erreurs dans la lecture : il peut par exemple changer le titre ou le nom des animaux, faire apparaître un nouveau personnage, remplacer un matériau par un autre...
- Les élèves interviennent pour corriger l'enseignant, qui vérifie ainsi leur degré de compréhension de l'histoire.

DIFFÉRENCIATION Si le niveau des élèves le permet, l'album peut être lu une première fois sans montrer les illustrations de façon à recueillir les premiers ressentis, puis une seconde fois en montrant les illustrations.

MON CARNET DE SUIVI
Je prends plaisir à écouter une histoire
page 10

2 Courir pour échapper au loup

☆ **Grand groupe en salle de motricité**

⏱ **15 minutes**

- Lors de la mise en train, les élèves se déplacent comme des animaux : éléphant, grenouille, serpent, souris...
- L'enseignant place ensuite les tapis dans la salle.
- Il explique aux élèves qu'ils vont incarner les petits cochons et se déplacer à quatre pattes. Lorsque le loup arrive, ils se réfugient vers la maison en briques représentée par un tapis. S'ils sont touchés par le foulard du loup, ils se figent et se transforment en statue assise.
- Au départ, le loup est joué par l'enseignant. Lorsque la règle est bien comprise, un élève peut prendre sa place.
- Pour le retour au calme, l'enseignant demande aux élèves de s'allonger, de fermer les yeux et de respirer doucement en posant leurs mains sur le ventre. Il récite deux comptines en chuchotant, puis, avec des gestes, il leur demande de se lever en silence et de le suivre. Il continue à chuchoter jusqu'à la salle de classe.

VARIANTES Ajouter des tapis ou un cochon magique qui peut sauver ses camarades figés en les touchant.

AGIR DANS LE MONDE
Courir
pages 22-23

MON CARNET DE SUIVI
Je cours pour attraper, m'échapper ou pour déplacer un objet
page 16

3 Caractériser les personnages de l'histoire

☆ **Petit ou grand groupe en regroupement**

⏱ **10 minutes**

- L'enseignant pose l'ensemble des personnages sur le sol.
- À tour de rôle, les élèves en choisissent un et le nomment.

- L'enseignant lance une discussion sur chaque personnage afin de le caractériser physiquement, moralement et d'identifier son but : *qu'est-ce qui caractérise ce personnage ? Que veut-il construire ? Préfère-t-il jouer ou travailler ?*
- L'enseignant amène les élèves à comprendre que les deux premiers cochons voulaient construire leur maison rapidement pour avoir plus de temps pour s'amuser.
- Il leur demande ensuite de s'intéresser à ce que ressentent les personnages, d'abord les cochons, puis le loup. Les illustrations de l'album peuvent servir de support.
- Si nécessaire, l'enseignant utilise les adjectifs MÉCHANT, APEURÉ, MALIN.

DIFFÉRENCIATION L'enseignant peut demander aux élèves ce qu'ils auraient fait à la place des cochons : auraient-ils construit une maison solide ou pas ?

APPROPRIATION
DE L'ALBUM SOURCE

4
- les illustrations des *cochons qui construisent* ☁
- les illustrations de la *maison en briques* ☁

5
- gros blocs de mousse, caissettes, boites à chaussures fermées avec du ruban adhésif
- différents jeux de construction (Clipo®, Duplo®, cubes…)

6
- le jeu *Les maisons des trois petits cochons* ☁
- un sac à toucher

---

4 Décrire la fabrication des maisons

☆ **Petit ou grand groupe en regroupement**
⏱ **10 minutes**

- L'enseignant affiche les trois illustrations et laisse les élèves s'exprimer.
- Il leur demande de se concentrer sur les images les unes après les autres en décrivant les outils et les matériaux utilisés par les cochons.
- Il apporte le vocabulaire manquant et les amène à comparer les trois maisons réalisées en utilisant notamment les termes SOLIDE et FRAGILE.

- Il explique également que la plupart des maisons en briques sont ensuite recouvertes de crépi et montre les deux illustrations de la maison en briques pour illustrer son propos.

5 Construire des maisons en briques

☆ **Activités autonomes de 6 à 8 élèves en classe ou en salle de motricité**
⏱ **2 x 15 minutes**

- L'enseignant demande aux élèves de construire une maison en briques pour les trois petits cochons, dans un premier temps avec du gros matériel en salle de motricité, dans un second temps en classe avec du matériel de plus petite taille. S'ils le souhaitent, ils peuvent construire une maison à plusieurs.

- En fin de séance, les élèves présentent leur maison à la classe. Les autres élèves peuvent souffler dessus comme le loup pour voir si elle résiste.
- Un adulte prend en photo les maisons réalisées afin de garder une trace.

6 S'approprier le vocabulaire des maisons

☆ **Activité dirigée de 4 à 6 élèves**
⏱ **5 à 10 minutes**

- L'enseignant place les trois maisons sur la table et invite les élèves à les décrire.
- Il leur explique qu'ils vont jouer tous ensemble contre le loup : s'ils arrivent à construire les trois maisons au bout de trois tours, ils gagnent la partie, sinon c'est le loup qui l'emporte.
- À tour de rôle, les joueurs tirent une carte dans le sac à toucher. S'ils tirent une carte avec une maison, ils choisissent une partie de cette maison, la nomment et la placent sur la planche de jeu correspondante. S'ils tirent un loup, ils retirent une partie de la maison en paille ou de la maison en bois. Ils remettent ensuite la carte dans le sac.

- Lors de ce jeu, il est important d'insister sur la verbalisation.

DIFFÉRENCIATION Un élève peut prendre la place de l'enseignant.

7
- 4 à 6 *images séquentielles*
- l'album **Les trois petits cochons**

8
- 4 à 6 *images séquentielles*
- l'album **Les trois petits cochons**

9
- les *marottes des personnages*
- les *maisons des cochons*
- l'album **Les trois petits cochons**

7 Attribuer la bonne illustration au texte lu

☆ **Petit ou grand groupe en regroupement**
⏱ **10 minutes**

● L'enseignant place les illustrations de l'album au tableau et lit un extrait de l'histoire. Les élèves montrent l'illustration qui correspond au passage lu. La validation se fait en observant le livre.

DIFFÉRENCIATION En fonction du niveau des élèves, il est possible de lire des passages dans le désordre.

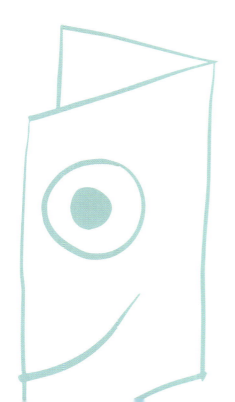

8 Ordonner des images séquentielles de l'histoire

☆ **Petit groupe ou demi-classe en regroupement**
⏱ **10 minutes**

● L'enseignant place les images au sol dans le désordre et laisse les élèves s'exprimer.

● Il les invite ensuite à les placer une à une au tableau dans l'ordre de l'histoire.

● Il les aide en posant des questions : *que se passe-t-il au début de l'histoire ? Qui construit sa maison en premier ? Chez quel petit cochon se rend le loup en premier ?*

● À la fin de l'activité, l'album est utilisé pour vérifier que l'ordre est correct.

DIFFÉRENCIATION Varier le nombre d'images en fonction du niveau des élèves.

MON CARNET DE SUIVI
Je sais placer les images séquentielles d'une histoire dans l'ordre chronologique
page 39

9 Raconter l'histoire à l'aide des éléments de l'histoire

☆ **Activité dirigée de 4 à 6 élèves**
⏱ **10 minutes**

● L'enseignant explique aux élèves qu'ils vont essayer de raconter l'histoire avec les personnages et les objets.

● Pour les aider, l'enseignant guide les élèves par des questions : *que se passe-t-il au début de l'histoire ? Que fait le premier petit cochon ? Que se passe-t-il ensuite ?*

● Les élèves racontent l'histoire en prenant les personnages et les éléments en main.

● Pour terminer la séance, l'enseignant peut relire l'album.

MON CARNET DE SUIVI
Je sais raconter une histoire à partir d'images séquentielles
page 39

PROJET Réaliser un tapis à raconter du conte

★ **Grand groupe en regroupement**
⏱ **10 minutes**
- un tapis à raconter d'une autre histoire
- le tableau
- une craie

👥💬 Adhérer au projet de la classe et lister les éléments du tapis

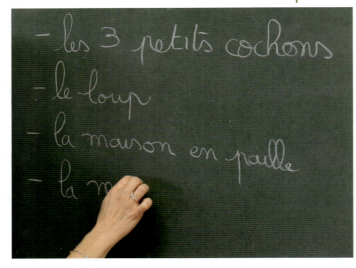

- L'enseignant montre le tapis à raconter d'une histoire lue en classe.
- Il propose aux élèves d'en créer un à emporter chez eux pour raconter l'histoire des trois petits cochons à leurs parents.
- Il les amène à lister les éléments devant être présents sur le tapis pour pouvoir raconter l'histoire. Il écrit ou dessine les propositions des élèves au tableau.

DIFFÉRENCIATION Si nécessaire, l'enseignant peut montrer les illustrations de l'album.

★ **3 activités autonomes et 1 avec l'ATSEM de 4 à 6 élèves**
⏱ **4 séances de 15 minutes**
- une blouse par élève
- les 3 *maisons* ☁ par élève
- une *cheminée* ☁ par élève

POUR LA MAISON EN PAILLE
- de la paille coupée en petits morceaux
- de la colle forte

POUR LA MAISON EN BOIS
- des morceaux de carton de 13 x 1,5 cm ou des brindilles
- de la colle forte

POUR LA MAISON EN BRIQUES
- des tuiles en papier de soie rouge
- des rectangles de papier rouge de 4 x 2 cm
- de la colle

POUR LE FOND
- une feuille au format demi-raisin par élève
- de la peinture aquarelle ou de l'encre diluée bleue et verte

🖌 Décorer les trois maisons et peindre le fond

- Les élèves décorent la maison en paille en collant de petits morceaux de paille.
- Pour la maison en bois, ils collent des morceaux de carton.

- Ils représentent les briques de la troisième maison en collant des rectangles rouges sur les murs et des morceaux de papier de soie en forme de tuiles sur le toit.
- Pour le fond du tapis, ils peignent le bas de la feuille en vert et le haut en bleu.

😊 Les trois maisons sont fixées sur le fond au niveau de leur base de manière à pouvoir être retournées lorsque le loup souffle. Une cheminée est collée sur le fond derrière la maison en briques.

202

Activités avec l'ATSEM de 4 à 6 élèves

2 x 15 minutes

POUR LES TROIS PETITS COCHONS
- une feuille A4 par élève
- des *ronds* imprimés sur du papier rose et découpés
- des gommettes roses rondes et triangulaires de différentes tailles
- des bandes de papier rose de 1 x 3 cm
- des petites gommettes rondes noires
- de la colle

POUR LE LOUP
- un *loup* par élève
- de petits morceaux de laine grise ou noire
- de la colle

Réaliser les personnages

- Les élèves reconstituent les trois petits cochons à l'aide des différentes formes et des gommettes et les collent sur une feuille A4.

DIFFÉRENCIATION Proposer un modèle de cochon terminé.

- Chaque élève colle de petits morceaux de laine sur son loup.

😊 *Les personnages sont plastifiés puis découpés par un adulte.*

Activité semi-dirigée de 6 à 8 élèves

10 à 15 minutes

- le tapis à raconter de chaque élève
- un *titre à reconstituer* par élève
- de la colle

Reconstituer le titre de l'histoire

- L'enseignant propose aux élèves de coller le titre du conte sur leur tapis à raconter.
- Chacun reçoit un modèle et une barquette contenant des lettres découpées.
- Les élèves collent les lettres sur le modèle, puis ils collent le titre obtenu sur le tapis à raconter.
- En fin de séance, l'enseignant les amène à rappeler ce qui est écrit sur leur tapis.

DIFFÉRENCIATION Donner les lettres les unes après les autres aux élèves les moins performants.

Petit groupe ou demi-classe en regroupement

10 minutes à réitérer

- un des tapis réalisés

Raconter l'histoire avec le tapis

- L'enseignant demande aux élèves de rappeler le projet en cours et leur montre les productions réalisées.
- Il leur propose ensuite d'essayer de raconter l'histoire avec le tapis.
- Les élèves interviennent à tour de rôle pour raconter une partie de l'histoire.

DIFFÉRENCIATION Raconter l'histoire avec le tapis pour montrer aux élèves comment faire.

PROLONGEMENT Une pochette peut être réalisée pour mettre le tapis à l'intérieur.

COMPTINES ET CHANSONS
AUTOUR DES TROIS PETITS COCHONS

MA COMPTINE DES TROIS PETITS COCHONS

Voici ma comptine des trois petits cochons :
Si la maison est en paille
Aïe, aïe, aïe, c'est la pagaille !!
Si la maison est en bois
Aïe, aïe, aïe, PATATRAS !
Si la maison est en brique,
Pour le loup c'est la panique !!!!
Ouhhhh !

LE LOUP

On ne m'aime pas du tout
mon poil n'est pas doux doux doux
On ne m'aime pas du tout
je vis au fond de mon trou
On ne m'aime pas du tout
on me chasse de partout
On ne m'aime pas du tout
on m'appelle méchant loup
On ne m'aime pas du tout
et je hurle comme un fou
Haou !!!

UN COCHON PENDU AU PLAFOND

Un petit cochon
Pendu au plafond
Tirez-lui le nez
Il donnera du lait
Tirez-lui la queue
Il pondra des œufs
Tirez-la plus fort
Il donnera de l'or
Combien en voulez-vous ?
– 3 !
– 1, 2, 3 !

LE LOUP DU COULOIR
Francine Pohl

Au fond du couloir
Le loup se prépare
Guette dans son miroir
Met ses bottes noires

REFRAIN
Qui a peur du loup ?
Qui a peur du loup ?
C'est pas nous,
c'est pas nous
Sauve-toi loup-garou

Au fond du couloir
Le loup se prépare
Sur le grand séchoir
Il pose son mouchoir

REFRAIN

Au fond du couloir
Le loup vient nous voir
À pas de loup noir
Quand arrive le soir

REFRAIN

Le loup ! Sauvons-nous !

ACTIVITÉS COMPLÉMENTAIRES

AUTRES PROJETS POSSIBLES
- réaliser une fresque de l'histoire
- réaliser un sac à raconter du conte
- réaliser un livre à compter

VERS LES MATHS PS
Les trois petits cochons
pages 86-87

AUTRES ACTIVITÉS POSSIBLES AUTOUR DE LA THÉMATIQUE
- regarder un dessin animé du conte
- réaliser des collections d'un à trois éléments en jouant au *jeu des cochons* ☁
- réaliser des collections de trois éléments en accrochant trois pinces à linge (les cochons) sur des assiettes (les maisons)
- décomposer le nombre trois

AUTRES ACTIVITÉS POSSIBLES AUTOUR DE L'ALBUM SOURCE
- écouter la *version sonore* ☁ de l'album
- jouer au *Memory des trois petits cochons* ☁
- peindre les *cochons* ☁ et le *loup* ☁
- réaliser les cochons en volume avec des ballons et du papier mâché

AUTRES ACTIVITÉS POSSIBLES À PARTIR DE LIVRES EN RÉSEAU (VOIR PAGES 18 À 19)
- identifier, rechercher des livres sur les loups
- feuilleter et regarder différentes versions du conte
- écouter la lecture d'albums sur les loups et les maisons
- comparer un même personnage dans deux albums différents
- comparer deux ou plusieurs versions : trouver similitudes et différences
- comparer des illustrations d'illustrateurs différents

RÉSEAU
AUTOUR DES TROIS PETITS COCHONS

AUTRES VERSIONS DU CONTE UTILISABLES EN PS

PS
CONTES ET COMPTINES À TOUCHER
Les trois petits cochons
Xavier Deneux
© Milan • 2006 • 13,90€
Ce livre à toucher permet de faire tomber le loup dans la marmite à la fin de l'histoire.
Beaucoup d'ellipses du fait du faible nombre de pages. Utiliser un cache pour montrer les actions les unes après les autres quand le loup souffle sur les maisons de paille et de bois sur la même double page.

PS
LES CONTES GIGOGNES
Les trois petits cochons
Xavier Deneux
© Milan • 2014 • 13,90€
Ce livre gigogne permet à l'enfant de toucher les maisons et les cochons en volume.
Certains mots de vocabulaire sont à expliquer en amont de la lecture. Il y a une part d'implicite à expliciter avec les élèves sur l'avant-dernière double page.

PS
MES CONTES EN FORME
Les trois petits cochons
Marion Cocklico
© Milan • 2021 • 9,98€
Une version cartonnée grand format.
Beaucoup d'ellipses du fait du faible nombre de pages.

JEUX AUTOUR DES TROIS PETITS COCHONS

Les trois petits cochons
© Smartgames •
À partir de 25€
48 défis pour se repérer dans l'espace pour un joueur.

Les trois petits cochons
© Orchard toys •
À partir de 18,90€
Un jeu de plateau pour 2 à 4 joueurs pour compter et construire des maisons.

AUTRES ALBUMS AUTOUR DU LOUP

TPS PS
Le loup
Kimiko
© L'école des loisirs • 1998 • 10,70€
Un livre popup très simple constitué de cinq doubles pages. Le loup fait peur aux animaux dans la forêt.
Peu d'obstacles dans cet album. Il permet un premier contact avec le personnage archétypal du loup.

TPS PS
Si le loup y était
Philippe Jalbert
© Milan jeunesse • 2004 • 13,90€
Un livre animé à toucher qui reprend la célèbre chanson Promenons-nous dans les bois.
Cet album plaît énormément aux enfants, ce qui explique son énorme succès. Pas de réel obstacle dans cet album. Il permet un premier contact avec le personnage archétypal du loup.

TPS PS
T'as la trouille, pistrouille ?
Charlotte Ameling
© Milan • 2016 • 15,20€
Un livre animé à toucher qui invite le lecteur à caresser une à une les différentes parties du loup.
Certains mots peuvent être expliqués en amont de la lecture. Il permet un premier contact avec le personnage archétypal du loup.

AUTRES LIVRES SUR LES MAISONS

TPS PS
KIDIDOC
Mon imagier de la maison
Nathalie Choux
© Nathan • 2013 • 8,40€
Un imagier pour nommer les principaux meubles de chaque pièce de la maison ainsi que les parties de la maison (toit, porte, fenêtre...)
Pas d'obstacle particulier.

TPS PS
Toutes les maisons
Pierrick Bisinski et Alex Sanders
© L'école des loisirs • 2006 • 10,70€
À chaque double page, une maison. Un album qui invite à imaginer comment représenter d'autres maisons.
Cet album fait appel à l'imaginaire et peut laisser certains enfants perplexes.

PS
Construire une maison
Byron Barton
© L'école des loisirs • 1993 • 11,20€
Pour les petits, voici les différentes étapes de la construction d'une maison, présentées d'une manière à la fois vivante et simple.
Pas de réel obstacle dans cet album, hormis le vocabulaire qu'il permet d'aborder.

PS
MES TOUT P'TITS DOCS
Le chantier
Paule Battault et Charlotte Ameling
© Milan • 2016 • 6,40€
Un documentaire pour visualiser toutes les étapes de construction d'une maison.
Le vocabulaire est assez compliqué car très spécifique, mais les images permettent de l'expliciter. À utiliser en petit groupe.

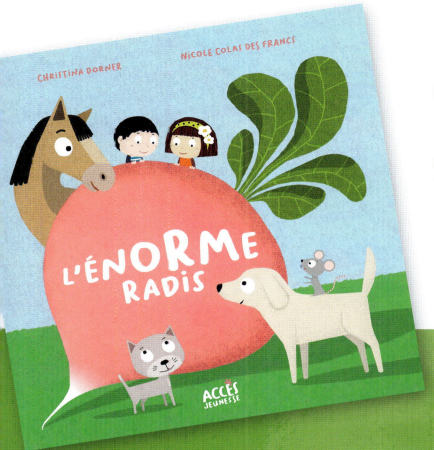

L'ALBUM SOURCE
L'énorme radis

LE PROJET
Semer des radis pour réaliser une salade

PS mai – juin

Le radis

208 Présentation de la thématique
Présentation de l'album source

209 Organigramme du projet

210 Découverte de l'album source
1 Découvrir des éléments de jardinage
2 Découvrir les mots de l'histoire
3 Écouter l'histoire racontée

211 Appropriation de l'album source
1 Écouter la lecture de l'album
2 Associer deux représentations d'un même mot
3 S'approprier les mots de l'histoire
4 S'approprier les verbes de l'histoire
5 Placer les personnages au fur et à mesure de la lecture
6 Expliciter les états mentaux du petit garçon
7 Retenir l'ordre d'apparition des personnages
8 Identifier des erreurs dans la lecture du texte
9 Mettre en scène l'histoire

214 Projet
Adhérer au projet de la classe
Observer un imagier des fruits et légumes et décrire des radis
Réaliser des empreintes de radis et reconstituer le mot RADIS
Semer les radis
Arroser et observer la croissance des radis
Réaliser et déguster la salade de radis
Dicter une phrase pour expliquer le projet et ordonner des images séquentielles

216 Comptines et chansons

217 Activités complémentaires

218 Réseau

LE RADIS

Présentation de la thématique

RÉPARTITION DES APPRENTISSAGES

Pourquoi étudier cet album ?
Le radis est un légume de printemps facile et rapide à faire pousser. Il est donc parfait à étudier à l'école, puisqu'il permet d'observer les différentes étapes de la croissance d'une graine, du semis à la dégustation.
L'énorme radis est une variante d'un conte russe. Dans la version originale, le légume est un navet, bien plus compliqué à faire pousser à l'école. Les personnages sont deux personnes âgées, remplacées ici par un petit garçon et une petite fille, ce qui permet aux élèves de s'y identifier plus facilement. Ce conte traite de l'entraide et de la solidarité, sujet important pour apprendre aux plus petits à vivre en collectivité.

Quand étudier ce réseau ?
Le radis peut être étudié au printemps, en fin de période 4 ou en période 5, en TPS ou en PS.

Présentation de l'album source

Un petit garçon et une petite fille sèment une graine de radis et s'en occupent avec le plus grand soin. Le radis pousse tellement qu'il devient impossible pour les deux enfants de le déterrer. Heureusement, des animaux viennent les aider et le radis finit par céder.

Les intérêts de l'album source
L'entraide est au cœur de cet album. Ce sujet est très important à cet âge car il fait écho au vécu de l'enfant et touche à l'affectif. Les personnages de l'album sont des enfants et des animaux, ce qui les rend très attachants.
En outre, les illustrations épurées permettent de se focaliser sur le déroulement de l'histoire.
Les ellipses spatiales et temporelles sont réduites au maximum pour faciliter la compréhension de la trame narrative. De plus, les personnages ne sont représentés qu'une seule fois sur une même double page, ce qui est important car peu d'élèves de trois ans ont conscience de la permanence des personnages.
Enfin, la structure répétitive du texte permet aux élèves de s'en imprégner, de le mémoriser et de le raconter facilement. Le texte est concis et le vocabulaire soigneusement choisi pour être compréhensible, mais riche.

Les obstacles de l'album source
L'histoire elle-même n'est pas compliquée à comprendre. Néanmoins, une dramatisation favorisera la compréhension : l'enseignant peut changer de voix pour chaque personnage, surjouer lors de la lecture en insistant sur les passages où les personnages tirent, créer un suspense lorsque le radis sort de terre.

L'énorme radis
Christina Dorner et Nicole Colas Des Francs
© Accès jeunesse • 2020 • 12€

Le vocabulaire
autour de l'album et du projet

VERBES planter, semer, s'occuper de, arroser, observer, pousser, grandir, devenir, dépasser, arracher, attraper, tirer, bouger, aider, sortir, tomber, remercier, partager.

NOMS un garçon, une fille, un chat, un chien, un cheval, une souris, un radis, une graine, une pelle, un arrosoir, un râteau, des feuilles, une maison, une ville, de la terre, des fesses, une salade, des amis.

ADJECTIFS énorme, petit, grand, fort, haut.

ADVERBE bientôt.

INTERJECTION Ho ! Hisse !

Organigramme du projet

Apprendre ensemble et vivre ensemble
- adhérer au projet de la classe
- réaliser une recette collectivement

Mobiliser le langage dans toutes ses dimensions
- mémoriser le vocabulaire du jardinage (outils et actions)
- écouter et comprendre un conte pour découvrir un légume : le radis
- observer un imagier des fruits et légumes
- reconstituer le mot RADIS en capitales d'imprimerie
- dicter une phrase pour expliquer le projet

SEMER DES RADIS POUR RÉALISER UNE SALADE

Construire les premiers outils pour structurer sa pensée
- réaliser des correspondances terme à terme

Agir, s'exprimer et comprendre à travers les activités artistiques
- réaliser des empreintes de radis

Explorer le monde
- semer des graines
- observer et décrire des radis
- observer la croissance d'un plant de radis
- déguster des radis
- ordonner des images séquentielles

Le radis

DÉCOUVERTE DE L'ALBUM SOURCE

1
- des graines
- du terreau
- une pelle
- un arrosoir

2 - les *mots illustrés* ☁ : un radis, une souris, un chat, un chien, une petite fille, un petit garçon, un cheval, une graine, des feuilles, une salade, une pelle, un arrosoir, semer, arroser, grandir, tirer, arracher

3 - les *marottes des personnages* ☁
- le *radis* ☁
- le *décor de l'album* ☁

1 Découvrir des éléments de jardinage

☆ **Petit groupe ou demi-classe en regroupement**
⏱ **10 minutes**

● Dans un premier temps, l'enseignant montre aux élèves les éléments de jardinage les uns après les autres. Il les laisse s'exprimer.

● Dans un second temps, il leur demande de les nommer. Il les aide si besoin.

● En fin de séance, il les amène à faire appel à leur vécu : *est-ce qu'ils ont ces objets à la maison ? En ont-ils déjà vus ? En ont-ils déjà utilisés ? Quand ? À quoi servent-ils ?*

2 Découvrir les mots de l'histoire

☆ **Petit ou grand groupe en regroupement**
⏱ **10 minutes**

● Par l'intermédiaire de la mascotte de la classe, l'enseignant apporte aux élèves des mots illustrés, qui leur permettront de mieux comprendre l'histoire du lendemain.

● Les mots sont placés dans le sac de la mascotte ou un sac à toucher.

● À tour de rôle, les élèves piochent un mot et tentent de le nommer.

● L'enseignant valide ou corrige en lisant le mot. Il amène ensuite les élèves à faire appel à leur vécu en leur demandant s'ils le connaissent.

● Les mots sont placés au tableau.

● Lorsqu'ils ont tous été nommés, l'enseignant dit un mot par l'intermédiaire de la mascotte et les élèves viennent, à tour de rôle, le montrer.

☺ *Ces mots peuvent être affichés dans la classe le temps du projet, puis stockés dans une boîte à mots.*

DIFFÉRENCIATION En fonction du niveau des élèves, il est possible d'ajouter des mots.

3 Écouter l'histoire racontée

☆ **Petit ou grand groupe en regroupement**
⏱ **10 minutes à réitérer**

● L'enseignant place le décor au tableau, puis raconte le conte avec les marottes des personnages.

● Il dramatise la narration en changeant de voix pour les personnages et en insistant sur certains passages.

● Le matériel est mis à disposition des élèves afin qu'ils s'approprient l'histoire.

DIFFÉRENCIATION En fonction du niveau des élèves, il est possible de passer directement à la lecture de l'album, en montrant ou non les illustrations.

APPROPRIATION
DE L'ALBUM SOURCE

1 - l'album **L'énorme radis**

2 - les *mots illustrés*
- les *illustrations de l'album*
- un sac à toucher

3 - les *dominos de l'énorme radis*

---

1 Écouter la lecture de l'album

⭐ **Petit ou grand groupe en regroupement**

⏱ **10 minutes à réitérer**

- L'enseignant montre l'album aux élèves et les laisse s'exprimer.
- Il lit le conte en dramatisant.
- À la fin de la lecture, les élèves peuvent s'exprimer et donner leur ressenti.
- Cette séance est réitérée afin que les élèves se familiarisent avec l'histoire.

DIFFÉRENCIATION Si le niveau des élèves le permet, l'album peut être lu une première fois sans montrer les illustrations de façon à recueillir les premiers ressentis, puis une seconde fois en montrant les illustrations.

2 Associer deux représentations d'un même mot

⭐ **Petit ou grand groupe en regroupement**

⏱ **10 minutes**

- Dans un premier temps, l'enseignant montre les mots illustrés et les affiche au tableau. Les élèves les nomment.
- Les illustrations sont placées dans une barquette.
- À tour de rôle, les élèves prennent une illustration, la nomment et l'associent au mot affiché au tableau.

3 S'approprier les mots de l'histoire

⭐ **Activité dirigée de 4 à 6 élèves**

⏱ **5 à 10 minutes**

- L'enseignant pose les dominos sur la table et laisse les élèves s'exprimer.
- Il leur explique alors la règle du jeu.
- À tour de rôle, les élèves posent un domino à condition qu'il comporte une représentation d'un mot présent à l'une des extrémités de la chaine formée par les dominos placés côte à côte.

- L'enseignant insiste sur la verbalisation afin que les élèves nomment les mots représentés sur chaque domino.

APPROPRIATION
DE L'ALBUM SOURCE

4 - une balle par élève

5
- l'album *L'énorme radis*
- le *décor de l'album*
- les *marottes des personnages*
- le *radis*

6 - l'album *L'énorme radis*

---

4 S'approprier les verbes de l'histoire

☆ **Grand groupe en salle de motricité**

⏱ **20 minutes**

- L'enseignant demande aux élèves de rappeler le nom du conte qu'ils sont en train d'étudier et leur explique qu'ils vont jouer certains moments de l'histoire.
- Il donne une balle à chaque élève pour représenter le radis, puis raconte l'histoire et les invite à mimer les actions : semer, arracher, tirer, grandir, tomber…
- L'enseignant joue l'histoire en même temps que les élèves pour qu'ils visualisent les gestes à effectuer.
- En fin de séance, il les rassemble et leur demande de verbaliser ce qu'ils ont fait.

5 Placer les personnages au fur et à mesure de la lecture

☆ **Petit ou grand groupe en regroupement**

⏱ **10 minutes**

- L'enseignant montre l'album aux élèves et les laisse s'exprimer.
- Il lit l'histoire en dramatisant.
- Au fur et à mesure la lecture, les élèves viennent placer les personnages sur le décor pour jouer l'histoire.

6 Expliciter les états mentaux du petit garçon

☆ **Petit ou grand groupe en regroupement**

⏱ **10 minutes**

- L'enseignant demande à un élève de nommer l'album étudié et de le chercher dans la bibliothèque de la classe.
- Il ouvre l'album, demande aux élèves de rappeler ce que veut faire le petit garçon dans l'histoire et de définir ses émotions.
- L'enseignant les amène à se mettre à sa place pour comprendre ses émotions.
- Cette démarche est réalisée sur l'ensemble du conte.

7
- les *marottes des personnages*
- de la pâte à modeler
- l'album **L'énorme radis**

8
- l'album **L'énorme radis**

9
- les *couronnes des personnages*
 (voir *Trucs & Astuces* page 24)
- un gros coussin avec une taie rose pour représenter le radis ou le *radis* collé sur un gros coussin
- un arrosoir

7 Retenir l'ordre d'apparition des personnages

☆ **Petit ou grand groupe en regroupement**
⏱ **10 minutes**

● Au préalable, l'enseignant réalise un long boudin avec la pâte à modeler.

● Il demande aux élèves de raconter l'histoire et d'enfoncer les personnages dans le boudin au fur et à mesure du déroulement de l'histoire.

● À la fin de la narration, lorsque tous les personnages tombent les uns sur les autres, une vérification avec l'album est effectuée.

8 Identifier des erreurs dans la lecture du texte

☆ **Petit ou grand groupe en regroupement**
⏱ **10 minutes**

● L'enseignant montre l'album aux élèves et leur demande de rappeler son titre.

● Il commence à le lire en dramatisant et introduit volontairement des erreurs au cours de la lecture : il se trompe sur les noms des personnages ou du légume, remplace le mot tirer par pousser, faire apparaitre un nouveau personnage, remplacer le radis par une fraise…

● Les élèves interviennent au fur et à mesure de la lecture pour le corriger, ce qui permet à l'enseignant de vérifier leur degré de compréhension de l'histoire.

MON CARNET DE SUIVI
Je sais dire le titre d'une histoire étudiée en classe
page 10

9 Mettre en scène l'histoire

☆ **Petit groupe ou demi-classe en regroupement**
⏱ **10 à 15 minutes à réitérer**

● L'enseignant propose aux élèves de mettre en scène l'histoire. Certains seront acteurs, d'autres spectateurs.

● Il les amène à rappeler les actions d'un spectateur : écouter, ne pas intervenir, regarder et applaudir si le spectacle leur a plu.

● Il place les couronnes sur la tête de six élèves et les invite à commencer le spectacle.

● Au départ, l'enseignant raconte, puis les élèves prennent sa place. Il n'intervient alors qu'en cas de difficultés.

● Cette activité est réitérée afin que tous participent.

PROJET Semer des radis pour réaliser une salade

★ Grand groupe dans le potager de l'école
⏱ 10 minutes
- des graines de radis
- une pelle
- un arrosoir
- un râteau

👥 Adhérer au projet de la classe
- L'enseignant montre le matériel aux élèves et leur demande de le nommer.
- Il les amène à émettre des hypothèses sur ce qu'ils vont faire avec ces objets, puis leur explique qu'ils vont semer des graines de radis pour réaliser une salade de radis.

Si l'école ne dispose pas de potager, les graines peuvent aussi être semées dans des jardinières, en utilisant une jardinière par groupe.

★ Petit ou grand groupe en regroupement
⏱ 10 minutes

Mon imagier des fruits et légumes
Léa Schneider et Bénédicte Sieffert
© Accès jeunesse
2020 • 12€
- différents radis

💬🧪 Observer un imagier des fruits et légumes et décrire des radis
- L'enseignant montre l'imagier des fruits et légumes page après page jusqu'à ce qu'ils trouvent le radis.
- Il lit alors ce qui est écrit sur la page et leur explique que l'on mange la partie du radis qui pousse sous la terre, comme pour les autres légumes représentés sur la double page.
- Il leur montre ensuite les différents types de radis, leur demande de les décrire et de les comparer : couleur, taille, forme…

★ Activités avec l'ATSEM de 4 à 6 élèves
⏱ 2 x 10 minutes
- une blouse par élève
- une feuille de format raisin par groupe
- des radis coupés dans les 2 sens
- des fourchettes
- de la peinture rose dans des bouchons
- *le mot radis à reconstituer* ☁
- l'étiquette-prénom de chaque élève
- de la colle

🖌💬 Réaliser des empreintes de radis et reconstituer le mot RADIS

- Les élèves réalisent des empreintes de radis sur la feuille.
- Celle-ci est coupée en étiquettes de 10 x 10 cm.
- Lorsque la peinture est sèche, les élèves reconstituent le mot RADIS sur un modèle collé au préalable au recto de l'étiquette. Ils collent leur étiquette-prénom au verso.

Les étiquettes obtenues sont ensuite plastifiées.

★ Petit groupe dans le potager
⏱ 10 minutes
- l'étiquette réalisée précédemment par chaque élève
- des graines de radis
- des pelles
- des râteaux
- un arrosoir

MON CARNET DE SUIVI
Je participe à la plantation de graines
page 45

🧪 Semer les radis
- L'enseignant explique aux élèves comment procéder : ratisser la terre avec un râteau, faire un trou avec une pelle, mettre deux graines à l'intérieur, recouvrir avec un peu de terre, tasser et arroser.
- Les élèves sèment l'un après l'autre leurs graines de radis et plantent leur étiquette à côté de l'endroit où ils ont semé.

- L'enseignant prend une photo pour chacun et les amène à verbaliser leurs actions.

⭐ **Petit groupe dans le potager**
⏱ **5 minutes à réitérer**
- un arrosoir

SCIENCES À VIVRE MATERNELLE
Silence, ça pousse !
page 94

💬 ⚗ Arroser et observer la croissance des radis

- Deux fois par semaine pendant trois semaines, l'enseignant demande aux élèves de rappeler le projet en cours.
- Ils arrosent, observent les radis et verbalisent. L'enseignant amène le vocabulaire nécessaire : pousser, grandir, tige, feuille.

- Les élèves constatent la croissance des radis en comparant avec les photos prises précédemment.
- Au bout de trois semaines, les élèves récoltent les radis et les nettoient.

⭐ **Grand groupe sur tables**
⏱ **20 minutes**
- les radis
- un couteau à bout rond par élève
- des planches à découper
- de l'huile
- du vinaigre
- du sel
- un saladier

⚗ 👥 Réaliser et déguster la salade de radis

- L'enseignant demande aux élèves de couper les radis.
- Les radis sont mis en commun et la salade est réalisée collectivement.

- Les élèves la dégustent alors et donnent leur ressenti.
- L'enseignant prend des photos.

⭐ **Activité dirigée de 4 à 6 élèves**
⏱ **10 minutes**
- le cahier de vie de chaque élève
- 3 à 4 photos des étapes du projet par élève
- de la colle
- un feutre

💬 📅 Dicter une phrase pour expliquer le projet et ordonner des images séquentielles

- L'enseignant montre les photos aux élèves et les laisse s'exprimer.
- Il les amène à les décrire et à les ordonner, puis à les coller dans leur cahier.
- Ils dictent alors une ou plusieurs phrases relatant le projet.

COMPTINES ET CHANSONS
AUTOUR DES RADIS ET DU JARDIN

TOUS LES LÉGUMES

Tous les légu-mes
Au clair de lu-ne
Étaient en train de s'amuser hé !
Ils s'amusaient hé !
Tant qu'ils pouvaient hé !
Et les passants les regardaient

Les cornichons
Tournaient en rond
Les artichauts
Faisaient des petits sauts
Les salsifis
Valsaient sans bruit
Et les choux-fleurs
Se dandinaient avec ardeur !

DANS CE JARDIN

Dans ce jardin si petit,
Je sèmerai du persil, des radis,
Des salsifis, des soucis.

Dans ce jardin très très long,
Je sèmerai des ognons, des potirons,
Des melons, des pois tout ronds.

Dans ce jardin toujours beau,
Je sèmerai des poireaux, des haricots,
et aussi des coquelicots.

SAVEZ-VOUS PLANTER LES CHOUX ?

REFRAIN
Savez-vous planter les choux ?
À la mode, à la mode
Savez-vous planter les choux ?
À la mode de chez nous

COUPLET
On les plante avec le doigt
À la mode, à la mode
On les plante avec le doigt
À la mode de chez nous

*La chanson est reprise depuis le début.
À chaque couplet, on plante avec une autre partie du corps :
le pied, la main, le nez, le coude, la tête…*

MON PETIT LAPIN

Mon petit lapin
S'est sauvé dans le jardin

Cherchez-moi ! Coucou, coucou !
Je suis caché sous un chou
Cherchez-moi ! Coucou, coucou !
Je suis caché sous un chou

Remuant son nez
Il se moque du fermier

Cherchez-moi ! Coucou, coucou !
Je suis caché sous un chou
Cherchez-moi ! Coucou, coucou !
Je suis caché sous un chou

Frisant ses moustaches
Le fermier passe et repasse

Mais ne trouve rien du tout
Le lapin mange le chou
Mais ne trouve rien du tout
Le lapin mange le chou

ACTIVITÉS COMPLÉMENTAIRES

AUTRES PROJETS POSSIBLES
- réaliser un sac à raconter du conte
- raconter et théâtraliser l'histoire avec des masques
- réaliser d'autres plantations et observer la croissance de différents légumes (courgettes, concombres, tomates, haricots...)

AUTRES ACTIVITÉS POSSIBLES AUTOUR DE LA THÉMATIQUE
- réaliser un radis en volume avec un ballon et du papier mâché
- replacer les images de la croissance du radis dans l'ordre
- représenter et peindre un gros radis

AUTRES ACTIVITÉS POSSIBLES AUTOUR DE L'ALBUM SOURCE
- écouter la **version sonore** ♧ de l'album
- reconstituer le **titre** ♧ à l'aide de lettres mobiles **PS**
- replacer les **images séquentielles** ♧ dans l'ordre
- jouer au **Memory de l'énorme radis** ♧

AGIR DANS LE MONDE
Pousser-tirer
pages 103 à 109

AUTRES ACTIVITÉS POSSIBLES À PARTIR DE LIVRES EN RÉSEAU (VOIR PAGES 18 À 19)
- feuilleter et regarder différentes versions du conte
- décrire des illustrations pour imaginer une histoire
- écouter la lecture d'albums du réseau
- attribuer des personnages aux albums dont ils sont issus
- attribuer des légumes aux albums dont ils sont issus
- comparer les états mentaux de deux personnages autour d'une même problématique
- comparer deux ou plusieurs versions : trouver similitudes et différences

RÉSEAU
AUTOUR DU CONTE ET DU JARDIN

AUTRES VERSIONS DU CONTE UTILISABLES EN PS

PS
Quel radis dis donc !
Praline Gay-Para
et Andrée Prigent
© Didier jeunesse • 2012 • 19,99€

Il s'agit d'une autre version du conte.
Il est préférable d'utiliser un cache lorsque le même personnage est représenté deux fois sur la même double page.

PS
Le gros navet
Robert Giraud et Thomas Baas
© Flammarion jeunesse • 2018 • 5,25€

Une version du conte relativement accessible.
Certains termes de l'album méritent d'être expliqués aux élèves en amont.

PS
Le gros navet
Benard Villot et Christophe Alline
© L'élan vert • 2015 • 12,20€

Une version du conte illustrée par des personnages et des décors en volume.
Le texte est trop compliqué pour des PS mais l'histoire peut être racontée à l'aide des illustrations.

AUTRES ALBUMS SUR LE JARDIN

TPS
Les graines de Trotro
Bénédicte Guettier
© Gallimard jeunesse • 2008 • 5,10€

Trotro sème de petites graines, car il veut faire pousser des fleurs… Il les arrose soigneusement, mais ce sont des carottes qui apparaissent ! Quel beau bouquet, dit Trotro, et en plus, je peux le manger !
Peu d'obstacles dans cet album bien adapté aux plus jeunes.

TPS PS
T'choupi jardine
Thierry Courtin
© Nathan • 2017 • 5,70€

Aujourd'hui, T'choupi veut jardiner, il va planter des radis avec son papi.
Un changement de voix lors de la lecture pour distinguer les paroles des personnages permet de faciliter la compréhension.

PS
Toujours rien ?
Christian Voltz
© Rouergue • 1999 • 11,70€

Monsieur Louis sème une graine et attend… Il revient chaque jour pour voir si elle a poussé.
L'implicite et l'expression du temps qui passe constituent les principaux obstacles de cet album. Des échanges langagiers sont nécessaires pour décrire les illustrations et comprendre le sens de l'histoire.

PS
Une si petite graine
Eric Carle
© Mijade • 2010 • 12€

Une petite graine voyage pour devenir une grande fleur.
Le texte est long, et certains mots compliqués, mais il est possible de raconter l'histoire aux petits.

IMAGIERS ET LIVRES INTERACTIFS SUR LE JARDIN

TPS PS
L'imagier du jardin de Petit Ours Brun
Danièle Bour
© Bayard jeunesse • 2017 • 4,90€

Un imagier dans lequel on retrouve tous les outils pour jardiner.
Peu d'obstacles dans cet imagier bien adapté aux plus jeunes.

Regarde !
Corinne Dreyfuss
© Seuil Jeunesse • 2018 • 12,50€

Un livre qui invite le lecteur à suivre ses indications : gratter la terre, taper dans tes mains pour chasser les oiseaux, arroser, cueillir des fruits, découvrir qui se cache dans les hautes herbes, poursuivre une sauterelle, sentir les fleurs…
Texte poétique à expliquer.

PS
Mon imagier des fruits et légumes
Léa Schneider
et Bénédicte Sieffert
© Accès jeunesse • 2020 • 12€

Un imagier avec des devinettes pour découvrir les fruits et les légumes.
Pas de réel obstacle, si ce n'est que les illustrations, par leur nature, sont plus difficiles à identifier que des photos.

PS
Quel est ce légume ?
Anne Crauzac
© MeMo • 2019 • 20€

Un livre magnifiquement illustré à la frontière entre l'album et l'imagier dans lequel une fourmi se déplace de page en page et de légume en légume.
Un livre à observer plutôt en petit groupe.

L'ALBUM SOURCE
La petite poule rousse

LE PROJET
Réaliser du pain

PS mai – juin

Le pain

220 Présentation de la thématique
Présentation de l'album source

221 Organigramme du projet

222 Découverte de l'album source
1 Observer et décrire les marottes de l'histoire
2 Découvrir les mots de l'histoire
3 Écouter l'histoire racontée

223 Appropriation de l'album source
1 Écouter la lecture de l'album
2 S'approprier les mots de l'histoire
3 Identifier les personnages de l'histoire
4 Caractériser les personnages de l'histoire
5 Jouer avec les marottes pendant la lecture
6 Ordonner des images séquentielles de l'histoire
7 Reconstituer le titre de l'album
8 Découper et remplir une surface par collage
9 Raconter l'histoire à partir de l'album

226 Projet
- Décrire les ingrédients et adhérer au projet
- Décrire la recette du pain
- Suivre la recette collectivement
- Raconter la recette en s'appuyant sur des photos
- Visiter une boulangerie
- Comparer deux manières de faire du pain

228 Comptines et chansons

229 Activités complémentaires

230 Réseau

AUTOUR DES LIVRES TPS-PS LE PAIN **219**

LE PAIN

Présentation de la thématique

☁ RÉPARTITION DES APPRENTISSAGES

Pourquoi étudier le pain ?
Le pain constitue un élément connu des élèves car il est généralement présent dans leur foyer. Un projet autour du pain les motive : le fait de fabriquer collectivement du pain, de le partager ou de le rapporter à la maison constitue pour eux une grande fierté, mais aussi un important moment de verbalisation avec les parents ou les élèves d'une autre classe. Mener un projet autour du pain est l'occasion d'étudier le conte patrimonial *La petite poule rousse*. Ce conte plait aux élèves car sa structure répétitive le rend facile à mémoriser et à comprendre. De plus, le sujet de l'entraide fait écho aux relations qu'ils entretiennent avec leurs camarades ou leurs parents.

Quand étudier le pain ?
Cette thématique peut être étudiée en période 4 ou 5 de PS au moment de la fête du pain. C'est également le moment de réaliser des plantations avec les élèves.

Présentation de l'album source

Ce conte raconte l'histoire d'une poule qui trouve des grains de blé et décide de les semer. À chaque étape allant de la récolte du blé à la réalisation du pain, elle demande de l'aide à ses amis, mais ils refusent. Ils acceptent seulement de l'aider à manger le pain une fois préparé, mais c'est trop tard !

Les intérêts de l'album source
Contrairement à d'autres versions du conte, cet album n'omet aucune étape : les ellipses spatiales et temporelles sont réduites au maximum pour faciliter la compréhension de la trame narrative. Les personnages ne sont représentés qu'une seule fois sur une même double page, ce qui est important car peu d'élèves de trois ans ont conscience de la permanence des personnages.
En outre, le texte est concis et le vocabulaire soigneusement choisi pour être compréhensible, mais riche. L'histoire est écrite au présent afin d'en faciliter l'appropriation et la compréhension par les élèves. La structure répétitive du texte leur permet de le mémoriser facilement.
Enfin, les illustrations sont épurées afin de se focaliser sur le déroulement de l'histoire. La touche d'humour propre à l'illustrateur Philippe Jalbert rend cette version très moderne et amusera beaucoup les petits comme les grands.

Les obstacles de l'album source
L'histoire elle-même n'est pas compliquée à comprendre. En revanche, les élèves peuvent avoir du mal à appréhender certains termes importants du conte comme RÉCOLTER, MOUDRE ou MOULIN. Il faut donc que l'enseignant les explique en s'appuyant sur les illustrations.
En changeant sa voix pour les personnages et en exagérant leurs ressentis, il facilitera leur compréhension.
Par ailleurs, il peut également être judicieux de demander aux élèves pourquoi la poule ne veut pas partager son pain à la fin. Certains enfants ne comprennent pas que c'est parce que ses amis n'ont pas voulu l'aider.

Le vocabulaire
autour de l'album et du projet

VERBES trouver, aider, semer, germer, pousser, devenir, récolter, porter, arriver, moudre, obtenir, mélanger, pétrir, se diriger vers, cuire, préparer, sentir.

NOMS une poule, des grains de blé, des amis, un canard, un chat, un cochon, des épis de blé, un moulin, de la farine, un sac, de l'eau, du sel, de la levure, la pâte, du pain, un four, une odeur.

ADJECTIFS roux, rousse, seul, mûr, lourd, attiré, cuit.

ADVERBES longtemps, maintenant.

LOCUTION ADVERBIALE quelque temps plus tard.

La petite poule rousse
Léa Schneider et Philippe Jalbert
© Accès jeunesse • 2020 • 12€

Organigramme du projet

Apprendre ensemble et vivre ensemble
- participer à un projet collectif
- travailler en équipe, coopérer
- participer à une sortie

Mobiliser le langage dans toutes ses dimensions
- mémoriser le vocabulaire de la fabrication du pain
- découvrir et raconter une histoire sur le pain
- découvrir un type d'écrit : la recette
- raconter la recette en s'appuyant sur des photos
- comparer deux manières de faire le pain

RÉALISER DU PAIN

Construire les premiers outils pour structurer sa pensée
- approcher la notion de mesure par le dosage des différents ingrédients

Explorer le monde
- découvrir une partie du cycle de vie du blé
- suivre une recette
- observer le changement de matière lors de la cuisson
- visiter une boulangerie

Le pain

DÉCOUVERTE DE L'ALBUM SOURCE

1
- les *marottes des personnages*
- une feuille A3 noire

2
- un sac à toucher
- les *mots illustrés* : des grains de blé, des épis de blé, de la farine, du pain, une poule, un cochon, un canard, un chat, un sac, un moulin, une odeur, du sel, de la levure, semer, grandir / pousser, récolter, moudre, mélanger

3
- les *marottes des personnages*
- les *éléments de l'album* placés au tableau le long d'une ligne représentant le déroulement de l'histoire

1 Observer et décrire les marottes de l'histoire

⭐ Petit ou grand groupe en regroupement
⏱ 5 à 10 minutes

- L'enseignant cache les marottes derrière une feuille placée au tableau.

- Les élèves les dévoilent une à une, les décrivent et nomment les animaux : la poule, le canard, le chat, le cochon.

2 Découvrir les mots de l'histoire

⭐ Petit ou grand groupe en regroupement
⏱ 5 à 10 minutes

- Par l'intermédiaire de la mascotte de la classe, l'enseignant apporte aux élèves des mots illustrés qui leur permettront de comprendre l'histoire du lendemain.

- Dans un premier temps, les noms communs sont placés dans le sac de la mascotte ou un sac à toucher. À tour de rôle, les élèves piochent un mot et tentent de le nommer. L'enseignant valide en lisant le mot puis les amène à faire appel à leur vécu, en leur demandant s'ils connaissent le mot en question.

- Dans un second temps, il montre les verbes de l'histoire et les amène à mimer l'action.

- À la fin de la séance, ces mots peuvent éventuellement être affichés dans la classe le temps du projet, puis stockés dans une boite à mots.

DIFFÉRENCIATION En fonction du niveau des élèves, il est possible d'ajouter ou de retirer des mots ou de réaliser cette séance en plusieurs fois.

3 Écouter l'histoire racontée

⭐ Petit groupe ou demi-classe en regroupement
⏱ 10 minutes à réitérer

- L'enseignant fixe au tableau les éléments de l'album et raconte l'histoire en déplaçant les marottes au fur et à mesure du déroulement.

- Les élèves peuvent donner leur ressenti à la fin de la représentation.

- Si les élèves n'y parviennent pas, l'enseignant peut les aider avec des phrases comme : *j'aime cette histoire parce que..., mon passage préféré est..., mon personnage préféré est...*

- Cette séance est réitérée afin que les élèves s'approprient l'histoire.

- Le matériel peut être laissé à disposition des enfants.

DIFFÉRENCIATION En fonction du niveau des élèves, il est possible de passer directement à la lecture de l'album, en montrant ou non les illustrations.

APPROPRIATION
DE L'ALBUM SOURCE

 1 – l'album **La petite poule rousse**

2 – les *mots illustrés* : une poule, un cochon, un canard, un chat, un moulin, semer, grandir / pousser, récolter, moudre, mélanger

3 – les *marottes des personnages*
- des personnages intrus
- un morceau de tissu de 40 x 40 cm

---

1 Écouter la lecture de l'album

⭐ **Petit ou grand groupe en regroupement**

⏱ **10 minutes à réitérer**

- L'enseignant montre l'album aux élèves et les laisse s'exprimer.

- Il lit le titre en le montrant du doigt et commence la lecture en tournant les pages simultanément.
- Lorsque la lecture est terminée, il les amène à faire le lien entre l'album et les marottes.
- Cette séance est réitérée pour que les élèves s'approprient l'histoire.
- Lorsque les élèves connaissent bien l'album, l'enseignant fait volontairement des erreurs lors de la lecture. Il peut par exemple changer le titre du livre et / ou le nom des animaux, faire apparaitre un nouveau personnage, remplacer les grains de blé par des cailloux… Il laisse les élèves intervenir pour le corriger, vérifiant ainsi leur degré de compréhension de l'histoire.

DIFFÉRENCIATION Si le niveau des élèves le permet, l'album peut être lu une première fois sans montrer les illustrations de façon à recueillir les premiers ressentis, puis une seconde fois en montrant les illustrations.

2 S'approprier les mots de l'histoire

⭐ **Petit ou grand groupe en regroupement**

⏱ **10 minutes à réitérer**

- L'enseignant pose ou affiche les mots illustrés de façon à ce qu'ils soient visibles par tous.
- Il mime un animal ou une action. Les élèves nomment le mot mimé ou, s'ils ne le connaissent pas, pointent du doigt l'image correspondante.
- Par la suite, un élève peut prendre la place de l'enseignant.

3 Identifier les personnages de l'histoire

⭐ **Petit groupe ou demi-classe en regroupement**

⏱ **10 minutes**

- L'enseignant pose l'ensemble des personnages sur le sol.
- À tour de rôle, chacun choisit un personnage et le nomme. Les intrus sont alors mis en évidence.
- L'enseignant place en ligne les personnages de l'album et demande aux élèves de les nommer. À la manière d'un jeu de Kim, il cache les marottes avec un tissu, fait disparaitre un personnage, puis soulève le tissu. Les élèves nomment le personnage disparu.

DIFFÉRENCIATION En fonction du niveau des élèves, l'enseignant peut ajouter des éléments de l'histoire : le moulin, le four, le pain, l'épi de blé…

223

APPROPRIATION
DE L'ALBUM SOURCE

4
- l'album **La petite poule rousse**
- les *marottes des personnages* ☁

5
- l'album **La petite poule rousse**
- les *marottes des personnages* ☁
- les *éléments de l'album* ☁ fixés au tableau

6
- 4 à 6 *images séquentielles* ☁
- l'album **La petite poule rousse**

---

4 Caractériser les personnages de l'histoire

☆ **Petit ou grand groupe en regroupement**

⏱ **10 minutes**

- L'enseignant pose les personnages sur le sol. Les élèves s'assoient en cercle autour de lui.
- À tour de rôle, chacun choisit un personnage de l'album et le nomme.

- L'enseignant amène les élèves à le caractériser physiquement et moralement, puis à identifier son but dans l'histoire en posant des questions : *Que veut faire ce personnage ? Qu'aime-t-il faire ? Que fait-il dans l'histoire ? Pourquoi ? Que ressent-il ?*
- Il les aide ainsi à comprendre pourquoi la poule ne veut pas partager à la fin.

DIFFÉRENCIATION Interroger les élèves sur ce qu'ils auraient fait à la place de la poule ou des autres animaux.

5 Jouer avec les marottes pendant la lecture

☆ **Petit ou grand groupe en regroupement**

⏱ **10 minutes à réitérer**

- L'enseignant confie les marottes à quatre élèves et leur demande de les déplacer sur le tableau pendant la lecture de l'histoire.

- Cette séance est réalisée à plusieurs reprises en variant les élèves.

6 Ordonner des images séquentielles de l'histoire

☆ **Petit groupe ou demi-classe en regroupement**

⏱ **10 minutes**

- L'enseignant place les images au sol dans le désordre et laisse les élèves s'exprimer.
- Il les invite à les placer une à une au tableau dans l'ordre de l'histoire.
- Il les aide en posant des questions : *Que se passe-t-il au début de l'histoire ? Que fait la petite poule rousse avec les grains de blé ? Avec les épis ? Avec la farine ?*
- À la fin de l'activité, l'album est utilisé pour vérifier que l'ordre est correct.

DIFFÉRENCIATION Varier le nombre d'images en fonction du niveau des élèves.

224

7 - le *titre à reconstituer* ☁ par élève

8
- une feuille A4 bleu clair par élève
- une *poule* ☁ par élève
- des bandes de papier orange et jaune de 2 x 10 cm
- une barquette par élève
- une paire de ciseaux par élève

9 - l'album *La petite poule rousse*

7 Reconstituer le titre de l'album

☆ **Activité autonome de 6 à 8 élèves**

⏱ **20 minutes**

• Les élèves disposent chacun d'une barquette avec les lettres découpées.

• Ils encollent le support et placent chaque lettre sur le modèle pour reconstituer le titre de l'album.

DIFFÉRENCIATION Ne donner qu'un ou deux mots aux élèves les plus lents.

MON CARNET DE SUIVI
Je sais dire le titre d'une histoire étudiée en classe
page 10

8 Découper et remplir une surface par collage

☆ **Activités semi-dirigées de 6 à 8 élèves**

⏱ **2 x 15 minutes**

• Les élèves découpent de petits morceaux de papier et les placent dans une barquette.

• Lors de la séance suivante, ils remplissent la poule en collant les petits morceaux de papier découpés.

• Ils collent ensuite la poule et le titre sur une feuille bleue.

• L'enseignant va voir chaque élève individuellement et lui demande de dicter une phrase au sujet de l'album.

😊 *Cette trace écrite peut être placée dans le cahier de vie des élèves.*

9 Raconter l'histoire à partir de l'album

☆ **Petit ou grand groupe en regroupement**

⏱ **10 minutes à réitérer**

• L'enseignant montre les doubles pages de l'album une à une et laisse les enfants raconter l'histoire.

• Si besoin, il les guide en posant des questions.

😊 *Cette activité peut aussi être réalisée avec les marottes et le castelet, l'enseignant manipulant les marottes et les enfants racontant l'histoire.*

225

AUTOUR DES LIVRES TPS-PS LE PAIN

PROJET Réaliser du pain

⭐ **Grand groupe en regroupement**
⏱ **10 minutes**
- un panier contenant de la farine, de l'eau, du sel et de la levure

Décrire les ingrédients et adhérer au projet

- L'enseignant ou la mascotte apporte un panier contenant des ingrédients.
- À tour de rôle, les élèves sortent un élément du panier, le montrent aux autres et le nomment.
- En cas de difficulté, l'enseignant peut intervenir pour nommer un ingrédient.
- Une fois que tous les ingrédients ont été identifiés, il demande aux élèves ce qu'ils peuvent réaliser avec.
- S'ils ne savent pas répondre, il leur annonce qu'ils vont fabriquer du pain comme la petite poule rousse et qu'ils se rendront chez le boulanger du quartier pour observer la fabrication du pain.

⭐ **Petit ou grand groupe en regroupement**
⏱ **10 minutes**
- la *recette du pain*

Décrire la recette du pain

- L'enseignant affiche la recette au tableau et laisse les élèves s'exprimer.
- Il les amène à remarquer qu'il s'agit d'une recette : celle du pain.
- Les élèves décrivent ce qu'ils observent : d'abord les ingrédients, puis les ustensiles et enfin, les différentes étapes de fabrication.
- Pour terminer la séance, les élèves miment les gestes à effectuer pour réaliser la recette.

DIFFÉRENCIATION En fonction du niveau des élèves, plusieurs séances peuvent être nécessaires afin qu'ils se familiarisent avec la recette.

⭐ **Activité dirigée de 6 à 8 élèves**
⏱ **15 minutes**
- la *recette du pain*
- les ingrédients de la recette
- les ustensiles de la recette

MON CARNET DE SUIVI
Je transforme la matière... en réalisant des mélanges, en la mouillant, en utilisant mes mains...
page 46

Suivre la recette collectivement

- L'enseignant amène les élèves à se souvenir du projet en cours.
- À tour de rôle, ils effectuent les étapes dans l'ordre de la recette.
- L'enseignant les encourage à verbaliser les tâches effectuées.
- Des photos sont prises pendant la réalisation du pain.
- À la fin de la journée, le pain est apporté à la maison ou partagé à l'heure du gouter avec une autre classe.

226

Petit ou grand groupe en regroupement
10 minutes
- les photos de la recette
- une affiche
- un feutre noir

Raconter la recette en s'appuyant sur des photos

- L'enseignant affiche les photos au tableau et laisse les élèves s'exprimer librement.
- Il amène le groupe à décrire les photos une à une, puis à les ranger dans l'ordre de réalisation de la recette.
- Ces photos sont collées au fur et à mesure sur l'affiche.
- L'enseignant y note les propos des élèves.

Grand groupe en sortie
30 minutes
- un appareil photo

Visiter une boulangerie

- Si c'est possible, l'enseignant organise une visite dans une boulangerie du quartier.
- Lors de cette visite, les élèves observent le four, les ingrédients servant à confectionner le pain, la manière dont la pâte est réalisée, pétrie, la cuisson…
- Les élèves prennent des photos avec l'aide de l'enseignant.

Petit ou grand groupe en regroupement
10 minutes
- les photos de la recette de la classe
- les photos faites à la boulangerie

Comparer deux manières de faire du pain

- L'enseignant demande aux élèves de rappeler ce qu'ils ont vu lors de la sortie à la boulangerie.
- Les photos de la recette et de la sortie sont alors mises en parallèle pour comparer les ingrédients et la manière de faire du pain.

COMPTINES ET CHANSONS
AUTOUR DE LA POULE ET DU PAIN

MEUNIER TU DORS !

Meunier tu dors !
Ton moulin va trop vite !
Meunier tu dors !
Ton moulin va trop fort !
Ton moulin, ton moulin va trop vite !
Ton moulin, ton moulin, va trop fort !
Ton moulin, ton moulin va trop vite !
Ton moulin, ton moulin, va trop fort !

UNE POULE SUR UN MUR

Une poule sur un mur
Qui picore du pain dur

Picoti, Picota
Lève la queue
et puis s'en va.

LE BON PAIN

Craque, craque
le bon pain
craque craque
sous mes dents
craque craque
le bon pain
comme c'est bon
quand j'ai faim.

LA POULE !
Christina Dorner

Qui est-ce qui a fait du pain ?
C'est la poule, c'est la poule !
Qui est-ce qui va manger le bon pain ?
C'est la poule sans ses copains !

228

ACTIVITÉS COMPLÉMENTAIRES

AUTRES PROJETS POSSIBLES
- réaliser un sac à raconter
- apprendre à raconter l'histoire
- réaliser un livre du conte en collant les *images séquentielles* ☁ dans l'ordre et en dictant le texte à l'adulte

SCIENCES À VIVRE MATERNELLE
Le cycle du blé
pages 106 à 109

AUTRES ACTIVITÉS POSSIBLES AUTOUR DE LA THÉMATIQUE
- semer des grains de blé et observer leur croissance
- accueillir une poule ou un poussin dans la classe
- identifier des intrus parmi les ingrédients du pain

AUTRES ACTIVITÉS POSSIBLES AUTOUR DE L'ALBUM SOURCE
- écouter la *version sonore* ☁ de l'album
- réaliser des portraits des personnages avec différentes techniques
- réaliser des marottes des personnages
- réaliser la poule en collant des plumes
- réaliser un *puzzle de la couverture* ☁
- identifier des intrus parmi les personnages
- identifier les mots manquants lors de la lecture de l'album
- se déplacer sur le plateau du *jeu de la petite poule rousse* ☁

AUTRES ACTIVITÉS POSSIBLES À PARTIR DE LIVRES EN RÉSEAU (VOIR PAGES 18 À 19)
- observer des imagiers autour du pain ou de la poule
- feuilleter et regarder différentes versions du conte *La petite poule rousse*
- écouter la lecture d'albums sur le pain ou sur la poule
- attribuer des personnages aux albums dont ils sont issus
- attribuer des éléments aux albums dont ils sont issus (blé, farine, moulin...)
- comparer la poule dans différentes versions du conte
- comparer deux ou plusieurs versions : trouver similitudes et différences

RÉSEAU
AUTOUR DE LA PETITE POULE ET DU PAIN

AUTRES VERSIONS DU CONTE UTILISABLES EN PS

PS
La petite poule rousse
Byron Barton
© L'école des loisirs • 2009 • 8,70€

La petite poule rousse et ses trois poussins trouvent des grains de blé. Qui va les aider à faire du pain ?
Il est utile d'utiliser un cache lorsque la petite poule rousse est représentée deux fois sur une même double page. Certains mots doivent être expliqués en amont de la lecture afin que les élèves les comprennent.

PS
La petite poule rousse
Leo Timmers
© Milan • 2007 • 13,90€

Une version animée et moderne du conte, avec des matières à toucher. La poule demande de l'aide à ses amis un à un.
Il est utile d'utiliser un cache lorsque la petite poule rousse est représentée deux fois sur une même double page. Les ailes du moulin sont fragiles.

AUTRE ALBUM SUR LE PAIN

La grosse faim de P'tit Bonhomme
Pierre Delye et Cécile Hudrisier
© Didier jeunesse • 2005 • 12,90€

P'tit bonhomme a très faim. Il se rend chez le boulanger, mais le pain ne se donne pas, il s'achète. Commence une quête qui le mènera chez le meunier, chez le paysan et jusqu'à la rivière.
Cet album est plutôt pour des élèves plus âgés, mais il peut être raconté.

LIVRES DOCUMENTAIRES

PS
MES TOUT P'TITS DOCS
La poule
Paule Battault et Charlotte Ameling
© Milan • 2015 • 6,40€

Un premier documentaire pour les petits dans lequel Arsène le fermier s'occupe de ses poules et explique comment elles vivent.
Le texte et les illustrations sont accessibles aux tout-petits. À utiliser en petit groupe.

PS
MES TOUT P'TITS DOCS
La boulangerie
Paule Battault et Charlotte Ameling
© Milan • 2015 • 6,40€

Un premier documentaire pour les petits dans lequel Félix le boulanger explique le déroulement de sa journée à la boulangerie.
Le texte et les illustrations sont accessibles aux tout-petits. À utiliser en petit groupe.

PS
MES PREMIÈRES QUESTIONS RÉPONSES!
Le boulanger
Camille Moreau et Marion Piffaretti
© Nathan • 2018 • 6,95€

Un livre pour découvrir le métier de boulanger et la fabrication du pain.
Le texte et les illustrations sont accessibles aux tout-petits. À utiliser en petit groupe.

PS
MES P'TITS DOCS
Le pain
Stéphanie Ledu et Didier Balicevic
© Milan • 2019 • 7,60€

Un livre documentaire pour tout savoir sur le pain.
Le texte et les informations s'adressent plutôt à des enfants plus âgés mais les images peuvent être décrites par l'enseignant.

L'ALBUM SOURCE
Boucle d'or et les trois ours

LE PROJET
Créer un diaporama du conte

PS mai - juin

Boucle d'or et les trois ours

232 Présentation de la thématique
Présentation de l'album source

233 Organigramme du projet

234 Découverte de l'album source
1 Découvrir les personnages du conte
2 Découvrir les mots de l'histoire
3 Écouter l'histoire racontée

235 Appropriation de l'album source
1 Écouter la lecture de l'album
2 S'approprier les personnages et les objets du conte
3 Identifier les états mentaux des personnages
4 Comprendre les adjectifs de l'histoire
5 Classer des objets en fonction de leur taille
6 Vivre l'histoire avec son corps

237 Projet
Adhérer au projet de la classe
Jouer le conte avec les personnages et les objets
Apprendre à raconter le conte
Réfléchir à la première page du diaporama
Imaginer les fonds pour mettre en scène l'histoire
Réaliser les fonds pour mettre en scène l'histoire
Réaliser les scènes et prendre des photos
Mettre en voix l'histoire
Visionner collectivement le diaporama du conte et verbaliser les étapes du projet

240 Comptines et chansons

241 Activités complémentaires

242 Réseau

BOUCLE D'OR ET LES TROIS OURS

Présentation de la thématique

Pourquoi étudier ce conte ?
Ce conte traite du respect des autres et des biens d'autrui. Les élèves peuvent faire appel à leur vécu à propos de situations similaires à celles du conte, à des émotions qu'ils ont déjà ressenties ou des bêtises qu'ils ont pu faire.
En outre, ce conte est particulièrement intéressant pour parler des tailles (petit, moyen, grand) et pour travailler sur le nombre trois.

Quand étudier ce conte ?
Ce conte peut être étudié en période 4 ou 5, de préférence en PS.

⬇ RÉPARTITION DES APPRENTISSAGES

Présentation de l'album source

Boucle d'or s'immisce dans la maison des trois ours, goute leur soupe, s'assoit sur leurs chaises et s'installe dans leurs lits. Où les trois ours la retrouveront-ils à leur retour ?

Les intérêts de l'album source
Cette version du conte est écrite avec simplicité, aussi bien au niveau lexical que syntaxique. Les adjectifs ont été choisis pour être compris par les enfants dès la PS : par exemple, les soupes des ours sont trop chaudes et trop froides, ce qui est plus facile à comprendre pour les enfants que si elles étaient trop sucrées et trop salées.
Il y a une seule action par double page, ce qui facilite la compréhension et la lecture en classe.
De plus, les ellipses spatiales et temporelles ont été réduites au maximum.
Les illustrations sont épurées, ce qui permet aux élèves de se focaliser sur les émotions des personnages et de s'y appuyer pour comprendre le texte.

Les obstacles de l'album source
La principale difficulté du conte réside dans les ellipses spatiales : les personnages passent de l'extérieur à l'intérieur, puis du rez-de-chaussée au premier étage. Cette difficulté peut être dépassée en mettant en scène l'histoire avant la lecture et en verbalisant avec les élèves les lieux dans lesquels se trouvent les personnages.
Une autre difficulté peut venir des adjectifs employés, qu'il s'agit d'expliquer et de réinvestir dans des situations de la vie quotidienne (chaud, froid, haut, large, dur, mou, parfait). L'utilisation du passé simple peut également constituer un obstacle à la compréhension, mais les verbes utilisés ont volontairement été choisis pour ne pas présenter trop de difficulté, car il est bon que les élèves commencent à se familiariser progressivement avec ce temps particulier.
Par ailleurs, pour faciliter la compréhension, l'enseignant peut changer de voix pour les différents personnages et accentuer les émotions ressenties.

Boucle d'or et les trois ours
Léa Schneider et Delphine Berger-Cornuel
© Accès jeunesse • 2020 • 12€

Le vocabulaire autour de l'album et du projet

VERBES refroidir, passer par là, entrer, se promener, gouter, vider, apercevoir, grimper, essayer, s'assoir, se casser, monter, s'installer, s'endormir, rentrer, manger, pleurer, se coucher, réveiller, avoir peur, s'enfuir, courir.

NOMS une boucle, de l'or, des cheveux bouclés, une maison, un ours, un papa, une maman, un bébé, une promenade, la forêt, de la soupe, un bol, une table, une chaise, un escalier, une chambre, un lit.

ADJECTIFS blond, bouclé, doré, trois, chaud, froid, parfait, haut, large, petit, moyen, grand, lourd, dur, mou, apeuré.

ADVERBE jamais.

PRONOM quelqu'un.

Organigramme du projet

Apprendre ensemble et vivre ensemble
- participer à un projet collectif
- travailler en équipe, coopérer

Mobiliser le langage dans toutes ses dimensions
- s'approprier le conte
- identifier les personnages du conte
- connaitre les scènes clés du conte
- raconter le conte
- verbaliser les étapes du projet

CRÉER UN DIAPORAMA DU CONTE

Construire les premiers outils pour structurer sa pensée
- classer des objets en fonction de leur taille

Agir, s'exprimer et comprendre à travers les activités artistiques
- imaginer des décors
- créer des fonds collectifs
- mettre en voix l'histoire

Explorer le monde
- utiliser un appareil photo
- utiliser un enregistreur sonore

Boucle d'or et les trois ours

DÉCOUVERTE DE L'ALBUM SOURCE

1
- un grand sac à toucher
- une poupée aux cheveux dorés et bouclés
- 3 ours en peluche de tailles différentes ou les *marottes des personnages*

2
- les *mots illustrés* : des cheveux bouclés, un ours, une maison, une soupe, un bol, une forêt, un lit, une chaise, se promener, manger, avoir peur, gouter, cassé
- un sac à toucher

3
- 3 bols de tailles différentes
- 3 chaises de tailles différentes
- 3 lits ou boites à chaussures de tailles différentes
- une poupée aux cheveux dorés et bouclés
- 3 ours en peluche de tailles différentes ou les *marottes des personnages*

1 Découvrir les personnages du conte

⭐ **Petit ou grand groupe en regroupement**
⏱ **5 à 10 minutes**

- L'enseignant apporte un grand sac et propose aux élèves de deviner ce qui se trouve à l'intérieur. Ceux qui le souhaitent prennent la parole à tour de rôle pour émettre des hypothèses.
- Il les invite ensuite à mettre la main dans le sac et à extraire un à un chaque objet : une poupée et trois ours en peluche.

- L'enseignant leur demande de décrire les quatre personnages de manière précise, en insistant sur les cheveux de la poupée et la taille des trois ours.
- Il termine la séance en nommant les personnages : Boucle d'Or, Maman ours, Papa ours et Bébé ours.
- Les personnages sont laissés à disposition des élèves dans l'espace poupée de la classe.

2 Découvrir les mots de l'histoire

⭐ **Petit ou grand groupe en regroupement**
⏱ **10 minutes**

- Par l'intermédiaire de la mascotte de la classe, l'enseignant apporte aux élèves des mots illustrés qui leur permettront de mieux comprendre l'histoire lue le lendemain.
- Les mots sont placés dans le sac de la mascotte ou un sac à toucher.
- À tour de rôle, les élèves piochent un mot illustré et tentent de le nommer.
- L'enseignant valide en lisant le mot.
- Il amène ensuite les élèves à faire appel à leur vécu en leur demandant s'ils connaissent le mot en question.

😊 *Ces mots peuvent être affichés dans la classe le temps du projet, puis stockés dans une boite à mots.*

- Différentes activités peuvent être réalisées avec ces mots pour que les élèves les mémorisent : jeu de Kim, Memory, association d'un mot et d'une illustration du livre…

DIFFÉRENCIATION En fonction du niveau des élèves, il est possible d'ajouter des mots ou d'en mettre moins.

3 Écouter l'histoire racontée

⭐ **Petit ou grand groupe en regroupement**
⏱ **10 minutes**

- L'enseignant explique aux élèves qu'il va raconter une histoire à partir des personnages découverts précédemment.
- Il raconte alors l'histoire avec le matériel.

- Cette séance est réitérée et le matériel laissé à disposition des élèves.

APPROPRIATION
DE L'ALBUM SOURCE

1 - l'album *Boucle d'or et les trois ours*

2 - les *marottes des personnages*
- des personnages intrus
- une feuille noire de format A3 ou un tissu d'environ 40 x 40 cm
- les *objets de l'album*
- des objets intrus

3 - l'album *Boucle d'or et les trois ours*

---

1 Écouter la lecture de l'album

☆ **Petit ou grand groupe en regroupement**

⏱ **10 minutes à réitérer**

● Dans un premier temps, l'enseignant montre la couverture de l'album aux élèves et les laisse s'exprimer librement.

● Il attire leur attention sur les personnages présents sur la couverture et lit le titre en le pointant du doigt.

● Un rapprochement peut alors être effectué avec les personnages rencontrés précédemment.

● Dans un second temps, l'enseignant lit l'album en montrant les illustrations simultanément. Il dramatise la lecture en changeant de voix pour chaque personnage : une voix grave pour papa ours, médium pour maman ours et aigüe pour Boucle d'or et Bébé ours.

● Cette séance est réitérée afin que les élèves se familiarisent avec l'histoire.

DIFFÉRENCIATION En fonction du niveau de la classe et de l'attention des élèves, il est possible de s'arrêter à la description de la couverture. La lecture peut se faire lors d'une autre séance. À l'inverse, si le niveau des élèves le permet, l'album peut être lu une première fois sans montrer les illustrations de façon à recueillir les premiers ressentis, puis une seconde fois en montrant les illustrations.

2 S'approprier les personnages et les objets du conte

☆ **Petit groupe ou demi-classe en regroupement**

⏱ **2 x 5 à 10 minutes**

● L'enseignant affiche les marottes des personnages au tableau et laisse les élèves s'exprimer.

● Il aligne ensuite les quatre personnages sur le sol et en fait disparaitre un avec la feuille à la manière d'un jeu de Kim. Les élèves nomment le personnage manquant.

● Ce jeu est réalisé plusieurs fois.

● Dans un second temps, au lieu de retirer un personnage sous la feuille, l'enseignant ajoute un ou plusieurs personnages issus d'autres albums. Les élèves identifient le ou les intrus qui ne figurent pas dans le conte.

● Cette séance est réitérée avec les objets de l'album.

DIFFÉRENCIATION En fonction du niveau des élèves, un élève peut prendre la place de l'enseignant.

3 Identifier les états mentaux des personnages

☆ **Petit ou grand groupe en regroupement**

⏱ **10 minutes**

● L'enseignant demande aux élèves de retrouver dans la bibliothèque l'album étudié et de rappeler son titre.

● Il ouvre l'album à la double page où les ours rentrent chez eux.

● Par le biais de questions, il demande aux élèves de nommer les personnages et de décrire leurs actions, puis de se focaliser sur leurs buts et sur leurs émotions. Il les questionne ainsi au fur et à mesure de l'avancement de l'histoire.

● Il est important que les élèves prennent conscience que Boucle d'or a fait des bêtises, que les ours ne sont pas contents et que la petite fille s'enfuit car elle a peur.

● À la fin de la séance, l'enseignant peut faire appel au vécu des élèves : *avez-vous déjà fait des bêtises ? Que s'est-il passé ensuite ? Qu'auriez-vous ressenti à la place des ours ?*

APPROPRIATION
DE L'ALBUM SOURCE

4
- des objets durs : buchette, brique de construction, voiture, jouets, crayon
- des objets mous : éponge humide, balle antistress, coussin, pâte à modeler
- une bouillotte chaude ou un gant de toilette laissé sur un radiateur
- un pain de glace
- l'album *Boucle d'or et les trois ours*

5
- 3 ours en peluche de tailles différentes ou les *marottes des personnages*
- 3 bols de tailles différentes
- 3 assiettes, 3 gobelets, 3 serviettes, des couverts et des pâtes de petite, moyenne et grande tailles

6
- l'album *Boucle d'or et les trois ours*
- une chaise par enfant
- 6 grands tapis

---

4 Comprendre les adjectifs de l'histoire

⭐ **Activité dirigée de 6 à 8 élèves**
⏱ **10 minutes**

● Dans un premier temps, l'enseignant montre les objets mous les uns après les autres et invite les élèves à les toucher et à exprimer leur ressenti.

● Il procède de la même manière avec les objets durs.

● Il fait ensuite passer aux élèves deux objets : un mou et un dur. Il les amène à comparer la sensation ressentie.

● Dans un second temps, l'enseignant leur demande de comparer des objets froids et des objets chauds.

● Pour les adjectifs LARGE et HAUT, il s'appuie sur l'illustration de l'album.

😊 *Une chasse aux objets peut être réalisée par la suite.*

VERS L'AUTONOMIE
Toucher des textures dures et molles
page 219

5 Classer des objets en fonction de leur taille

⭐ **Activité semi-dirigée de 6 à 8 élèves**
⏱ **10 minutes**

● L'enseignant pose le matériel de l'histoire sur la table et laisse les élèves s'exprimer.

● Il insiste sur les termes PETIT, MOYEN et GRAND lors de la verbalisation.

● Il leur demande d'attribuer à chaque ours les objets qui lui appartiennent en donnant à chaque élève une série de trois objets de la même catégorie à attribuer à l'ours correspondant.

😊 *La même activité peut être réalisée à partir des marottes des trois ours et des objets de l'album.*

DIFFÉRENCIATION Proposer uniquement un classement petit/grand si l'activité s'avère trop difficile.

MON CARNET DE SUIVI
Je sais classer des objets selon leur taille (petit, moyen, grand)
page 37

6 Vivre l'histoire avec son corps

⭐ **Grand groupe en salle de motricité**
⏱ **25 minutes**

● L'enseignant place dans la salle autant de chaises que d'enfants et six grands tapis.

● Il leur explique qu'ils vont jouer l'histoire avec leur corps.

● Il commence alors à lire l'album et les invite à mimer l'action lue.

● Quand les trois ours décident de faire une promenade, les élèves marchent.

● Lorsque Boucle d'or s'assoit, ils s'installent chacun sur une chaise. Lorsqu'elle se couche, ils s'allongent sur un tapis.

● L'enseignant insiste sur les verbes de l'histoire : se promener, gouter, s'assoir, se coucher, être apeuré, s'enfuir.

● Lors d'une verbalisation, il demande aux élèves de rappeler les actions réalisées en insistant à nouveau sur les verbes de l'histoire.

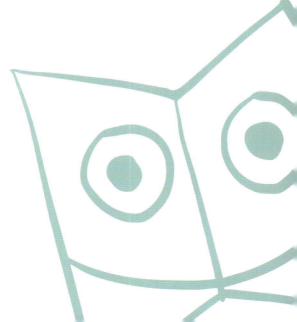

PROJET Créer un diaporama du conte

Grand groupe en regroupement

5 minutes
- l'album *Boucle d'or et les trois ours*
- le tableau
- une craie

Adhérer au projet de la classe

- L'enseignant montre l'album aux élèves.
- Il leur présente alors le projet : réaliser un film de *Boucle d'Or et les trois ours* à visionner à la maison afin que les parents découvrent le conte.
- Pour cela, il leur propose de faire des photos avec les personnages et les objets de l'album et de les enregistrer en train de raconter l'histoire.
- L'enseignant leur demande de lister les objets nécessaires à la réalisation du projet et les écrit au tableau.

Activité dirigée de 6 à 8 élèves

15 minutes
- 3 bols de tailles différentes
- 3 chaises de tailles différentes
- 3 lits ou boites à chaussures de tailles différentes
- une poupée blonde aux cheveux frisés
- 3 ours en peluche de tailles différentes

Jouer le conte avec les personnages et les objets

- L'enseignant propose aux élèves de jouer l'histoire avec les personnages.
- Il raconte l'histoire et les élèves déplacent les personnages. Les élèves peuvent aider l'enseignant lors de la narration.
- L'histoire est rejouée plusieurs fois afin que tous participent.

- Le matériel est laissé à disposition des élèves pour qu'ils essaient de jouer l'histoire seuls.

DIFFÉRENCIATION En fonction de leur niveau, les élèves peuvent raconter le conte pendant que d'autres le miment avec les objets et les personnages.

Petit groupe ou demi-classe en regroupement

5 à 10 minutes à réitérer
- les *marottes des personnages*
- les *fonds de l'album*

Apprendre à raconter le conte

- L'enseignant affiche les fonds au tableau et laisse les élèves s'exprimer. Il les amène à remarquer qu'il s'agit des décors de l'album.
- Il montre les personnages et demande aux élèves de les nommer.
- Il raconte ensuite l'histoire en déplaçant les marottes sur les fonds.

- Cette séance est réitérée plusieurs fois. Les élèves aident l'enseignant à raconter. Les plus à l'aise peuvent essayer de prendre sa place.

Créer un petit espace dans lequel le matériel et l'album sont laissés à disposition des élèves afin qu'ils s'entrainent à raconter l'histoire.

PROJET Créer un diaporama du conte

Grand groupe
10 minutes
- un court dessin animé à visionner

💬 Réfléchir à la première page du diaporama

- L'enseignant propose aux élèves de regarder un dessin animé.
- Il fait un ou plusieurs arrêts sur image sur le début du dessin animé pour leur permettre d'observer les informations du générique : présence du titre du dessin animé, nom du réalisateur, du producteur...
- Il leur demande alors d'imaginer comment présenter leur film sur Boucle d'or.
- Si les élèves n'ont pas d'idée, il peut proposer de réaliser un fond sur lequel se trouverait le titre de l'histoire ainsi que le ou les personnages principaux.

Petit ou grand groupe en regroupement
5 minutes
- l'album *Boucle d'or et les trois ours*
- le tableau
- une craie

💬 Imaginer les fonds pour mettre en scène l'histoire

- L'enseignant demande aux élèves de rappeler le projet en cours.
- Pour la réalisation des photos, il leur propose de fabriquer les décors des différents lieux de l'histoire.
- Il demande aux élèves de nommer ces endroits : la forêt, la cuisine, la chambre.
- Il les amène à imaginer ces lieux et à choisir les couleurs à utiliser pour les représenter. Il note leurs idées au tableau.
- En cas de difficulté, il est possible de se référer aux illustrations de l'album.

Activités avec l'ATSEM de 6 à 8 élèves
2 x 10 minutes

ÉTAPE 1
- trois feuilles de format raisin par groupe
- de l'encre de couleur bleue, verte

ÉTAPE 2
- des pinceaux brosses
- des éponges
- de la gouache blanche, verte et marron
- un *modèle de titre* ☁
- des *lettres mobiles* ☁

🖌 Réaliser les fonds pour mettre en scène l'histoire

ÉTAPE 1

- Pour représenter l'extérieur, chaque groupe peint un fond avec de l'encre verte pour le sol et de l'encre bleue pour le ciel.
- Le groupe remplit aussi deux feuilles avec de l'encre de la couleur choisie pour les fonds intérieurs et les cartons de début et de fin du film.

ÉTAPE 2

- Lors d'une seconde activité proposée pour les volontaires par groupes de deux maximum, les élèves peignent la maison des trois ours et les troncs des arbres avec de la gouache marron sur les fonds extérieurs. Ils ajoutent le feuillage en tapotant avec une éponge et de la gouache verte et des nuages avec de la gouache blanche.

- Le titre du diaporama est reconstitué lettre à lettre à partir d'un modèle et de lettres mobiles collées sur un des fonds.

😊 *Les fonds sont assemblés côte à côte.*

DIFFÉRENCIATION Si nécessaire, utiliser l'album pour se référer à ses illustrations.

238

⭐ **Petit ou grand groupe**
⏱ **10 minutes**
- 3 bols de tailles différentes
- 3 chaises de tailles différentes
- 3 lits ou boites à chaussures de tailles différentes
- une poupée blonde aux cheveux bouclés
- 3 ours en peluche de tailles différentes
- un appareil photo ou autre appareil permettant de prendre une photo

MON CARNET DE SUIVI
Je sais utiliser un appareil photo
page 48

Réaliser les scènes et prendre des photos

- L'enseignant raconte la première scène et demande aux élèves de mettre les objets en place pour illustrer la scène.
- Lorsque tous les éléments sont en place, il prend une photo.
  Les photos peuvent être prises avec une tablette pour que les élèves les visualisent et les validant immédiatement.
- La même démarche est reprise pour chaque scène : Boucle d'or qui goute la soupe, Boucle d'or qui s'assoit, Boucle d'or dans le lit, les ours qui arrivent, Boucle d'or qui s'enfuit.
- Cette activité peut avoir lieu sur plusieurs séances.

DIFFÉRENCIATION Si les élèves en sont capables, l'enseignant les amène à énoncer les différentes scènes en utilisant l'album si nécessaire.

⭐ **Activité dirigée de 4 à 6 élèves**
⏱ **10 minutes**
- un vidéoprojecteur ou une tablette
- les photos prises précédemment
- un dictaphone ou un smartphone

Mettre en voix l'histoire

Chaque groupe sonorise plusieurs scènes de l'histoire après avoir écouté les enregistrements des scènes déjà mises en voix par les groupes précédents.

DIFFÉRENCIATION Il est préférable de créer des groupes homogènes pour permettre à chacun de s'exprimer. Le nombre de scènes à raconter peut varier en fonction du niveau du groupe.

- L'enseignant montre les photos une à une et demande aux élèves de décrire l'action représentée.
- Il propose d'enregistrer un élève qui raconte ce qui se passe à ce moment de l'histoire. Il explique que les autres devront être bien silencieux pendant l'enregistrement. Celui-ci est ensuite écouté. Les élèves le valident ou recommencent.

DIFFÉRENCIATION Si cela est nécessaire, utiliser l'album pour aider les élèves à se remémorer le conte.

⭐ **Grand groupe**
⏱ **10 minutes**
- le diaporama du conte
- un vidéoprojecteur

👥 Visionner collectivement le diaporama du conte et verbaliser les étapes du projet

- L'enseignant réalise un diaporama associant les photos et les enregistrements sonores effectués par les élèves.
- Il leur propose de visionner le diaporama réalisé.
- La séance se termine par la verbalisation des étapes du projet.

Les parents disposent d'un lien leur permettant de télécharger le diaporama réalisé par leurs enfants.

239

AUTOUR DES LIVRES TPS-PS BOUCLE D'OR ET LES TROIS OURS

COMPTINES ET CHANSONS
AUTOUR DE BOUCLE D'OR ET LES TROIS OURS

PETIT OURSON
Christina Dorner

Avec un bidon tout rond

 Qui adore le poisson,

Une tête ronde comme un ballon,

Et des yeux comme des boutons,

C'est moi le petit ourson

Avec des poils tout marron.

MONSIEUR L'OURS

Monsieur l'Ours, réveille-toi !
Tu as bien trop dormi comme ça !
Au bout de trois, réveille-toi !
Un, deux, trois !

Monsieur l'Ours,
Tu dors ou tu sors ?
– Ron… Je dors !

Monsieur l'Ours, réveille-toi !
Tu as bien trop dormi comme ça !
Au bout de trois, réveille-toi !
Un, deux, trois !

Monsieur l'Ours,
Tu dors ou tu sors ?
– Brrr… Je sors !

MON PETIT OURS

Mon petit ours est tombé
Dans la gelée de groseille.
Il a sali ses souliers
Il a collé ses orteils.
Alors maman l'a fourré
Dans la machine à laver.
Voilà qu'il sèche au soleil
Suspendu par les orteils.

TOC, TOC, TOC
BOUCLE D'OR !
Christina Dorner

Toc toc toc ! Boucle d'or, es-tu là ?
Chut, je dors.

Toc toc toc ! Boucle d'or, lève-toi !
Je me réveille.

Toc toc toc ! Boucle d'or, sauve-toi !
Car les trois ours sont là !

ACTIVITÉS COMPLÉMENTAIRES

AUTRES PROJETS POSSIBLES
- réaliser un livre à compter des trois ours
- réaliser un sac à raconter du conte
- réaliser un spectacle de l'histoire

AUTRES ACTIVITÉS POSSIBLES
AUTOUR DE L'ALBUM SOURCE
- écouter la *version sonore* de l'album
- ordonner les *images séquentielles* de l'album
- réaliser des masques des personnages (voir *Trucs & Astuces* page 25)
- décorer les *silhouettes des ours* avec de la peinture ou par collage
- reconstituer les noms des personnages avec des lettres mobiles
- jouer au jeu de Kim avec les *marottes des personnages* et les *objets de l'album*
- jouer à un jeu de *loto petit/moyen/grand*

VERS LA MUSIQUE
Les trois ours
page 248

MON CARNET DE SUIVI
Je sais placer les images séquentielles d'une histoire dans l'ordre chronologique
page 39

AUTRES ACTIVITÉS POSSIBLES
À PARTIR DE LIVRES EN RÉSEAU (VOIR PAGES 18 À 19)
- feuilleter et regarder d'autres versions du conte
- écouter la lecture d'albums du réseau
- attribuer des personnages aux albums dont ils sont issus
- comparer un même personnage dans deux albums différents
- comparer deux ou plusieurs versions : trouver similitudes et différences
- comparer des illustrations d'illustrateurs différents

RÉSEAU
AUTOUR DE BOUCLE D'OR ET LES TROIS OURS

AUTRES VERSIONS DU CONTE UTILISABLES EN PS

PS
Les trois ours
Byron Barton
© L'école des loisirs • 1997 • 11,20€
Une version du conte illustrée de manière très simple. Dans cette version, les ours boivent du chocolat chaud.
Certains mots sont à expliquer en amont de la lecture. Il est préférable d'utiliser un cache lorsque le même personnage est présent plusieurs fois sur une même double page.

PS
Boucle d'or
Annelore Parot
© Milan • 2018 • 13,90€
Une version du conte sous forme de livre à toucher.
Le texte est très simple et adapté aux plus petits, mais les ellipses sont importantes étant donné le nombre réduit de pages.

AUTRES ALBUMS SUR LES OURS

TPS PS
Bernie c'est mon ours
Janik Coat
© Hélium • 2019 • 16,90€
Six petits livres sur un ours nommé Bernie : vêtements, lieux, couleurs, nombres, véhicules, jeux.
Pas d'obstacle particulier dans ces albums bien adaptés aux petits.

PS
Ouste ! Attention aux ours !
Sally Grindley et Peter Utton
© L'école des loisirs • 2013 • 14€
Un livre avec des volets pour appréhender la peur des ours.
Le texte est un peu long mais tient bien le lecteur en haleine.

PS
La chasse à l'ours
Michael Rosen et Helen Oxenbury
© Kaléidoscope • 2018 • 13,80€
Une famille se lance dans une chasse à l'ours. Pour cela, elle traverse différents paysages décrits par des onomatopées.
Cet album est un peu long pour des petits. Il faut bien le théâtraliser pour maintenir l'attention des enfants.

AUTRES ALBUMS POUR PARLER DE LA TAILLE

TPS PS
On fait la taille
Émile Jadoul
© L'école des loisirs • 2017 • 11€
Lapin est plutôt grand avec ses longues oreilles. Il compare sa taille à celle de ses différents copains.
Le texte est simple et adapté aux petits.

TPS PS
Grand
Jez Alborough
© Kaléidoscope • 2005 • 12,70€
Petit singe dans la grande jungle, Coco ne se sent pas de taille. Ah ! mais toute chose est relative, ce dont Coco va se rendre compte rapidement grâce à ses amis…
Le texte est simple puisqu'il n'est constitué que de deux mots qui se répètent : PETIT et GRAND.
Il est préférable d'utiliser un cache lorsqu'il y a plusieurs fois les mêmes personnages sur une même double page.

PS
Petit
Maria Jalibert et Cécile Bonbon
© Didier jeunesse • 2019 • 12,90€
Le petit du ver de terre est plus petit que le petit de la poule, qui est plus petit que le petit du chat, etc. Mais le plus petit des plus petits, c'est qui ?
Le texte est simple et court. La difficulté principale de l'album vient des changements d'échelle, à expliciter.

PS
Le petit bateau de Petit Ours
Eve Bunting et Nancy Carpenter
© L'école des loisirs • 2004 • 10,50€
Petit Ours adore son petit bateau, mais celui-ci devient trop petit car Petit Ours grandit.
Le texte est long, rédigé au passé simple et à l'imparfait. Il est préférable d'utiliser un cache lorsque le même personnage est présent plusieurs fois sur une même double page et de raconter l'histoire avant de la lire.

INDEX DES LIVRES DE JEUNESSE

ACCÈS JEUNESSE
Bienvenue à l'école! **40, 43, 44, 45, 49**
Boucle d'or et les trois ours **232, 234, 235, 236, 237, 238, 241**
C'est bientôt Noël, est-ce que tout est prêt? **100, 103, 104, 105, 109**
Doudours est triste **52, 55, 56, 61, 62**
Habille-toi, on y va! **148, 151, 152, 153, 154, 157**
L'abominable homme des bois **136, 138, 139, 140, 141, 142, 143, 145**
L'énorme radis **208, 210, 211, 212, 213**
La colère de Bébé babouin **76, 78, 79, 80, 81, 85**
La course à la pomme **64, 66, 67, 68, 73**
La galette **112, 114, 115, 116, 117, 121**
La moufle **124, 127, 128, 129, 133**
La petite galette ronde **122**
La petite poule rousse **220, 222, 223, 224, 225, 229**
Le livre des monstres **146**
Les trois petits cochons **196, 198, 199, 200, 201, 206**
Mon imagier des animaux **172, 174, 175, 176, 181**
Mon imagier des couleurs **90, 98**
Mon imagier des fruits et légumes **172, 174, 175, 176, 181, 214, 218**
Papa? Maman? C'est vous? **184, 186, 187, 188, 189, 190, 193**
Toc toc toc! Es-tu prêt? **160, 163, 164, 165, 166, 169**
Un arc-en-ciel sur la banquise **88, 92, 93, 94, 97**

ACTES SUD JUNIOR
Crocolou aime la galette **122**
Crocolou aime l'école **50**
Doudou cherche bébé **62**
Albin Michel Jeunesse
De toutes les couleurs **98**
Pour faire une tarte aux pommes, il faut un pépin de pomme. **74**

AUZOU
MES PREMIERS ANIMALIERS SONORES: Les animaux de la ferme **194**
Mes premiers animaux à toucher **182**
P'tit Loup est le roi de la galette **122**
P'tit loup fait une colère **86**
P'tit Loup prépare Noël **110**
P'tit loup rentre à l'école **50**
P'tit loup se déguise **170**

BAYARD JEUNESSE
Coucou, père Noël! **110**
L'imagier du jardin de Petit Ours Brun **218**
MINI IMAGIER: L'imagier de… de Petit Ours Brun **182**
Petit Ours Brun a perdu son doudou **62**
Petit Ours Brun est en colère **86**
Petit Ours Brun joue dans la neige **134**
Petit Ours Brun mange la galette des rois **122**
Petit Ours Brun rentre à l'école **50**
Petit Ours Brun se déguise **170**

CASTERMAN
Ma maison **134**

CRACKBOOM
TROUVAILLES!: Les couleurs **98**

DIDIER JEUNESSE
Cocotte tricote **158**
Couleurs **98**
J'aime la galette **122**
La grosse faim de p'tit bonhomme **230**
Le secret **74**
Petit **242**
Pomme de reinette **74**
Quel radis dis donc! **218**

FLAMMARION JEUNESSE
L'imagier du Père Castor **182**
Le gros navet **218**
Lina: Un déguisement épatant! **170**
Mon livre des doudous **62**
Petit chat perdu **194**
Roule Galette **122**

FLEURUS
PETIT DOUX: Mon imagier de la ferme **194**
PETIT DOUX: Mon imagier des couleurs **98**
PETIT DOUX: Mon imagier… **182**
Petite colère **86**

GALLIMARD JEUNESSE
L'ÂNE TROTRO Le roi de la galette **122**
L'ÂNE TROTRO Où sont les fleurs en hiver? **134**
L'ÂNE TROTRO s'habille **158**
L'ÂNE TROTRO se déguise **170**
La colère de Trotro **86**
Le doudou de Trotro **62**
Les graines de Trotro **218**
MES PREMIÈRES DÉCOUVERTES: L'école maternelle **50**
MES PREMIÈRES DÉCOUVERTES: Les animaux de la ferme **194**
MON IMAGIER ANIMÉ **182**
MON IMAGIER ANIMÉ: Noël **110**
Trotro et Zaza à la ferme **194**
Trotro et Zaza cherchent leur doudou **62**
Trotro et Zaza vont à l'école **50**

GRÜND
MES PREMIERS DOCS SONORES: À la ferme **194**
MES PREMIERS DOCS SONORES: L'école maternelle **50**

HÉLIUM JEUNESSE
Bernie c'est mon ours **242**

KALÉIDOSCOPE
Grand **242**
La chasse à l'ours **242**
Par une journée d'hiver **134**

L'AGRUME
10 animaux et leurs voisins **182**
10 véhicules et leurs cousins **182**
Le slip du roi **158**

L'ÉCOLE DES LOISIRS
À trois on a moins froid **134**
Bien au chaud pour l'hiver **134**
Bonne nuit, Petit Monstre Vert **146**
Construire une maison **206**
Copains-câlins **62**
Couleurs **98**
Grosse colère **86**
J'aime les pommes **74**
Je m'habille et je t'apporte un cadeau! **110**
Je m'habille et je te croque **158**
Je veux pas aller à l'école **50**
Juste un petit bout! **134**
La petite poule rousse **230**
La pomme rouge **74**
Le doudou fou **62**
Le livre en colère **86**
Le loup **206**
Le petit bateau de Petit Ours **242**
Le tout petit fermier **194**
Le vent m'a pris **158**
Les habits de Lulu **158**
Les trois ours **242**
Maman, c'est toi? **194**
Nénègle sur la montagne **62**
Non! **86**
Noyeux Joël! **110**
On fait la taille **242**
Ouste! Attention aux ours! **242**
Pop mange de toutes les couleurs **98**
Qui c'est? **110**
Raspoutine se déguise **170**
Rouge de colère **86**
Tous les habits **158**
Toutes les couleurs **98, 146**
Toutes les maisons **206**
Trognon et Pépin **74**
Une journée avec le Père Noël **110**
Va-t'en, Grand Monstre Vert! **146**

L'ÉLAN VERT
Le gros navet **218**

LA MARTINIÈRE JEUNESSE
Où est passé Doudou? **62**

LAROUSSE
Le grand imagier photos des petits **182**
Mon mini imagier… **182**

LES GRANDES PERSONNES
Les animaux de la ferme **194**

MANGO JEUNESSE
La rentrée à la maternelle **50**

MARCEL ET JOACHIM
Mais ils sont où? **194**

MEMO
Océan, le noir et les couleurs **98**
Quel est ce légume? **218**

MIJADE
Chapeau! **170**
IMAGIER: Mes 200 premiers mots **182**
Lise fête le carnaval **170**
Mascarade! **170**
Petit Poisson blanc **98**
Trois souris peintres **98**
Une si petite graine **218**

MILAN
Boucle d'or **242**
La petite poule rousse **230**
CONTES ET COMPTINES À TOUCHER:
Les trois petits cochons **206**
LES CONTES GIGOGNES:
Les trois petits cochons **206**
MES CONTES EN FORME:
Les trois petits cochons **206**
MES P'TITS DOCS 4-7 ANS:
L'école maternelle **50**
MES P'TITS DOCS: Le pain **230**
MES TOUT P'TITS DOCS: La boulangerie **230**
MES TOUT P'TITS DOCS: La pomme **74**
MES TOUT P'TITS DOCS: La poule **230**
MES TOUT P'TITS DOCS: Le chantier **206**
MES TOUT PREMIERS DOCS: La ferme **194**
Mon grand imagier à toucher **182**
MON PREMIER DOC ANIMÉ: Les animaux de la ferme **194**
Père Noël, es-tu là? **110**
Si le loup y était **158**
Si le loup y était **206**
T'as la trouille, pistrouille? **206**

MINEDITION
La naissance d'une pomme **74**
OH, OH! Il y a un VER là-dedans! **74**

NATHAN
100 mots de la ferme **194**
Bébé Loup a perdu son doudou **62**
KIDIDOC: Mon imagier de la ferme **194**
KIDIDOC: Mon imagier de la maison **206**
KIDIDOC: Mon imagier de Noël **110**
KIDIDOC: Mon imagier des couleurs **98**
KIDIDOC: Mon imagier des vêtements **158**
KIDIDOC: Mon imagier du corps **146**
KIDIDOC: Mon imagier-jeu des vêtements **146**
KIDIDOC: Mon imagier... **182**
KIDIDOC: Vive Noël! **110**
L'école? Ah! non merci! **50**
LES BELLES COULEURS **182**
MES PREMIÈRES QUESTIONS / RÉPONSES:
Le boulanger **230**
Mon imagier-jeu des vêtements **158**
Puzzle découverte du corps:
Le garçon et la fille **146**
T'choupi à l'école **50**
T'choupi a perdu Doudou **62**
T'choupi aime la galette **122**
T'choupi est en colère **86**
T'choupi fait un bonhomme de neige **134**
T'choupi fête Noël **110**
T'choupi jardine **218**
T'choupi rentre à l'école **50**
T'choupi se déguise **170**
Une pomme dans un trou de souris **74**

ROUERGUE
Loup **146**
Toujours rien? **218**

RUE DU MONDE
Non **134**
Tu t'habilles comment? **158**

SARBACANE
Pareil! **158**
Petite Bébé est fâchée **86**

SEUIL JEUNESSE
Gros cornichon **146**
LES DOCS EMBOITÉS:
Les animaux de la ferme **194**
Regarde! **218**

THIERRY MAGNIER
La promenade de Flaubert **146**

123 SOLEIL
Coucou! L'hiver **134**

INDEX DES JEUX

SMARTGAMES
Les trois petits cochons **206**

ORCHARD TOYS
Les trois petits cochons **206**

INDEX DES COMPTINES ET CHANSONS

C'est l'hiver **132**
C'est la rentrée! **48**
Carnaval **168**
Clic, clac dans mes mains **132**
Dans ce jardin **180, 216**
Dans la ferme de Maturin **192**
Des papillons de toutes les couleurs **96**
Deux petits bonshommes **72**
Il fait froid **132**
J'ai un gros nez rouge **168**
J'ai un nom un prénom **48**
J'aime la galette **120**
Je suis fâché! **84**
Je suis la galette **120**
Jean petit qui danse **144**
L'appel des animaux **192**
L'as-tu vu? **108**
La bonne galette **120**
La chanson de noël **108**
La comptine des trois petits cochons **204**
La douche de l'éléphant **180**
La fête des rois **120**
La fourmi **144**
La licorne **180**
La petite pomme **72**
La poule! **228**
La rentrée **48**
Le bon pain **228**
Le loup **204**
Le loup du couloir **204**
Le Rock-and-Roll Des gallinacés **192**
Mes déguisements **168**
Meunier tu dors! **228**
Mon chapeau **84, 96**
Mon doudou **60**
Mon petit lapin **216**
Mon petit ours **240**
Monsieur l'ours **240**
Où es-tu doudou? **60**
Papa l'a dit **60**
Père noël es-tu là? **108**
Petit ourson **240**
Pom' Pom' Pom' **72**
Pomme D'api **72**
Promenons-nous dans les bois **156**
Quand le Père noël vient me visiter **108**
Que vais-je mettre dans ma valise? (version 1) **156**
Que vais-je mettre dans ma valise? (version 2) **156**
Qui est mon doudou? **60**
Savez-vous planter les choux? **144, 216**
Savez-vous vous habiller? **156**
Toc, Toc, Toc, Boucle d'or! **120**
Toc, Toc, Toc, Monsieur pouce **48**
Tous les légumes **180, 216**
Tout est prêt **168**
Un cochon pendu au plafond **204**
Un éléphant blanc **96**
Un p'tit pouce qui marche **144**
Un petit cochon **192**
Une petite souris **84**
Une poule sur un mur **228**
Une puce, un pou **84**
Une souris verte **96**
Vive le vent! **132**

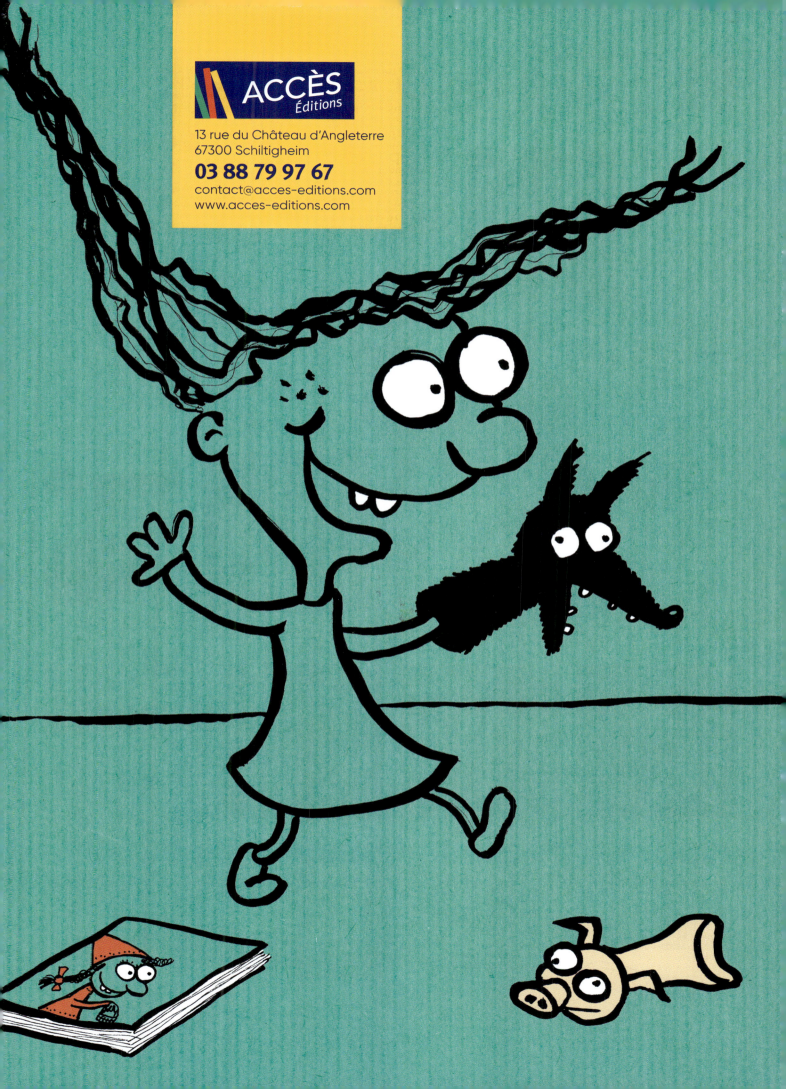

NOUVEAUTÉS
MES PREMIERS DOCUMENTAIRES
Une collection de livres documentaires conçue par des pédagogues

dès 4 ans

Le loup
Léa Schneider

Très présent dans les contes et histoires pour enfants, le loup est un animal qui nourrit l'imaginaire. Mais qui est-il réellement ?
Un documentaire pour mieux connaître le loup et comprendre son mode de vie.

28 pages - 9 € - ISBN 978-2-38321-003-0
À paraître en mai 2021

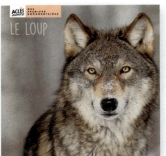

Le renard
Léa Schneider

Très présent dans les contes, le renard a une réputation d'animal rusé. Mais qui est-il réellement ?
Un documentaire pour mieux connaître le renard et comprendre son mode de vie.

28 pages - 9 €
ISBN 978-2-38321-004-7
À paraître en mai 2021

La savane
Christina Dorner

La savane africaine abrite un grand nombre d'animaux très connus des enfants. Mais qui sont réellement ces animaux ?
Un documentaire pour mieux connaître la savane et comprendre la vie de ses occupants.

28 pages - 9 €
ISBN 978-2-38321-005-4
À paraître en mai 2021

Les fonds marins
Christina Dorner

La mer abrite un grand nombre d'animaux très connus des enfants. Mais qui sont réellement ces animaux ?
Un documentaire pour mieux connaître les fonds marins et comprendre la vie de leurs occupants.

28 pages - 9 €
ISBN 978-2-38321-006-1
À paraître en mai 2021

L'hiver
Christina Dorner

L'hiver est une saison propice à un grand nombre de découvertes.
Un documentaire pour mieux connaître l'hiver et comprendre les particularités de cette saison.

28 pages - 9 €
ISBN 978-2-38321-007-8
À paraître en mai 2021

MES PREMIERS CONTES
Une collection de contes patrimoniaux conçue par des pédagogues

dès 3 ans

La moufle
Léa Schneider
Rémi Saillard

Une moufle est tombée dans la neige. Des animaux de plus en plus gros s'y glissent pour se protéger du froid. Lequel fera craquer la moufle ?

Une version moderne du célèbre conte racontée avec simplicité.

32 pages - 12 €
ISBN 978-2-916662-46-6

Les trois petits cochons
Christina Dorner
Christian Voltz

Les trois petits cochons devenus grands décident de construire chacun une maison. Laquelle résistera au loup ?

Une version moderne du célèbre conte racontée avec simplicité.

32 pages - 12 €
ISBN 978-2-916662-48-0

L'énorme radis
Christina Dorner
Nicole Colas Des Francs

Un petit garçon et une petite fille sèment une graine de radis. Ils s'en occupent si bien que le radis devient énorme. Qui les aidera à le sortir de terre ?

Une version moderne d'un conte traditionnel russe racontée avec simplicité.

32 pages - 12 €
ISBN 978-2-916662-51-0

La petite poule rousse
Léa Schneider
Philippe Jalbert

Une petite poule rousse trouve des grains de blé. Qui l'aidera à en faire du pain ?

Une version moderne du célèbre conte racontée avec simplicité.

32 pages - 12 €
ISBN 978-2-916662-47-3

Boucle d'or et les trois ours
Léa Schneider
Delphine Berger-Cornuel

Boucle d'or s'immisce dans la maison des trois ours, goûte leur soupe, s'assoit sur leurs chaises et s'installe dans leurs lits. Où les trois ours la retrouveront-ils à leur retour ?

Une version moderne du célèbre conte racontée avec simplicité.

32 pages - 12 €
ISBN 978-2-916662-49-7

NOUVEAUTÉS
dès 4 ans

La soupe au caillou
Christina Dorner
Nicolas Gouny

Un renard rusé s'installe sur la place d'un village et prépare une soupe au caillou. Quel est le secret de cette soupe si fameuse ?

Une version moderne d'un conte sur le partage et la convivialité pour construire progressivement le personnage archétypal du renard.

32 pages - 12 €
ISBN 978-2-916662-58-9

Le petit bonhomme de pain d'épice
Christina Dorner
Nicole Colas Des Francs

Un petit bonhomme de pain d'épice s'enfuit en courant. Qui arrivera à l'attraper ?

Une version moderne d'un célèbre conte russe pour construire progressivement le personnage archétypal du renard.

32 pages - 12 €
ISBN 978-2-916662-60-2

La petite galette ronde
Christina Dorner
Cécile Hudrisier

Roule, roule, roule... Qui arrivera à attraper et à croquer la délicieuse petite galette ronde ?

Une version moderne d'un célèbre conte russe pour découvrir progressivement le personnage archétypal du renard.

32 pages - 12 €
ISBN 978-2-916662-61-9
À paraitre en mai 2021

Le Petit Chaperon rouge
Léa Schneider
Philippe Jalbert

Une fillette apporte une galette et un petit pot de beurre à sa grand-mère qui habite de l'autre côté de la forêt. Qui rencontrera-t-elle en chemin ?

Une version moderne du célèbre conte de Charles Perrault avec la fin heureuse des frères Grimm pour construire progressivement le personnage archétypal du grand méchant loup.

32 pages - 12 €
ISBN 978-2-916662-62-6
À paraitre en mai 2021

dès 5 ans

La rentrée des livres
Léa Schneider
Alexandre Roane

Aujourd'hui, c'est la rentrée ! Pour les livres de la classe, c'est un jour très particulier ! Comment cette journée va-t-elle se passer ?

Un album plein de vie pour s'intéresser aux différents types de livres rencontrés à l'école.

32 pages - 12 €
ISBN 978-2-916662-64-0
À paraître en mai 2021

Panique à la ferme
Christina Dorner
Nathalie Janer

C'est la nuit. De drôles de bruits réveillent les animaux. Que se passe-t-il à la ferme ?

Un album tout en images pour parler de la peur et aider les enfants à l'appréhender avec raison.

32 pages - 12 €
ISBN 978-2-916662-98-5
À paraître en septembre 2021

J'aimerais tant changer de peau
Emmanuelle Di Martino

Un éléphant imagine qu'il se transforme. Dans la peau de quel animal se sentira-t-il le mieux ?

Un album à plumes et à poils pour apprendre à s'accepter comme on est.

32 pages - 12 €
ISBN 978-2-916662-78-7
À paraître en mai 2021

Quelles clowneries !
Christina Dorner
Philippe Jalbert

Pepito le clown voudrait susciter l'admiration. Avec son chien Banjo, il s'essaie à de nouveaux numéros. Quel sera celui qui le fera briller ?

Un album haut en couleur pour découvrir avec curiosité les différents métiers du cirque.

32 pages - 12 €
ISBN 978-2-916662-80-0
À paraître en mai 2021

Au-delà des yeux
Sandra Giraud

À travers une partie de colin-maillard, Léa invite Marcus à la rejoindre dans son monde imaginaire.

Une histoire pour ouvrir les yeux sur la différence.

32 pages - 12 €
ISBN 978-2-916662-79-4
À paraître en septembre 2021

NOUVEAUTÉ

MES PREMIÈRES ŒUVRES MUSICALES
Une collection de livres-CD conçue par des pédagogues

Le carnaval des animaux
de Camille Saint-Saëns
Léa Schneider
Marion Arbona

Animaux et musiciens se préparent pour le défilé de Carnaval. Reconnaîtrez-vous les animaux dépeints par la musique ?

Un livre-CD pour découvrir ou redécouvrir avec plaisir l'œuvre de Camille Saint-Saëns.

36 pages - 20 €
ISBN 978-2-916662-82-4
À paraître en septembre 2021

DES LIVRES CONÇUS
pour faciliter la lecture de l'adulte

Pour limiter les obstacles à la compréhension et faciliter les explications de l'adulte, **une seule action** est représentée sur chaque double page.
Le format des livres est à la fois adapté à la **lecture collective** et à la **manipulation de l'enfant**.

La **mise en page** est pensée pour permettre à l'adulte de repérer facilement les dialogues de façon à pouvoir moduler sa voix en fonction du personnage qui parle et mettre en scène l'histoire, ce qui facilite la compréhension par les enfants.

Un livre cartonné adapté à une lecture collective et résistant aux manipulations des petites mains.

Une seule action par double page

22,6 cm

22,6 cm

La petite poule rousse
Mes premiers contes dès 3 ans

Au dos des albums, un QR-code permet d'écouter et de télécharger la version sonore de l'histoire.

DES LIVRES CONÇUS
sur des principes éthiques et responsables

Contrairement à beaucoup de livres de jeunesse fabriqués en Asie dont une grande partie est malheureusement mise au pilon pour des raisons économiques, **les livres Accès jeunesse sont fabriqués en Allemagne**, à proximité des locaux alsaciens des éditions Accès où ils sont stockés puis expédiés. Tous les livres sont imprimés sur du **papier FSC** issu de forêts bien gérées et leur **fabrication de qualité** leur permet de durer dans le temps. Grâce à l'impression de quantités raisonnables, leur mise au pilon est évitée.
En cohérence avec ces principes, ils ne sont pas vendus sur Amazon, mais **en direct ou par le biais des libraires**.
Enfin, une **rémunération juste** et un **profond respect du travail des artistes** expliquent la qualité et la renommée de leurs illustrateurs.

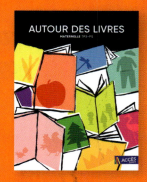
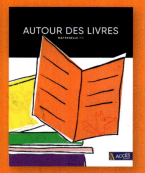

Les thématiques et les notions abordées dans les livres Accès jeunesse correspondent aux besoins des enseignants car elles coïncident avec les sujets abordés et les objectifs pédagogiques de l'école. Des exploitations riches et innovantes sont proposées dans les guides pédagogiques AUTOUR DES LIVRES.

Une collection d'imagiers ludiques conçue par des pédagogues

dès 2 ans

Mon imagier des fruits et légumes
Léa Schneider • Bénédicte Sieffert

Des fruits, des légumes, des petites bêtes du jardin, des devinettes.
Un imaJeux pour découvrir les fruits et légumes.
24 pages - 12 € - ISBN 978-2-916662-56-5

Mon imagier des couleurs
Léa Schneider • Bénédicte Sieffert

À gauche, une couleur. À droite, une devinette.
Un imaJeux pour découvrir onze couleurs.
24 pages - 12 € - ISBN 978-2-916662-55-8

Mon imagier des animaux
Christina Dorner • Bénédicte Sieffert

À gauche, huit animaux. À droite, une devinette.
Un imaJeux pour découvrir les animaux et leurs lieux de vie.
24 pages - 12 € - ISBN 978-2-916662-57-2

NOUVEAUTÉ

Mon imagier des verbes
Léa Schneider • Bénédicte Sieffert

Sur chaque double page, des verbes illustrés regroupés par type d'activité.
Un imaJeux pour enrichir le vocabulaire et utiliser à bon escient les verbes de la vie quotidienne.
24 pages - 12 € - ISBN 978-2-916662-54-1
À paraitre en mai 2021

MES PREMIERS ALBUMS
Une collection d'albums ludiques conçue par des pédagogues

dès 2 ans

Bienvenue à l'école !
Léa Schneider
Camille Tisserand

À l'école, on joue, on peint, on danse, on chante... Et surtout, à l'école, on apprend !

Un album qui invite l'enfant à participer à chaque moment de la journée d'un élève de maternelle.

28 pages - 12 €
ISBN 978-2-916662-38-1

La course à la pomme
Christina Dorner
Cécile Hudrisier

Une pomme tombe et se met à rouler, rouler, rouler... Qui arrivera à l'attraper et à la croquer ?

Une histoire en randonnée autour d'une pomme avec une chute rigolote.

24 pages - 12 €
ISBN 978-2-916662-40-4

La colère de Bébé babouin
Léa Schneider
Henri Meunier

Bébé babouin veut grimper à l'arbre. Tout seul. Il n'y arrive pas. Il s'énerve et pique une énorme colère. Qui l'aidera à se calmer ?

Une histoire pour permettre aux enfants de mettre à distance leurs émotions en parlant de celles des autres.

24 pages - 12 €
ISBN 978-2-916662-39-8

C'est bientôt Noël, est-ce que tout est prêt ?
Léa Schneider
Bénédicte Sieffert

C'est bientôt Noël. Est-ce que tout sera prêt à temps pour l'occasion ?

Un album permettant à l'enfant de participer aux préparatifs de Noël en mobilisant tout le vocabulaire de cette période de fêtes.

24 pages - 12 €
ISBN 978-2-916662-50-3

L'abominable homme des bois
Léa Schneider
Bénédicte Sieffert

Voici l'abominable homme des bois. Si tu ne veux pas qu'il t'attrape, fais-le disparaître !

Un album qui invite le lecteur à agir sur les parties du corps d'un personnage adorable.

28 pages - 12 €
ISBN 978-2-916662-41-1

Habille-toi, on y va !
Bénédicte Sieffert

Aujourd'hui, Chloé ne veut pas s'habiller. Sera-t-elle prête au moment de partir ?

Un album sur les vêtements qui fait écho avec humour au quotidien des enfants et de leurs parents.

32 pages - 12 €
ISBN 978-2-916662-42-8

La galette
Christina Dorner
Nicolas Gouny

Une marmotte décide de faire une galette, mais elle n'a pas tous les ingrédients nécessaires. Heureusement, ses amis l'aident à les trouver. Qui aura la fève ?

Une histoire en randonnée autour de la réalisation d'une galette.

32 pages - 12 €
ISBN 978-2-916662-43-5

Toc toc toc ! Es-tu prêt ?
Christina Dorner
Édouard Manceau

Qui se cache derrière le paravent ?

Un album sur les déguisements pour découvrir les attributs de quelques personnages archétypaux.

32 pages - 12 €
ISBN 978-2-916662-44-2

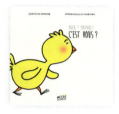

Papa ? Maman ? C'est vous ?
Christina Dorner
Emmanuelle Di Martino

Un poussin cherche ses parents. Dans sa quête, il rencontre différents animaux qui lui présentent leur famille.

Une histoire en randonnée pour apprendre les noms des animaux de la ferme de façon ludique.

32 pages - 12 €
ISBN 978-2-916662-45-9

Un arc-en-ciel sur la banquise
Coralie Saudo

Igor l'ourson blanc s'ennuie sur sa banquise. Ses amis colorés le rejoignent un à un. Toutes les couleurs seront-elles au rendez-vous ?

Un album pour nommer les couleurs et découvrir quelques animaux attachants.

28 pages - 12 € - ISBN 978-2-916662-96-1
À paraître en mai 2021

Doudours est triste
Sandra Giraud

Doudours est triste car son pelage est tout uni. Qui réussira à le réconforter ?

Un album tout doux pour parler des peaux des animaux et des doudous.

24 pages - 12 € - ISBN 978-2-916662-95-4
À paraître en mai 2021

NOUVEAUTÉS

NOUVEAUTÉS
MES PREMIERS ALBUMS
Une collection d'albums ludiques conçue par des pédagogues

dès 4 ans

Une super rentrée !
Christophe Loupy
Lena Bugrenkova

Aujourd'hui, c'est la rentrée ! Quelle joie de retrouver les copains ! Mais pour certains, la séparation est difficile. Comment les aider à retrouver le sourire ?

Un album plein de tendresse pour promouvoir la collaboration et aborder la rentrée avec sérénité.

32 pages - 12 €
ISBN 978-2-916662-72-5
À paraitre en mai 2021

Prise de bec
Nathalie Janer

Un nouvel objet attrayant fait son apparition dans un groupe d'amis. Comment faire pour que tout le monde en profite ?

Un livre pour aborder les disputes, mais surtout le partage, la gentillesse et l'amitié.

36 pages - 12 €
ISBN 978-2-916662-65-7

Formes & couleurs
Léa Schneider
Maria Jalibert

Que peut-on créer avec des formes ? Des idées ?

Un livre pour inviter l'enfant à imaginer et à créer à partir de formes et de couleurs.

36 pages - 12 €
ISBN 978-2-916662-67-1
À paraitre en mai 2021

Les émotions de Bébé babouin
Léa Schneider • Henri Meunier

Bébé babouin n'a pas l'air dans son assiette. Mais quelle émotion ressent-il ? À moins que la réponse se trouve ailleurs...

Une histoire pour permettre aux enfants d'identifier et de nommer les quatre émotions principales : la joie, la tristesse, la colère et la peur.

32 pages - 12 €
ISBN 978-2-916662-66-4

Jetez l'ancre !
Christina Dorner • Coralie Saudo

Un capitaine jette l'ancre qui s'enfonce progressivement dans les profondeurs de l'océan. Des animaux s'y installent un à un et s'amusent à se balancer.

Une histoire avec une structure en accumulation pour découvrir les animaux marins et leurs caractéristiques.

36 pages - 12 € - ISBN 978-2-916662-70-1

Ça pousse !
Léa Schneider
Anne Crausaz

Des graines se dispersent au gré de la nature. Que deviendront-elles ?

Un album pour découvrir avec poésie les différents modes de dispersion des graines.

32 pages - 12 €
ISBN 978-2-916662-71-8
À paraitre en mai 2021

Hiver
Christina Dorner
Nathalie Minne

La neige tombe. Les enfants en profitent pour construire un bonhomme de neige. Résistera-t-il aux aléas du temps ?

Un album tout en images pour parler avec poésie des changements liés à l'hiver.

32 pages - 12 €
ISBN 978-2-916662-68-8
À paraitre en mai 2021

Le livre des monstres
Christina Dorner
Édouard Manceau

Grâce aux actions du jeune lecteur, des monstres attachants apparaissent et disparaissent au fil des pages.

Un livre à compter rigolo pour apprendre à nommer les différentes parties du visage.

32 pages - 12 €
ISBN 978-2-916662-69-5

NOUVEAUTÉS
MES PREMIERS ABÉCÉDAIRES
Une collection d'abécédaires ludiques conçue par des pédagogues

dès 4 ans

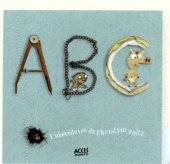

L'abécédaire de Christian Voltz
Christian Voltz

À gauche, une lettre. À droite, une illustration.
Un abécédaire mélangeant techniques et humour pour découvrir avec plaisir l'univers de Christian Voltz.

56 pages – 15 € – ISBN 978-2-916662-84-8

L'abécédaire de Cécile Bonbon
Cécile Bonbon

À gauche, une lettre. À droite, une illustration.
Un abécédaire mélangeant techniques et tendresse pour découvrir avec plaisir l'univers de Cécile Bonbon.

56 pages – 15 € – ISBN 978-2-916662-97-8
À paraître à la fin de l'année 2021

NOUVEAUTÉ
MES PREMIERS LIVRES DE RECETTES

dès 3 ans

Mes premières recettes de saison
Léa Schneider
Christina Dorner
Bénédicte Sieffert

Automne, Hiver, Printemps, Été ?
Qu'allons-nous cuisiner aujourd'hui ?
Un livre de recettes de saison pour cuisiner comme un grand tout au long de l'année.

116 pages – 16 € – ISBN 978-2-916662-93-0

La grenouille à grande bouche
Christina Dorner
Camille Tisserand

Une grenouille à grande bouche en a assez de manger des mouches à longueur de journée. Que pourrait-elle manger d'autre ?

Une version moderne d'un conte de randonnée africain pour découvrir le régime alimentaire de quelques animaux de la savane.

32 pages - 12 € - ISBN 978-2-916662-63-3
À paraître en mai 2021

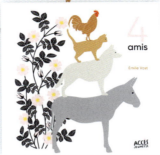

4 Amis
Émilie Vast

Un âne, un chien, un chat et un coq décident de former un quatuor pour devenir célèbres. Que trouveront-ils en chemin ?

Une version moderne du conte *Les musiciens de Brême* des frères Grimm pour parler de l'importance de l'amitié et de la collaboration.

40 pages - 12 €
ISBN 978-2-916662-59-6
À paraître en mai 2021

Nouveautés dès 5 ans

La princesse au petit pois
Léa Schneider
Cécile Bonbon

Un prince recherche une princesse à la peau délicate. Quelle demoiselle sentira un petit pois sous une montagne de matelas ?

Une version moderne du célèbre conte d'Andersen pour construire progressivement le personnage archétypal de la princesse.

32 pages - 12 €
ISBN 978-2-916662-74-9
À paraître en septembre 2021

Têtu comme cochon !
Yannick Lefrançois

Tout le monde refuse d'obéir à Frida la fermière. Comment cela se fait-il ?

Un conte de randonnée plein d'humour pour parler de l'importance des règles de politesse.

32 pages - 12 €
ISBN 978-2-916662-99-2
À paraître en mai 2021

Le vilain petit canard
Léa Schneider
Emmanuelle Halgand

Un petit canard cherche son identité. Auprès de qui trouvera-t-il sa place ?

Une version moderne du célèbre conte d'Andersen pour apprendre à accepter les autres tels qu'ils sont.

36 pages - 12 €
ISBN 978-2-916662-73-2
À paraître en mai 2021

Le loup et le renard
Léa Schneider
Thierry Chapeau

Goupil le renard propose à Ysengrin le loup de plonger sa queue dans l'eau glacée pour pêcher des poissons. La pêche sera-t-elle bonne ?

Une version moderne du *Roman de Renart* pour construire les personnages archétypaux du loup et du renard et parler des changements d'état de l'eau.

32 pages - 12 € - ISBN 978-2-916662-75-6
À paraître en septembre 2021

Le loup et les 7 chevreaux
Christina Dorner
Rémi Saillard

Une maman chèvre se rend à la ville pour faire des courses. Que se passera-t-il pendant son absence ?

Une version moderne du célèbre conte des frères Grimm pour construire progressivement le personnage archétypal du grand méchant loup.

36 pages - 12 € - ISBN 978-2-916662-76-3
À paraître en mai 2021

Jack et le haricot magique
Christina Dorner
Rose Poupelain

Jack échange sa vache contre des haricots magiques. La nuit, un énorme plant pousse jusqu'au ciel. Que trouvera Jack en haut de l'immense tige ?

Une version moderne du célèbre conte populaire anglais pour construire progressivement le personnage archétypal de l'ogre.

40 pages - 12 € - ISBN 978-2-916662-77-0
À paraître en mai 2021

ACCÈS JEUNESSE — BON DE COMMANDE

LOTS CLÉS EN MAIN
Disponibles en mai 2021

TITRES	Qté	PU. TTC	PT. TTC
Guide pédagogique **AUTOUR DES LIVRES TPS-PS**		50€	
LOT 20 LIVRES DE JEUNESSE TPS-PS 3 imajeux + 11 albums + 5 contes + 1 livre de recettes **+ cadeaux surprises**		244€	

TITRES	Qté	PU. TTC	PT. TTC
Guide pédagogique **AUTOUR DES LIVRES MS**		50€	
LOT 24 LIVRES DE JEUNESSE MS 3 imajeux + 8 albums + 7 contes + 5 documentaires + 1 livre de recettes **+ cadeaux surprises**		277€	

TOTAL 1

LIVRES DE JEUNESSE À L'UNITÉ
Dates de parution à vérifier dans le catalogue et sur notre site internet

Livres exploités dans **Autour des livres**

IMAJEUX DÈS 2 ANS

TPS/PS	MS	GS	TITRES	Qté	PU. TTC	PT. TTC
X			Mon imagier des couleurs		12€	
X	X		Mon imagier des animaux		12€	
X	X		Mon imagier des fruits et légumes		12€	
	X		Mon imagier des verbes **nouveau**		12€	

MES PREMIERS ALBUMS DÈS 2 ANS

TPS/PS	MS	GS	TITRES	Qté	PU. TTC	PT. TTC
X			Bienvenue à l'école!		12€	
X			La course à la pomme		12€	
X			La colère de Bébé babouin		12€	
X			C'est bientôt Noël, est-ce que tout est prêt?		12€	
X			L'abominable homme des bois		12€	
X			Habille-toi, on y va!		12€	
X			La galette		12€	
X			Toc toc toc! Es-tu prêt?		12€	
X			Papa? Maman? C'est vous?		12€	
X			Doudours est triste* **nouveau**		12€	
X			Un arc-en-ciel sur la banquise* **nouveau**		12€	

MES PREMIERS LIVRES DE RECETTES DÈS 3 ANS **nouveau**

TPS/PS	MS	GS	TITRES	Qté	PU. TTC	PT. TTC
X	X	X	Mes premières recettes de saison*		16€	

MES PREMIERS CONTES DÈS 3 ANS

TPS/PS	MS	GS	TITRES	Qté	PU. TTC	PT. TTC
X			La moufle		12€	
X	X	X	Les trois petits cochons		12€	
X			L'énorme radis		12€	
X			La petite poule rousse		12€	
X			Boucle d'or et les trois ours		12€	

MES PREMIERS ALBUMS DÈS 4 ANS **nouveaux**

TPS/PS	MS	GS	TITRES	Qté	PU. TTC	PT. TTC
	X		Une super rentrée!		12€	
	X		Prise de bec		12€	
	X		Les émotions de Bébé babouin		12€	
	X		Formes & couleurs		12€	
	X		Hiver		12€	
	X		Le livre des monstres		12€	
	X		Jetez l'ancre!		12€	
	X		Ça pousse!		12€	

MES PREMIERS CONTES DÈS 4 ANS **nouveaux**

TPS/PS	MS	GS	TITRES	Qté	PU. TTC	PT. TTC
	X		La soupe au caillou		12€	
	X		Le petit bonhomme de pain d'épice		12€	
	X	X	La petite galette ronde		12€	
	X	X	Le Petit Chaperon rouge		12€	
	X		La grenouille à grande bouche		12€	
	X		4 amis		12€	

MES PREMIERS DOCUMENTAIRES DÈS 4 ANS **nouveaux**

TPS/PS	MS	GS	TITRES	Qté	PU. TTC	PT. TTC
	X	X	Le loup		9€	
	X	X	Le renard		9€	
	X		La savane		9€	
	X		Les fonds marins		9€	
	X	X	L'hiver		9€	

MES PREMIERS ABÉCÉDAIRES DÈS 4 ANS **nouveaux**

TPS/PS	MS	GS	TITRES	Qté	PU. TTC	PT. TTC
	X		L'abécédaire de Christian Voltz		15€	
	X		L'abécédaire de Cécile Bonbon		15€	

MES PREMIERS ALBUMS DÈS 5 ANS **nouveaux**

TPS/PS	MS	GS	TITRES	Qté	PU. TTC	PT. TTC
		X	La rentrée des livres		12€	
		X	Panique à la ferme		12€	
		X	J'aimerais tant changer de peau		12€	
		X	Au-delà des yeux		12€	
		X	Quelles clowneries!		12€	

MES PREMIERS CONTES DÈS 5 ANS **nouveaux**

TPS/PS	MS	GS	TITRES	Qté	PU. TTC	PT. TTC
		X	Têtu comme cochon!		12€	
		X	Le Vilain Petit Canard		12€	
		X	La princesse au petit pois		12€	
		X	Le loup et le renard		12€	
		X	Le loup et les 7 chevreaux		12€	
		X	Jack et le haricot magique		12€	

MES PREMIÈRES ŒUVRES MUSICALES DÈS 5 ANS **nouveau**

TPS/PS	MS	GS	TITRES	Qté	PU. TTC	PT. TTC
		X	Le Carnaval des animaux		20€	

TOTAL 2

TOTAL 1 + TOTAL 2

FRANCE Participation aux frais d'envoi* — **8€**

La participation aux frais d'envoi est réduite à 1 centime d'euro sur notre site internet à partir de 50€ d'achat.

TOTAL À PAYER

*Belgique et Luxembourg: 11€
DROM/COM/ÉTRANGER: Frais réels, nous contacter

---

*Les exploitations pédagogiques de ces livres n'étant pas proposées dans la première édition de l'ouvrage AUTOUR DES LIVRES TPS-PS, elles pourront être téléchargées gratuitement grâce aux compléments numériques de l'ouvrage.

Prix valables de mars 2021 à mars 2022
Photos non contractuelles. Le contenu des ouvrages peut être modifié à tout moment (corrections, améliorations, ajouts...).

BON DE COMMANDE

 Du lundi au vendredi de 8h à 17h
03 88 79 97 67

 24/24h
03 88 79 09 85

 ACCÈS Éditions
13 rue du Château d'Angleterre
CS 40173
67304 Schiltigheim Cedex

commande@acces-editions.com

www.acces-editions.com
24h/24
La solution la plus simple, la plus économique et la plus rapide
La participation aux frais d'envoi est réduite à 1 centime d'euro sur notre site internet à partir de 50€ d'achat.

*Afin de faciliter le traitement de votre commande,
merci d'écrire en MAJUSCULES de façon à rendre la lecture de vos coordonnées bien lisible.*

ADRESSE DE LIVRAISON

....

....

....

....

....

ADRESSE DE FACTURATION
Coordonnées du payeur si différentes de l'adresse de livraison

....

....

....

....

....

NOM ET PRÉNOM de la personne passant la commande ....

PORTABLE .... **TÉLÉPHONE** ....
OBLIGATOIRE *dans le cas d'une livraison chez un particulier.*
ATTENTION *Pour la prise de rendez-vous permettant la réception du colis, il est nécessaire de nous communiquer votre numéro de portable.*

COURRIEL ....
OBLIGATOIRE *pour le suivi de votre colis.*

Une facture vous est envoyée. Cochez votre préférence.
○ par courriel ○ à l'adresse de livraison ○ à l'adresse de facturation

LIVRAISON VACANCES D'ÉTÉ

Dans le cas d'une livraison dans un établissement scolaire pendant les vacances d'été, merci de nous préciser les dates de réception possible.

jusqu'au [ ][ ] [ ][ ] [ ][ ][ ][ ]

à partir du [ ][ ] [ ][ ] [ ][ ][ ][ ]

Sans précision de votre part, toute commande passée à partir du 1er juillet sera livrée la semaine de la rentrée.

VOTRE RÈGLEMENT

○ **Chèque joint à l'ordre d'ACCÈS ÉDITIONS**

○ **Mandat administratif**

Identifiant Chorus : ....
OBLIGATOIRE *pour un règlement par mandat administratif.*

N° de TVA intracommunautaire : ....
Concerne uniquement les sociétés, mairies, collèges, lycées, IA...

○ **Carte bancaire (CB, Visa, Mastercard)**

N° [ ][ ][ ][ ] [ ][ ][ ][ ] [ ][ ][ ][ ] [ ][ ][ ][ ]

Date d'expiration [ ][ ] [ ][ ] Cryptogramme [ ][ ][ ]

Date et signature

*Toutes les données personnelles qui nous sont confiées restent confidentielles et ne sont communiquées à aucune autre entreprise, association ou administration. Ces données ne serviront dans la société qu'à l'envoi des catalogues ou d'informations commerciales. Notre fichier client est déclaré à la Commission Nationale de l'Informatique et des Libertés. Vous disposez du droit d'accès, de modification ou de suppression des données vous concernant.
Accès RC Strasbourg 401 770 920*

ACCÈS Jeunesse
GRANDIT AVEC VOS ÉLÈVES
pour placer le livre au cœur de leurs apprentissages

DES LIVRES CONÇUS
pour les enfants

Les livres Accès jeunesse ont été conçus par des pédagogues dans le souci de proposer des **supports parfaitement adaptés aux enfants** auxquels ils s'adressent. Courts et s'appuyant sur un lexique et une syntaxe simples au départ, leurs **textes** s'allongent progressivement et deviennent de plus en plus élaborés au fur et à mesure que l'enfant grandit. De la même façon, les **illustrations**, très épurées pour les enfants les plus jeunes, s'enrichissent peu à peu. Dans tous les cas, le **rapport texte-image** est réfléchi. Enfin, l'implicite et les ellipses, qui sont des obstacles importants à la compréhension d'un texte, sont quasiment absents avant trois ans et prennent petit à petit une place de plus en plus importante.

Le saviez-vous ?
La lecture d'un **livre** comporte de nombreux obstacles pour l'enfant. Prendre en compte ces obstacles et aider l'enfant à les surmonter constitue la clé de la compréhension et participe à sa réussite future.

DÈS 2 ANS • DÈS 3 ANS
- un texte court
- un lexique et une syntaxe simples
- peu de pronoms ou de substitutions
- des structures langagières répétitives

La grenouille à grande bouche
Mes premiers contes dès 4 ans

DÈS 4 ANS
- un lexique riche et adapté aux enfants
- une utilisation parcimonieuse des pronoms et des substitutions
- des structures langagières faciles à comprendre et à mémoriser

L'abominable homme des bois
Mes premiers albums dès 2 ans

DÈS 5 ANS
- des textes de plus en plus élaborés

Le vilain petit canard
Mes premiers contes dès 5 ans